U0016716

外商中國融資
法律實務

富蘭德林事業群◎著

導讀

　　「資金」是外商在中國投資的眾多挑戰中，最棘手的問題之一，這些問題不全然是中國銀行的問題，背後的外匯管制及法律限制，更是制約外商在中國融資的主因。

　　本書希望協助外商擺脫過去理解中國法律的刻板印象，尤其是改以外資銀行的高度去看待中國融資法律的改變，畢竟越懂銀行的心態，對取得融資便越有幫助，越知道外資銀行在中國從事業務的法律問題，也將直接影響對外商在中國取得銀行融資的機率。

　　本書共分成七大章節185個專欄主題，除了強調外匯與融資法律法規外，還在擔保、抵押、訴訟、結匯，甚至是債權回收、勞動人事管理等方面，總結富蘭德林十年來為外商提供涉外法律服務的經驗，本書最特別的是在一開始便以兩大篇幅，深入介紹中國官方體系與法律體系，畢竟，中國現行法律制度中，官方仍扮演了相當重要的角色，因此先了解中國官方部門的運作，才能充分掌握與中國銀行打交道的遊戲規則。

　　本書採工具書編排方式，讀者可以先將要查詢的法律問題定義並分類，再依不同篇名進行細部主題查詢，或是透過富蘭德林官網www.mychinabusiness.com，以關鍵字進行全文檢索，也能很快找到與關鍵字有關的專欄及相關內容位於哪些章節片段中。

　　最後要請讀者仔細參閱附件中的「讀者服務」，為了怕讀者無法掌握與本書有關的最新法規變化，讀者只要在富蘭德林官網www.mychinabusiness.com註冊，富蘭德林將以電子郵件通知讀者與本書內容有關的最新法規變化，因為除了「有用」與「實務」外，「最新」也是本書想為讀者持續創造的價值。

富蘭德林事業群總經理

（附件）

讀者服務　www.myChinabusiness.com

《外商中國融資法律實務》的讀者，可以在富蘭德林官網www.mychinabusiness.com進行關鍵字檢索，很快就能判斷出所要尋找主題位於哪些章節段落。另外也可登錄您的Email，即可收到最新法規條文更新後的內容解析。

一、網站首頁

進入富蘭德林官網後，請點選右上方「讀者服務」選項。

二、讀者服務頁面

進入「讀者服務」頁面後，即可使用：
- 關鍵字查詢
- 查詢本書內容更新
- 訂閱最新法規條文更新內容

《外商中國融資法律實務》
- 關鍵字查詢：[　　　　　　] 搜尋
- 查詢本書內容更新
- 訂閱最新法規條文更新內容

三、關鍵字與內容更新查詢

1. 輸入關鍵字之後，即可搜尋出所要尋找主題位於哪些章節段落與頁碼。
2. 點選「查詢本書內容更新」，即出現更新內容列表。

序號	篇名	頁碼
1	中國行政區域劃分介紹	2
2	中國國家主席、總書記和總理職權介紹	4
3	外資銀行在中國經營涉及的主管部門 (更新內容)	12
4	外國銀行在中國設立經營性機構的注意事項	24

四、訂閱最新法規條文更新內容

點選「訂閱最新法規條文更新內容」，登錄您的Email，即可收到最新法規條文更新後的內容解析。

請輸入您的Email：[　　　　　　　　　] 訂閱

目次

外商中國融資法律實務

外商中國融資法律實務

第一篇

與外資銀行密切相關的
中國政府部門

第一章

中國官方體系介紹

【1】中國行政區域劃分介紹

　　結合中國的地域、文化、傳統以及歷史等因素，今天的中國逐步形成了省、縣、鄉三級的行政區劃管理體系，即依據「中華人民共和國憲法」第二十九條的規定：「中華人民共和國的行政區域劃分如下：（一）全國分為省、自治區、直轄市；（二）省、自治區分為自治州、縣、自治縣、市；（三）縣、自治縣分為鄉、民族鄉、鎮。直轄市和較大的市分為區、縣。自治州分為縣、自治縣、市。自治區、自治州、自治縣都是民族自治地方。」

　　但在實際的行政管理中，每個省級行政區域內，在省級與縣級之間還有一層地級市的行政區劃。以江蘇省及蘇州、昆山為例，江蘇省內有若干類似蘇州、無錫、南京等規模的地級城市，而蘇州作為蘇南地區的一個文化經濟中心，其城市本身除了有平江區、虎丘區等幾個

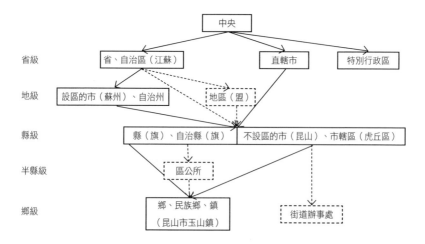

轄區外，還下轄了昆山、太倉、張家港等縣級城市，有下圖為示：

依據上圖，外國人士通常難以理解的有兩個問題：

第一，蘇州與昆山都稱之為「市」，為何昆山在級別上小於並隸屬於蘇州？確切來說，昆山市是由昆山縣改制而成的，即憲法上所指的「不設區（市轄區）的市」，這是中國自上世紀八〇年以來行政區劃上的一個改革，即根據該縣轄區內的非農業人口、工業產值等所占比例達到一定程度以後，將原來以傳統的以農業為主的縣轉為以工業和城市化發展方向為主的縣級市，其行政級別仍為縣級，但在財政、預算等方面要比縣的自主權大，經濟發展程度也要高於縣。而蘇州則一直是以「市」作為建制的，是中國行政區劃中的「地級市」，可下轄縣及由縣改制成的縣級市。

第二，中國農村常見的村莊，以及城市中常見的「居委會」、「街道辦事處」，是否屬於官方行政體系單位？中國的村分為自然村及行政村，與居委會一樣，是根據居住區域形成的社區性單位，但並不屬於中國的行政組織，而是「憲法」第一百十一條所規定的「城市和農村按居民居住地區設立的居民委員會或者村民委員會是基層群眾性自治組織」。但城市中的「街道辦事處」與居委會不同，根據「中華人民共和國地方各級人民代表大會和地方各級人民政府組織法」第六十八條第三款的規定：「市轄區、不設區的市的人民政府，經上一級人民政府批准，可以設立若干街道辦事處，作為它的派出機關。」由此可見，街道辦事處從性質上來說，屬於行政體系中的一個組織，其級別與鄉、鎮等同，而居委會則是純粹的群眾自治組織。

【2】中國國家主席、總書記和總理職權介紹

胡錦濤既是中國的國家主席，也是中共中央的總書記，他和時任國務院總理的溫家寶，哪個職位更高、權力更大？這恐怕是很多外國人甚至是國人都非常感興趣的話題。

根據「中華人民共和國憲法」（以下簡稱「憲法」），中國「將長期處於社會主義初級階段……中國各族人民將繼續在中國共產黨領導下……」而同時，「中國共產黨章程」也指出：「中國共產黨是中國工人階級的先鋒隊，同時是中國人民和中華民族的先鋒隊，是中國特色社會主義事業的領導核心……」由此可見，中國共產黨領導下的人民代表大會制度，是中國區別於其他國家而頗具中國特色的政黨政權體系。

在此基礎上，再來理解中共中央總書記與國務院總理的區別，前者是中共中央的最高領導人，而後者則是黨領導下的國家行政機關的最高領導人，其產生程序與各自職權也完全不同：根據「中國共產黨章程」規定，黨的全國代表大會每五年舉辦一次，其中一項重要的議程就是選舉中央委員會，而中國共產黨的中央政治局、中央政治局常務委員會和中央委員會總書記，則由中央委員會全體會議選舉產生。因此總書記作為黨內最高領導人，自然也就成了毫無爭議的國家最高領導者。作為國家方向的領路人，總書記更為關注的則是中國應向何處去，中國人民應堅持怎樣的信仰等大方向的問題，引用「中國共產黨章程」中關於現階段中國共產黨的基本路線為：「領導和團結全國各族人民，以經濟建設為中心，堅持四項基本原則，堅持改革開放，自力更生，艱苦創業，為把我國建設成為富強、民主、文明、和諧的社會主義現代化國家而奮鬥。」

共產黨領導下的全國人民代表大會，是最高國家權力機關，執行其意志管理國家日常運作的最高國家行政機關國務院，其最高領導人

便是國務院總理，根據「憲法」第八十九條之規定，國務院行使下列職權：

1. 根據「憲法」和法律，規定行政措施，制定行政法規，發布決定和命令；

2. 向全國人民代表大會或者全國人民代表大會常務委員會提出議案；

3. 規定各部和各委員會的任務和職責，統一領導各部和各委員會的工作，並且領導不屬於各部和各委員會的全國性的行政工作；

4. 統一領導全國地方各級國家行政機關的工作，規定中央和省、自治區、直轄市的國家行政機關的職權的具體劃分；

5. 編制和執行國民經濟和社會發展計畫和國家預算；

6. 領導和管理經濟工作和城鄉建設；

7. 領導和管理教育、科學、文化、衛生、體育和計畫生育工作；

8. 領導和管理民政、公安、司法行政和監察等工作；

9. 管理對外事務，同外國締結條約和協定；

10. 領導和管理國防建設事業；

11. 領導和管理民族事務，保障少數民族的平等權利和民族自治地方的自治權利；

12. 保護華僑的正當權利和利益，保護歸僑和僑眷的合法權利和利益；

13. 改變或撤銷各部、各委員會發布的不適當命令、指示和規章；

14. 改變或撤銷地方各級國家行政機關不適當的決定和命令；

15. 批准省、自治區、直轄市的區域劃分，批准自治州、縣、自治縣、市的建置和區域劃分；

16. 依照法律規定決定省、自治區、直轄市的範圍內部分地區進入緊急狀態；

17. 審定行政機構的編制，依照法律規定任免、培訓、考核和獎

懲行政人員；

18. 全國人民代表大會和全國人民代表大會常務委員會授予的其他職權。

與美國總統既是國家元首又是政府首腦的體制不同，中國的國家元首既非中央總書記，也不是國務院總理，而是由國家主席擔任。國家主席作為國家整體的象徵，是國家對內對外的最高代表，其具有以下特點：既是獨立的國家機關，又是一個職務，由全國人民代表大會選舉產生；不統帥武裝力量；不參與決定國家事務的活動，不獨立決定任何國家事務；而只行使形式上的權力。中國近年來的國家主席都是由中共中央總書記擔任。

【3】公檢法、司法局所構成的中國政法體系

在龐大的中國政法體系中，人們最為常見的當屬公檢法系統及司法局。除此以外，隸屬司法局指導的公證機關、仲裁機構以及律師等司法組織雖然不是政法機關，但也是政法體系中必不可少的鏈條與環節。

人們習慣於稱「公檢法」為一體，主要是因為三者在刑事案件的處理上合作更緊密一些：公安機關負責案件的偵查及搜集證據，並將證據移交檢察院，申請逮捕犯罪嫌疑人；檢察院對公安機關搜集的證據進行審核，證據充足的即可批准逮捕，並將卷宗移交法院提起公訴，證據不充足的可不批准逮捕，或退回公安機關要求補充偵查；法院對檢察院提起公訴的案件進行審理，通過控辯雙方的庭審最後判定犯罪嫌疑人是否有罪，並結合犯罪的程度進行量刑；而如檢察院認為法院裁判有誤則可提起抗訴，被害人及其法定代理人也可請求檢察院提出抗訴。

但實際上，公安機關、檢察院及法院相互之間並無任何上下級關係。其中，法院與檢察院屬於獨立的機構，一個是國家的審判機關，一個是國家的法律監督機關，兩者之間是平行關係。審判系統由最高人民法院、地方各級人民法院和軍事法院等專門人民法院組成。各省、自治區、直轄市設有高級人民法院，以下為中級人民法院和基層人民法院。最高人民法院監督地方各級人民法院和專門人民法院的審判工作，上級人民法院監督下級人民法院的審判工作。

地方各級人民法院根據行政區劃設置，分為基層人民法院、中級人民法院、高級人民法院。基層人民法院包括縣、自治縣人民法院、不設區的市、市轄區人民法院。中級人民法院包括在省、自治區內按地區設立的中級人民法院，在中央直轄市的中級人民法院、省、自治區轄市和自治州中級人民法院。最高人民法院是最高審判機關。人民法院依照法律規定獨立行使審判權，不受行政機關、社會團體和個人的干涉。專門人民法院是指根據實際需要在特定部門設立的審理特定案件的法院，目

前在中國設軍事、海事、鐵路運輸法院等專門法院。

　　而檢察院作為國家的法律監督機關，行使國家的檢察權，由最高人民檢察院、地方各級人民檢察院和軍事檢察院等專門人民檢察院組成。這種自上而下的排列反映了檢察機關上下級是領導和被領導的關係及其集中統一的特點，這與人民法院上下級之間監督與被監督的關係有顯著不同，因為法院之間即使是上下級關係，也應各自行使獨立審判權，否則二審制度也就沒有意義了。

　　最高人民檢察院是最高檢察機關，領導地方各級人民檢察院和專門人民檢察院的工作，上級人民檢察院領導下級人民檢察院的工作。地方各級人民檢察院包括省、自治區、直轄市人民檢察院；省、自治區、直轄市人民檢察院分院，自治州和省轄市人民檢察院；縣、市、自治縣和市轄區人民檢察院；專門人民檢察院主要包括軍事檢察院、鐵路運輸檢察院，各級人民檢察院都是與各級人民法院相對應而設置的，以便依照「刑事訴訟法」規定的程序辦案。人民檢察院依照法律規定獨立行使檢察權，不受行政機關、社會團體和個人的干涉。

　　與法院及檢察院屬於獨立的司法機關性質不同，公安機關具有行政性和司法性的雙重性質：行政性是因為公安機關作為政府的重要組成部分，是國家的行政機關，依法管理社會治安，行使國家的行政權；司法性則是因為公安機關還承擔著刑事案件的偵查任務，因而又是國家的司法機關之一。

　　除了上述預防、制止和偵查違法犯罪活動外，還承擔了防範、打擊恐怖活動；維護社會治安秩序，制止危害社會治安秩序的行為；管理交通、消防、危險物品；管理戶口、居民身分證、國籍、入境事務和外國人在中國境內居留、旅行的有關事務；維護國（邊）境地區的治安秩序；警衛國家規定的特定人員、守衛重要場所和設施；管理集會、遊行和示威活動；監督管理公共資訊網路的安全監察工作；指導和監督國家機關、社會團體、企業事業組織和重點建設工程的治安保衛工作，以及

指導治安保衛委員會等群眾性治安保衛組織的治安防範工作等職能。

　　司法局也是政府的組成部分之一，屬於行政機關性質，是負責司法行政的機關，主要負責管理監獄、勞改、律師、公證、人民調解和法制宣傳教育等工作。

【4】公安和武裝警察的區別

在中國，由於公安與武警都被稱為「警察」，因此極易引起人們的混淆，也少有人能夠明確分清交警與民警、消防與邊防警察等各自的歸屬與性質。實際上，公安與武警是兩個完全不同的機構。

根據「中華人民共和國警察法」第二條規定：「人民警察包括公安機關、國家安全機關、監獄、勞動教養管理機關的人民警察和人民法院、人民檢察院的司法警察。」因此，人們口頭上所稱的「警察」，通常是狹義上公安機關中負責治安、戶籍、交通、刑偵等任務的人民警察，其職責具體包括：

1. 預防、制止和偵查違法犯罪活動；

2. 維護社會治安秩序，制止危害社會治安秩序的行為；

3. 維護交通安全和交通秩序，處理交通事故；

4. 組織、實施消防工作，實行消防監督；

5. 管理槍枝彈藥、管制刀具和易燃易爆、劇毒、放射性等危險物品；

6. 對法律、法規規定的特種行業進行管理；

7. 警衛國家規定的特定人員，守衛重要的場所和設施；

8. 管理集會、遊行、示威活動；

9. 管理戶政、國籍、入境出境事務和外國人在中國境內居留、旅行的有關事務；

10. 維護國（邊）境地區的治安秩序；

11. 對被判處管制、拘役、剝奪政治權利的罪犯和監外執行的罪犯執行刑罰，對被宣告緩刑、假釋的罪犯實行監督、考察；

12. 監督管理電腦資訊系統的安全保護工作；

13. 指導和監督國家機關、社會團體、企業事業組織和重點建設工程的治安保衛工作，指導治安保衛委員會等群眾性組織的治安防範

工作；

14. 法律、法規規定的其他職責。

而公安部作為國家最高行政機構的國務院組成部門，其所屬警察應屬於公務員編制，也因此應按公務員級別進行劃分，即通常所稱的「辦事員、科員、科、處、司、部、總理」等12個級別。而武警從職責上來說，則是國家對外安全的保衛者，即應適用「中華人民共和國憲法」及「中華人民共和國兵役法」，履行「保衛祖國、抵抗侵略」的神聖職責，與中國人民解放軍組成國家的武裝力量。與公安警察屬於公務員編制不同，武警則納入中國的兵役制度進行管理，並分為「士、尉、校、將」等警銜。

大家較為熟知的消防或邊防警察，其實是武警的警種之一，除此兩者外，武警還包括了內衛、警衛、水電、黃金、交通、森林共八個警種。其中，與負責交通秩序維持的公安交警不同，交通武警主要擔負公路、港口及城建等施工任務，例如在汶川大地震中負責打通道路的救援人員，多數為武警部隊派出。

中國因其歷史原因及武警職責的特殊性，實踐中，武警部隊並非單純接受中央軍委的領導，而是同時接受國務院業務部門（含公安部）的雙重領導。除了武警內衛部隊是直接接受中央軍委所屬武警總部的指揮領導外，邊防、消防與警衛三個部隊還同時接受公安部的領導；水電、黃金、交通、森林則分別接受國務院業務部即國土資源部、國家冶金管理局、交通部、國家林業局以及公安部的領導。

第二章

與外資銀行密切相關的
政府部門介紹

【5】外資銀行在中國經營涉及的主管部門

外資銀行除了須接受工商局、稅務局、財政局等主管部門監管之外，與一般的外商投資企業不同的是，還要接受中國人民銀行（以下簡稱人民銀行）和中國銀行業監督管理委員會（以下簡稱銀監會）以及國家外匯局（以下簡稱外匯局）的監督和管理。

人民銀行作為央行，履行貨幣政策制定以及銀行業行政監管的職能。2003年，國務院機構改革，設立了銀監會，與人民銀行分權。兩者的分工，可以簡單概括為人民銀行管貨幣政策、貨幣發行和外匯黃金儲備；銀監會負責商業銀行監管，即銀行的准入，包括機構、業務和人員的准入以及高級管理人員資格的審核，維護銀行業的穩定運行，打擊銀行犯罪，進行銀行業立法等等。從行政體系來說，人民銀行是國務院的組成部分，而銀監會是國務院的直屬機關。人民銀行的地位高於銀監會。

人民銀行也執行對金融機構的檢查監督，但主要針對以下行為：

1. 執行有關存款準備金管理規定的行為；

2. 與中國人民銀行特種貸款有關的行為；

3. 執行有關人民幣管理規定的行為；

4. 執行有關銀行間同業拆借市場、銀行間債券市場管理規定的行為；

5. 執行有關外匯管理規定的行為；

6. 執行有關黃金管理規定的行為；

7. 代理中國人民銀行經理國庫的行為；

8. 執行有關清算管理規定的行為；

9. 執行有關反洗錢規定的行為。

當人民銀行認為有必要時，可以要求銀監會對銀行業金融機構進行檢查監督。而銀監會的監管職能落實到外資銀行主要包括：

1. 審查批准外資銀行的設立、變更、終止以及業務範圍；

2. 對外資銀行的董事和高級管理人員實行任職資格管理；

3. 對外資銀行的業務活動及其風險狀況進行非現場監管，建立監督管理資訊系統，分析、評價外資銀行的風險狀況；

4. 對外資銀行的業務活動及其風險狀況進行現場檢查；

5. 對外資銀行實行並表監督；

6. 建立外資銀行突發事件處置制度，及時、有效地處置銀行業突發事件；

7. 對已經或者可能發生信用危機，嚴重影響存款人和其他客戶合法權益的外資銀行實行接管或者促成機構重組；

8. 對有違法經營、經營管理不善等情形的外資銀行予以撤銷，對涉嫌金融違法的外資銀行及其工作人員以及關聯行為人的帳戶予以查詢，對涉嫌轉移或者隱匿違法資金的申請司法機關予以凍結；

9. 對擅自設立外資銀行機構或非法從事銀行業務活動的予以取締。

除此以外，外匯局也是外資銀行的重要監管部門。外匯局是由國務院授權人民銀行管理的國家行政機構。因此，我們可以看到，從中央到地方，外匯局的辦公地點均設在同級人民銀行內部，行使人民銀行對於外匯監管的職能。

【6】銀監會與金融辦公室是什麼關係

銀監會成立於2003年，作為國務院直屬的事業單位，對銀行業行使行政監管職能。其具體職權範圍主要包括以下內容：

1. 制定並發布對銀行業金融機構及其業務活動監督管理的規章、規則；

2. 審查批准銀行業金融機構的設立、變更、終止以及業務範圍；

3. 對銀行業金融機構的董事和高級管理人員實行任職資格管理；

4. 制定銀行業金融機構的審慎經營規則；

5. 對銀行業金融機構的業務活動及其風險狀況進行非現場監管，建立銀行業金融機構監督管理資訊系統，分析、評價銀行業金融機構的風險狀況；

6. 對銀行業金融機構的業務活動及其風險狀況進行現場檢查，制定現場檢查程序，規範現場檢查行為；

7. 對銀行業金融機構實行並表監督管理；

8. 會同有關部門建立銀行業突發事件處置制度，制定銀行業突發事件處置預案，明確處置機構和人員及其職責、處置措施和處置程式，及時、有效地處置銀行業突發事件；

9. 負責統一編制全國銀行業金融機構的統計資料、報表，並按照國家有關規定予以公布，對銀行業自律組織的活動進行指導和監督；

10. 開展與銀行業監督管理有關的國際交流、合作活動；

11. 對已經或者可能發生信用危機，嚴重影響存款人和其他客戶合法權益的銀行業金融機構實行接管或者促成機構重組；

12. 對有違法經營、經營管理不善等情形的銀行業金融機構予以撤銷；

13. 對涉嫌金融違法的銀行業金融機構及其工作人員以及關聯行為人的帳戶予以查詢，對涉嫌轉移或者隱匿違法資金的申請司法機關

予以凍結；

14. 對擅自設立銀行業金融機構或非法從事銀行業金融機構業務活動予以取締；

15. 負責國有重點銀行業金融機構監事會的日常管理工作。

銀監會作為銀行業的專門監管機關，與中國人民銀行以及證監會、保監會一樣，均採用中央到地方的垂直管理體系，三會及其地方分支機構共同構成了中國金融行業的系統管理體系。然而，銀監局、保監局、證監局只在其各自行業範圍內行使監督職能，他們的職責也僅是保證金融安全、避免違規操作，不涉及所在當地的金融產業發展規劃。

在此情況下，地方金融辦公室應運而生，其能夠通過各種靈活的方式，服務、協調、整合整個金融產業，促進金融業與地方經濟的互動，貫徹中央的金融政策意圖、促進地方金融產業以及經濟的發展。目前中國只有27個省市區設有金融辦公室，但名稱不統一，地位和職能也不明確，多數不具備行政管理權，僅發揮到協調作用。以江蘇省金融辦公室為例，其主要職能包括：

1. 配合協助國家貨幣政策的貫徹落實；

2. 研究擬定全省金融發展中長期規劃和工作計畫；

3. 協調、組織對地方金融機構的管理；

4. 協助配合對金融機構的風險監測和提示；

5. 承辦省政府交辦的全省股份公司設立和改造的審核、審批工作。

值得注意的是，儘管地方金融辦公室在金融管理方面的職能乏善可陳，但是在股份公司設立、重組和上市過程中，地方金融辦公室是有一定審批權力的。北京市率先為金融辦公室正名，2009年3月30日，北京市金融工作局正式掛牌成立，作為北京市政府的直屬正局級機構，享有充分的行政管理許可權，其主要職能也擴展為統籌金融產

業建設發展，制定促進金融業發展的規劃、政策及措施，以及處置金融風險。這也可能是各地金融辦公室職能提升的一個信號。

【7】中國銀監會、保監會及證監會的性質

　　中國的銀監會、保監會及證監會在行政層面上隸屬於國務院，是國務院直屬的正部級事業單位，並根據國務院授權履行行政管理職能。據此，我們可以把銀監會、保監會及證監會定性為行使行政管理職能的事業單位。

　　這裡，我們不得不提到「事業單位」這一概念。根據「事業單位登記管理暫行條例」的規定，「事業單位，是指國家為了社會公益目的，由國家機關舉辦或者其他組織利用國有資產舉辦的，從事教育、科技、文化、衛生等活動的社會服務組織」。然而，事實上，事業單位在中國社會生活中所扮演的角色要複雜得多。我們大致可以從職能上將其劃分為三類：一是從事公益服務的事業單位，如學校、醫院、科研機構等；二是依據法律、法規及有關行政機關的授權完全行使行政管理職能的事業單位，如銀監會、保監會、證監會等；三是從事生產經營性活動的事業單位，比如一些大學的校辦企業等。相對於其他兩類事業單位而言，完全行使行政管理職能的事業單位實際上更接近於政府行政機關。

　　首先，此類事業單位的工作人員參照公務員法進行管理，不適用普通勞動法規。在中國，判斷公務員的標準有三：一是依法履行公職；二是納入國家行政編制；三是由國家財政負擔工資福利。銀監會、保監會及證監會的工作人員都屬於國家行政編制，由國家財政負擔工資福利，依法履行公職更是毋庸置疑，因此完全符合公務員的認定標準；銀監會、保監會及證監會的最高首腦被稱為主席，是正部級國家幹部。

　　其次，銀監會、保監會及證監會根據國務院的授權，有權在其許可權範圍內制定部門行政規章，比如「中華人民共和國外資銀行管理條例實施細則」就是由銀監會通過並頒布實施的。在中國，嚴格意義

上說只有兩種立法，一種是由權力機關——各級人民代表大會及其常務委員會立法；另一種是由行政機關——國務院及其各部門、直屬機構和地方各級人民政府及其工作部門依授權立法。因此，銀監會、保監會及證監會的這種準立法權，恰恰從另一個角度反映了其行政機關的本質。

最後，銀監會、保監會及證監會的職能，原本就是由國務院27個組成部門之一的中國人民銀行剝離出來的。在1992年以前，對證券市場、保險市場以及銀行業的監管工作，實際上都是由中國人民銀行負責的。隨著1992年證監會成立，1998年保監會成立，及至2003年銀監會成立，人民銀行已不再像過去那樣一手包攬，而是逐步將其監管職能剝離出來，進而更加專注於貨幣政策的制定與執行，著眼於整個金融體系的穩定。這種職能上的細分，使得中國金融管理體系更加專業化，也更加高效。因此銀監會、保監會及證監會所行使的監管職能具有完全的行政管理性質，是中國金融管理體系不可或缺的一環。

綜上所述，銀監會、保監會及證監會雖然在名義上屬於事業單位，但無論從其人事制度、立法權限還是職能性質等方面，都可以印證其行政機關的本質。目前在中國，像這樣名為事業單位，卻實行行政職權的遠不止此三家，就中央機關層面而言就有37個。這其中，包括黨中央直屬事業單位6個，國務院直屬事業單位8個，國務院組成部門代管或直屬的副部級事業單位機關2個，以及法律規定參照公務員法執行的21個人民團體和群眾團體的中央機關。

第三章

外資銀行在中國設立代表處、分行、子行的手續及涉及的部門

【8】外國銀行在中國設立子行和分行的差異分析

根據2006年12月11日施行的「外資銀行管理條例」（以下簡稱「條例」）及其實施細則之規定，外國銀行在中國從事經營性的業務行為，可透過具有獨立法人地位的獨資子行或中外合資銀行，以及不具有獨立法人地位的分行這幾種形式進行。獨資子行或合資銀行以自身資產為限對外承擔法律責任，分行自身財產不足以承擔法律責任的，最終由境外總行承擔。不過這並不意味著分行自此沒有任何簽約能力。依據最高人民法院「關於適用『中華人民共和國民事訴訟法』若干問題的意見」第40條之規定，「法人依法設立並領取營業執照的分支機構」，也應屬於合同法所規定的具有簽約能力的主體，因此，作為企業通常可對外簽署的聘用合同、房屋租賃合同及一般經濟合同，分行具有與子行等同的簽約能力。

子行與分行的這種法人地位上的區別，使得兩者在股東要求、設立條件、業務範圍等方面也各有不同，而外國銀行基於對中國金融市場的期待不同，也會選擇不同的市場進入方式。外國銀行在中國設立子行的會再以子行設立各地分行來開拓業務；在中國設立分行的，通常其業務範圍以行政區域為限，即使分行可以再設立分支機構，也只

能在同城範圍內開設支行，如須跨區域開展業務，則只能再以外國銀行的名義在異地另設分行。

獨資子行，註冊資金較分行的運營資金高很多。「條例」第8條明確要求外商獨資銀行的註冊資金最低限額為10億元人民幣，且應全部出資到位。而對分行來說，「條例」規定其總行至少應撥付2億元人民幣作為分行的營運資金，且如果分行經營人民幣業務，其營運資金應不低於3億元人民幣，其中人民幣營運資金不得少於1億元。

分行因其法律責任最終須由境外的總行承擔，因此「條例」規定擬在中國開設分行的外國銀行，其提出設立分行申請前一年年末的總資產不得低於200億美元，遠遠高於子行投資者總資產不得低於100億美元的要求。但不論設立分行還是子行，都必須在中國設立代表處滿兩年。

中國加入WTO後，逐步履行金融市場開放承諾。子行與分行可從事與中國內資銀行大部分相同的外匯與人民幣業務，但兩者區別在於是否可從事銀行卡業務及針對中國境內公民個人開展人民幣的零售業務：分行目前除了可吸收中國境內公民每筆不少於100萬元人民幣的定期存款業務外，不能從事任何其他人民幣的零售業務，也不得從事銀行卡業務。但人民幣業務並非自外資銀行設立之日起即可開展，根據「條例」第34條規定，外資銀行營業性機構從事人民幣業務，應具備提出申請前在中國境內開業三年以上，提出申請前兩年連續盈利的條件。

【9】外國銀行在中國設立代表處、分行、合資銀行、子行的審批流程介紹

　　一直以來，中國政府對於外國銀行在華申請設立代表處或分行及子行等經營性機構，都採取了審慎審批的原則，除了應辦理一般企業設立所需的工商、稅務、海關、外匯等登記手續外，還須首先獲得行業主管部門即銀監會及其派出機構（以下簡稱地方銀監局）的批准。但代表處與經營性機構不同的是，前者不需要籌建期。

一、經營性機構的審批流程

　　外國銀行的分行、子行及與中方股東合資設立的銀行，在中國被統稱為外資銀行經營性機構，其審批流程主要為：

　　1. 外國銀行（以下稱申請人）須先將申請資料報送地方銀監局。

　　2. 地方銀監局在收到申請資料之日起20日內連同審核意見報送中國銀監會。

　　3. 中國銀監會在收到資料之日起六個月內做出是否批准籌建的決定，並書面通知申請人。

　　4. 申請人在接到中國銀監會的批准籌建檔之日起15日內到地方銀監局領取開業申請表，組建籌備組開始籌建工作，並將籌備組負責人名單報送地方銀監局；逾期未領取開業申請表的，自批准其籌建之日起一年內，中國銀監會及地方銀監局不受理該申請人在中國境內同一城市設立營業性機構的申請。

　　5. 申請人的籌建期為六個月，主要涉及以下幾項工作：

　　（1）外商獨資銀行，以及中外合資銀行，應建立健全的公司治理結構；

　　（2）建立完善的內部控制制度；

　　（3）配備符合業務發展的業務人員；

　　（4）印製擬對外使用的重要業務憑證及單據；

（5）配備安全防範設施並經有關部門認可；

（6）聘請國內會計師事務所進行開業前審計。

上述資料之影本均須報送地方銀監局。

6. 申請人籌建期屆滿一個月前，向地方銀監局提出驗收申請；地方銀監局應當在10日內進行驗收，合格者發給驗收合格意見書。

7. 申請人持開業申請表、驗收合格書等資料報送地方銀監局；地方銀監局在收到後20日內連同其審核意見轉報中國銀監會。

8. 中國銀監會應在收到完整的開業申請資料之日起兩個月內做出批准開業與否的決定；批准者則應當頒發金融許可證。

9. 申請人開業前應將開業日期書面報送地方銀監局，且應在中國銀監會指定的全國性報紙和所在地方銀監局指定的地方性報紙上公告。

10. 申請人持金融許可證到企業所在地工商部門辦理營業執照及後續登記手續，該等手續主要包括到品質技術監督部門辦理企業組織代碼證、到公安部門刻立公章及法定代表人章、到外匯部門辦理外匯登記證、到稅務部門辦理稅務登記證、到海關辦理海關登記證等手續。

二、外國銀行代表處

與外資銀行經營性機構的設立相比，外國銀行代表處因只是作為業務聯絡視窗而不涉及具體經營，因此其在華代表處的審批就相對簡單一些：

1. 申請人可直接將資料遞交地方銀監局，地方銀監局審核後直接報送中國銀監會。

2. 中國銀監會自收到完整資料之日起六個月內，做出批准與否的決定。

3. 經批准設立的外國銀行代表處，憑中國銀監會的批准文件直接到其所在地辦理工商登記領取登記證，並辦理後續如企業組織代碼

證、公章刻立、稅務登記、海關登記等手續。

　　4. 自中國銀監會批准設立之日起六個月內，外國銀行代表處必須遷入申請的固定場所內辦公，且應向當地銀監局報送下列資料；超過六個月仍未開始辦公的，則中國銀監會原批准決定失效：

　　（1）代表處基本情況登記表；

　　（2）工商登記證影本；

　　（3）內部管理制度包括代表處的職責安排、內部分工及內部報告制度等；

　　（4）辦公場所的租賃合同及產權證影本；

　　（5）配備辦公設施及租賃電信部門數據通訊線路的情況；

　　（6）公章、公文紙樣本及工作人員對外使用的名片樣本。

　　5. 在辦理工商登記手續後，外國銀行代表處還應在中國證監會指定的全國性報紙及地方銀監局指定的地方性報紙上進行公告。

【10】外國銀行在中國設立經營性機構的注意事項

外國銀行在中國的經營性機構，根據其是否具有法人資格而分為兩類：其一是不具有法人資格的外國銀行分行，民事責任最終由其境外總行承擔；其二是作為獨立法人存在，並獨立承擔民事責任的外商獨資銀行或與中方合資設立的中外合資銀行（以下統稱為外資銀行）。基於中國對於不同階段逐步開放外資銀行業務領域的承諾，上述兩類銀行在目前可從事的業務範圍並不相同。

與獨立法人資格的外資銀行相比，外國銀行分行對於人民幣對私業務，即俗稱的人民幣零售業務如居民存款、信用卡等無法涉足（不過可以接受個人客戶100萬元及以上的人民幣定期存款），其他則與外資銀行的業務範圍相同，即：

1. 吸收公眾存款；
2. 發放短期、中期和長期貸款；
3. 辦理票據承兌與貼現；
4. 買賣政府債券、金融債券、買賣股票以外的其他外幣有價證券；
5. 提供信用證服務及擔保；
6. 辦理國內外結算；
7. 買賣、代理買賣外匯；
8. 代理保險；
9. 從事同業拆借；
10. 提供保管箱服務；
11. 提供資信調查和諮詢服務；
12. 經國務院銀行業監督管理機構批准的其他業務。

2009年7月20日，中國政府更批准外資銀行可承銷發行金融債券，意味著外資銀行在中國的業務空間進一步拓展。

因此，選擇子行還是分行，對於外國銀行來說是主要從資金和業

務方面考慮：分行沒有註冊資金的要求，雖中國仍規定其總行應無償撥給不少於2億元人民幣的營運資金，但比較外資銀行10億元人民幣的註冊資金要求，畢竟要低很多，不過不能分享國內居民的人民幣零售業務這塊「蛋糕」，還要注意境外總行對中國分行的法律責任應承擔最終的連帶賠償責任。

但無論是子行還是分行，外國銀行第一次進入中國，都必須以設立代表處為必經階段，且只有代表處設立滿兩年，外國銀行才能申請設立分行或子行。同時，與一般外商投資企業不同的是，無論是分行的2億元人民幣撥付資金，還是子行的10億元人民幣的註冊資金，都必須在籌建期內全部到位，不可以像一般外商投資企業那樣分期到位。

考慮到金融安全問題，中國銀監會特規定了外資銀行經營性機構6個月的籌建期及驗收制度，即申請人在接到中國銀監會的批准籌建檔之日起15日內，應到地方銀監局領取開業申請表，組建籌備組開始籌建工作，並將籌備組負責人名單報送地方銀監局。

六個月的籌建期內，主要完成以下幾項工作：

1. 分行及外資銀行應建立健全的公司治理結構；
2. 建立完善的內部控制制度；
3. 配備符合業務發展的業務人員；
4. 印製擬對外使用的重要業務憑證及單據；
5. 配備安全防範設施並經有關部門認可；
6. 聘請國內會計師事務所進行開業前審計。

中國銀監會及地方銀監局對於外國銀行經營性機構籌建期內是否完成上述事項要進行驗收。外國銀行在籌建期屆滿一個月前向地方銀監局提出驗收申請；地方銀監局在發給驗收合格意見書後，再由中國銀監會向外國銀行經營性機構頒發「金融許可證」，銀行持證到所在地各政府部門辦理營業執照、企業組織代碼證、稅務等登記證等證照。

【11】外國銀行在中國設立代表處的注意事項

外國銀行在中國境內無論是設立分行、子行或者與中方股東成立合資銀行，按照「外資銀行管理條例」的要求，其前提必須是已在中國境內設有代表處，設立子行甚至要求該代表處必須已登記滿兩年。因此，在中國境內設立代表處，就成為所有外國銀行進入中國的必經階段。

與分行、子行等營業性機構不同，外國銀行代表處只能從事與其代表的外國銀行業務相關的聯絡、市場調查、諮詢等非經營性活動，不能從事存、貸款及其他營業性行為，因此幾乎沒有任何收益，不過這並不意味著代表處不得從事任何經濟活動，其完全可以以自己的名義簽定維持代表處營運所必須的經濟合同，如簽署房屋租賃合同等。當然，因為代表處本身不具備法人資格，因此其行為所產生的一切民事責任，應由其所代表的外國銀行承擔。

因銀行業涉及中國的金融管控與安全管理，因此與一般外國企業的代表處設立不同，外國銀行代表處的設立應進行前置審批，即須先經過中國銀行業監管部門即所在地方銀監局及中國銀監會的審批後，才能辦理一般代表處所需的工商登記等手續。而在代表處申請設立的過程中，尤其須注意以下幾個事項：

一、辦公地點的選擇

根據中國相關工商登記管理規定，外國銀行設立代表處的申請過程中，必須提交一份已經簽定的辦公室租賃合同。同時，根據「外資銀行管理條例實施細則」第32條的規定，外國銀行代表處從獲得中國銀監會批准設立之日起六個月內即應遷入該辦公場所，如超過六個月後仍未開始辦公的，則中國銀監會之批准決定即失效，外國銀行須重新啟動其代表處的設立申請流程。

二、首席代表的人選

　　根據「外資銀行管理條例」及其「實施細則」的相關規定，外國銀行代表處的首席代表須由中國銀監會核准後方能任職，而中國銀監會除了要求首席代表本人無任何犯罪行為、及無企業管理重大過錯與無個人經濟性問題外，更要求應當具有三年以上金融工作或者六年以上相關經濟工作經歷（其中從事金融工作一年以上）。同時，在首席代表前來中國履職後，一旦離崗連續一個月以上，就應當向所在地銀監局進行書面報告，並指定專人代行其職；如無特殊情況離崗連續三個月以上的，中國銀監會則要求更換人選。同時，在首席代表履職期間如發現其任職前有違法、違規或者其他不宜擔任所任職務的、或被依法追究刑事責任，及拒絕、干擾、阻撓或者嚴重影響中國銀監會及其派出機構依法監管等行為時，中國銀監會及其派出機構可以視情節輕重，取消其一定期限直至終身的任職資格。

三、重大事項變更的及時報告

　　根據「外資銀行管理條例實施細則」第96條的規定，外國銀行發生以下重大事項時，外國銀行代表處應及時向所在地銀監會報告：

（1）章程、註冊資本或者註冊位址變更（該事項發生後還應在辦理工商變更登記手續後在中國證監會派出機構指定的地方性報紙上公告）；

（2）外國銀行的合併、分立等重組事項以及董事長或者行長（首席執行官、總經理）變更；

（3）財務狀況或者經營活動出現重大問題；

（4）發生重大案件；

（5）所在國家或者地區金融監管當局對其實施的重大監管措施；

（6）其他對外國銀行經營產生重大影響的事項。

【12】律師與會計師在外資銀行設立過程中可協助的事項

外資銀行在中國的經營過程中，無論涉及勞動人事的處理，日常合同的審閱，重大擔保事項的設計，以及內部控制與稽核等制度的制定與執行等，都離不開律師與會計師的參與。即使是外資銀行在中國的設立過程，也因中國的准入性規定而必須取得律師及會計師的協助。

律師在外資銀行設立過程中可扮演的角色，可分為以下幾個方面：

1. 為外資銀行是否具備進入中國的條件及如何進入中國市場等提供法律諮詢。如根據「外資銀行管理條例實施細則」（以下簡稱「細則」）第5條之規定：「有下列情形之一的，不得作為擬設外商獨資銀行、擬設中外合資銀行的股東：（一）公司治理機構與機制存在明顯缺陷；（二）股權關係複雜或者透明度低；（三）關聯企業眾多，關聯交易頻繁或者異常；（四）核心業務不突出或者經營範圍涉及行業過多；（五）其他對擬設銀行產生重大不利影響的情形。」由專業律師對外資銀行投資方從外部角度進行初步把關及判斷，可以避免不必要的成本損失。另外，作為設立中的必備文件，「細則」還要求在中國初次設立外資銀行的，還應報送其所在國家或地區金融體系情況和有關金融監管法規的摘要。

2. 代為撰寫並製作設立過程中所需的文件資料，如外資銀行章程、外國銀行對其中國境內分行承擔稅務、債務的責任保證書等，並按銀監會的要求，就外國銀行對其中國境內分行承擔稅務、債務的責任擔保書，出具法律意見書。另外，根據「細則」第26條及第42條的規定，外國銀行分行的改制、外商投資銀行及中外合資銀行的章程變更，在變更申請時都須同時提交國內律師事務所出具的關於章程草案的法律意見書。

3. 協助辦理外資銀行的設立審批工作。外資銀行的設立涉及中國銀監會及地方銀監局、地方工商、稅務、海關、公安、外匯等十幾個部門，程序繁雜，文件要求周詳縝密，外資銀行常因缺乏操作經驗而被退件進而影響了設立進度，而由富有操作經驗的律師協助設立的全過程工作，則常常會發揮事半功倍的效果。

4. 協助外資銀行的人員招聘、勞動合同簽定及人事規章制度等的建立及完善工作。新「勞動合同法」對於員工勞動合同的簽定，工作崗位及工作時間的確定，員工與銀行之間勞動合同的變更與解除等問題的規定，都直接或間接地涉及銀行未來可能承擔的人事成本。為了避免勞動糾紛的發生，提高勞動管理效率，經由律師在遵循勞動法規的前提下，結合銀行自身狀況量身設計員工規章制度，是十分必要的。

而對於會計師來說，在外資銀行設立過程中的作用，更多是出於法律的強制性規定：

1. 驗資：法律規定，外國銀行對於中國分支機構的出資採取的是實繳資本制的原則，那麼會計師事務所對其註冊資本進行驗資，就成為外資銀行設立中必不可少的一個環節；

2. 外資銀行開業前的審計：「細則」第17條規定，外資銀行在籌建期間應完成的工作之一，就是必須具備中國銀監會核可的內部控制系統、會計系統及電腦系統，上述內容須經會計師事務所進行開業前的審計，並出具審計報告報送地方銀監局進行審批；

3. 外資銀行境內分行改制為獨資銀行時的合併審計：「細則」第26條規定，「外國銀行將其在中國境內的分行改制為由其總行單獨出資的外商獨資銀行，同時申請籌建外商獨資銀行以及將其在中國境內的所有外國銀行分行改制為外商獨資銀行分行，並將下列申請資料報送擬設外商獨資銀行總行所在地銀監局（一式兩份），同時抄送該外國銀行在中國境內的所有分行所在地中國銀監會派出機構：……

（六）提出申請前兩年該外國銀行在中國境內所有分行經審計的合併財務會計報告」；

　　4. 外資銀行的年度審計：與所有的外商投資企業一樣，外資銀行在每個會計年度結束後四個月內須聘請會計師事務所對其進行審計，並須將審計報告和管理建議書報送所在地的地方銀監局便於監督管理，審計報告的內容應包括：資本充足情況、資產品質、公司治理情況、內部控制情況、盈利情況、流動性和市場風險管理情況等。

　　與一般外商投資企業不同的是，根據「細則」第99條及第102條之規定，外資銀行在聘請會計師事務所進行審計一個月前，必須提交事務所及負責註冊會計師的基本資料給地方銀監會備案，而對於專業技能和獨立性達不到監管要求的會計師事務所，中國銀監會及地方銀監局有權要求調整。

【13】外資銀行每年度須接受哪些監管事項

　　銀行作為金融市場的營運主體，涉及國家金融體系的安危，因此與一般企業接受政府或市場的監管方式不同，中國政府對此多採取合規、審慎、風險管控等相結合的方式，並於近年來陸續頒布實施了「中國人民銀行法」、「商業銀行法」、「金融統計管理規定」、「金融統計制度」、「外資銀行管理條例」及其「實施細則」、「銀行並表監管指引（試行）」等系列法規，對包括外資銀行在內的金融機構實行監管。

　　綜合來說，中國政府對於外資銀行的監管主要具體呈現在以下幾個方面：

一、信息披露要求

　　1. 基本情況變更的及時披露

　　根據「外資銀行管理條例」第27條之規定，外資銀行涉及：（1）註冊資本或營運資金；（2）機構名稱、營運場所或辦公場所；（3）業務範圍；（4）股東持股比例；（5）章程等情形的變更，應及時向國務院銀行監督管理機構申請並向工商部門辦理變更手續。

　　2. 重大事項的及時匯報

　　根據「外資銀行管理條例實施細則」第95、97條之規定，發生下列情形時，外資銀行應及時向當地銀行監管部門進行報告：（1）外資銀行及其外國總行財務狀況和經營活動中發生重大問題；（2）經營策略的重大調整；（3）重要的董事會會議；（4）外資銀行及其外國總行發生的重大案件；（5）外國總行所在國家或地區金融監管當局對其實施的重大監管措施；（6）外國總行所在國家或地區金融監管法規與金融監管體系發生重大變化時；（7）非外資銀行在中國境內機構正式員工在該機構連續工作超過20日或90日內累計工作超過30日時；（8）外國總行或中方股東的章程、註冊資金及地址的變更等。

二、相關財務報表的報送

按前述法規的要求，外資銀行應在下列時限要求內，向當地銀行監督管理機構報送下列資料：

1. 每月：資產負債月報表、損益報表、利潤表及其他有關資料。
2. 每季：季報表；跨境大額資金流動和資產轉移情況報告表。
3. 每年：
（1）在進行年度或其他項目審計一個月前，應將會計師事務所及參加審計的註冊會計師的基本資料報送所在地銀行監督管理機構；
（2）每個會計年度結束後四個月內向當地銀行監督管理機構報送由中國境內會計師事務所出具的審計報告和管理建議書；與一般會計師事務所出具的審計報告不同，外資銀行的年度審計應包括以下內容：資本充足情況、資產品質、公司治理情況、內部控制情況、盈利情況、流動性和市場風險管理情況等；外國銀行分行的審計報告，則應包括以下內容：財務報告、風險管理、營運控制、合規經營情況和資產品質等。

　　這裡需要提醒的是，對於外資銀行聘請的會計師事務所，如果其專業技能和獨立性達不到監管要求，銀行監督管理部門在必要時，有權要求外資銀行進行更換。
（3）外國銀行代表處應於每年2月末前向當地銀行監督管理機構報送上年度工作報告及本年度工作計畫。

三、年審及年檢

既然是企業，除了須接受銀行監督管理部門的上述監管措施以外，外資銀行還必須與所有的外商投資企業一樣，每月的財務報表須報送所在地稅務機關，每年度進行年度審計，並接受商務、工商、外匯、財政等部門的聯合年檢。

【14】中國銀監會和各地銀監局在外資銀行設立過程中的職能劃分

「外資銀行管理條例」及其實施細則中所稱的「銀行監督管理機構」，除了中國銀監會以外，還包含銀監會在各地的派出機構。這些派出機構通常根據各省級區域進行設置，因此多以「局」為編制而被稱為地方銀監局。但在一些重要的城市如大連、寧波、廈門、深圳等地也設有銀監局。

根據外資銀行管理條例及其實施細則，外資銀行無論在中國設立代表處，還是設立分行、獨資銀行或合資銀行，都需先經過銀行監督管理機構的審查批准並領取「金融許可證」以後，再按一般企業設立那樣辦理營業執照、稅務登記等後續手續。

在外資銀行設立的審批過程中，地方銀監局處於受理、轉報、初審的地位，而最終的審批許可權在中國銀監會。以外國銀行在中國申請設立分行或子行的審批流程為例，地方銀監局及中國銀監會各自的職能和許可權為：

一、外資銀行的設立審批

1. 外國銀行（以下稱申請人）須先將申請資料報送地方銀監局；

2. 地方銀監局在收到申請資料之日起20日內，連同審核意見報送中國銀監會；

3. 中國銀監會在收到資料之日起六個月內，做出是否批准籌建的決定，並書面通知申請人；

4. 申請人在接到中國銀監會的批准籌建檔之日起15日內，到地方銀監局領取開業申請表，組建籌備組開始籌建工作，並將籌備組負責人名單報送地方銀監局；

5. 申請人的籌建期為六個月，籌建期屆滿一個月前向地方銀監局提出驗收申請；

6. 地方銀監局應當在10日內進行驗收，合格者發給驗收合格意見書；

7. 申請人持開業申請表、驗收合格書等資料報送地方銀監局，地方銀監局在收到後20日內，連同其審核意見轉報中國銀監會；

8. 中國銀監會應在收到完整的開業申請資料之日起兩個月內，做出批准開業與否的決定，批准者則應當頒發「金融許可證」；

9. 申請人開業前應將開業日期書面報送地方銀監局，且應在中國銀監會指定的全國性報紙和所在地方銀監局指定的地方性報紙上公告；

10. 申請人持「金融許可證」到企業所在地工商部門辦理營業執照及後續登記手續。

二、外資銀行任職人員的資格審批

根據「外資銀行管理條例實施細則」之規定，外資銀行在中國的高級管理人員須具備一定資格與條件，並須經中國銀監會或地方銀監局核准後方可任職。

1. 中國銀監會負責核准或取消的外資銀行高級管理人員為：

（1）外商獨資銀行、中外合資銀行的董事長、行長（首席執行官、總經理），外商獨資銀行分行、中外合資銀行分行的行長（總經理）；

（2）外國銀行分行的行長（總經理）；

（3）外國銀行代表處的首席代表。

2. 地方銀監局負責核准或取消其轄區內的外資銀行高級管理人員為：

（1）外商獨資銀行、中外合資銀行的董事、副董事長、董事會秘書、副行長（副總經理）、行長助理、首席運營官、首席風險控制官、首席財務官（財務總監、財務負責人）、首席技術官、內審負責人和合規負責人；

（2）外商獨資銀行分行、中外合資銀行分行的副行長（副總經理）和合規負責人，外國銀行分行的副行長（副總經理）和合規負責人；

（3）支行行長；

（4）其他對經營管理具有決策權或者對風險控制發揮重要作用的人員。

三、外資銀行的變更審批

中國銀監會除決定外國銀行的申請審批外，根據「外資銀行管理條例」第27條之規定，外資銀行的下列變更情形也應經中國銀監會的批准後，方可辦理工商營業執照的變更登記：

1. 變更註冊資本或者營運資金；

2. 變更機構名稱、營業場所或者辦公場所；

3. 調整業務範圍；

4. 變更股東或者調整股東持股比例；

5. 修改章程；

6. 中國銀監會規定的其他情形。

【15】外資銀行高管人員任職資格規定

銀行因其行業特殊性，其任職人員，尤其是高級管理人員，不僅要具備良好的職業操守，銀行業工作經驗及能力也同樣重要。因此，「中華人民共和國外資銀行管理條例實施細則」（以下簡稱「細則」）「嚴」字當頭，貫穿始終。

首先，中國銀監會及地方銀監局對外資銀行的部分高級管理人員予以「非經核准不得履職」的程序要求，即對某些崗位的高級管理人員，「細則」要求外資銀行不得擅自任命，這些人員主要包括兩類，第一類是由中國銀監會核准的：（1）獨資銀行或中外合資銀行的董事長、行長（首席執行官、總經理）及其分行的行長（總經理）；（2）外國銀行分行的行長（總經理）；（3）外國銀行代表處的首席代表。第二類則是由外資銀行所在地的銀監局核准的：（1）獨資銀行或中外合資銀行的副董事長、董事會秘書、副行長、行長助理、首席運營官、首席風險控制官、首席財務官（財務總監、財務負責人）、首席技術官、內審負責人和合規負責人；（2）上述銀行在中國開設分行的副行長和合規負責人，外國銀行分行的副行長和合規負責人；（3）支行行長及其他對經營管理具有決策權或者對風險控制發揮重要作用的人員。

其次，出於對銀行風險的管控，「細則」規定具有下列情形的人員不得擔任外資銀行的董事、高級管理人員：

1. 有故意或者重大過失犯罪紀錄的；

2. 擔任或者曾任因違法經營而被接管、撤銷、合併、宣告破產或者吊銷營業執照的機構的董事或者高級管理人員的，但能夠證明自己沒有過錯的除外；

3. 指使、參與所任職機構阻撓、對抗中國銀監會及其派出機構進行監督檢查或者案件查處的；

　　4. 違反職業道德、操守或者工作嚴重失職給所任職的機構造成重大損失或者惡劣影響的；

　　5. 本人或者其配偶負有數額較大的債務且到期未償還的；

　　6. 法律、行政法規、部門規章規定的不得擔任金融機構董事、高級管理人員或者首席代表的。

　　最後，高管人員良好的從業紀錄有助於銀行避免風險，及時應對突發狀況，「細則」以列舉式的方式對上述高管人員的工作年限、職位進行了規定：

序	職　　務	要求須具備的金融工作經歷	或要求具備的經濟工作經歷
1	獨資或合資銀行董事長、行長（首席執行官、總經理）	8年以上	12年以上
2	獨資或合資銀行副董事長、董事會秘書、副行長、行長助理、首席運營官、首席風險控制官、首席財務官、首席技術官；獨資或合資銀行分行行長、外國分行行長	5年以上	10年以上
3	獨資或合資銀行董事	5年以上與經濟、金融、法律、財務有關的工作經歷	
4	獨資或合資銀行分行、或外國分行副行長、支行行長	4年以上	6年以上
5	獨資或合資銀行內審負責人、合規負責人	4年以上	
6	獨資或合資銀行分行、外國銀行分行合規負責人	3年以上	
7	外國銀行代表處首席代表	3年以上	6年以上（其中從事金融工作1年以上）

| 第二篇 |

與外資銀行密切相關的
法律介紹

第一章

中國法律體系介紹

【16】中國法律體系介紹（中國各類法律法規制定、效力、差異分析、法律適用）（上）

　　中國的法律體系已走過30年的歷程，特別是「物權法」、「侵權行為法」、「社會保險法」等一系列重要基本法律的頒布、實施，使中國的法律體系日趨完善。

　　從法律部門而言，中國法律體系可以劃分為憲法及憲法相關法、民法商法、行政法、經濟法、社會法、刑法、訴訟與非訴訟程序法等七個部門法。

　　從法律層次而言，可以分為法律、行政法規、地方性法規等三個層次。如果再結合制定機關和效力等級等因素，上述三個層次又可以進一步細化。

　　首先，憲法作為國家的根本法，高高聳立在法律階梯之巔，「一切法律、行政法規和地方性法規都不得同憲法相抵觸」。繼而，憲法賦予全國人民代表大會及其常務委員會行使國家立法權，制定國家法律。同時，根據「中華人民共和國立法法」的規定，全國人民代表大會及其常務委員會有權就本應由其制定法律但尚未制定的事項，授權國務院先行制定行政法規；經濟特區所在地的省、市的人民代表大會及其常務委員會有權根據全國人民代表大會的授權制定經濟特區法規。此外，全國人民代表大會根據憲法的規定制定特別行政區基本法。因此，全國人民代表大會及其常務委員會行使立法權制定的法律，以及國務院、經濟特區所在地的省、市的人民代表大會及其常務

委員會依授權立法的效力僅次於憲法。

其次，根據憲法和法律的規定國務院有權制定行政法規；民族自治地方的人民代表大會有權依照當地民族的政治、經濟和文化的特點，制定自治條例和單行條例；中央軍事委員會依法制定軍事法規；特別行政區立法會依法制定屬於特別行政區自治範圍的法律。上述行政法規、自治條例和單行條例、軍事法規以及特別行政區法律的效力，再次於法律和授權立法。

最後，在地方上，由地方權力機關，即各級人民代表大會及其常務委員會，制定地方法規；由地方行政機關，即各級人民政府，制定地方行政規章。此外，國務院各組成部門和直屬機構，根據法律和行政法規的規定，有權在本部門的許可權範圍內制定規章。從效力而言，地方法規、規章以及部門規章，處於整個法律階梯的底層。

上述三個層次的體系劃分，正如下圖所示，較為完整地展現了中國法律體系的框架結構。

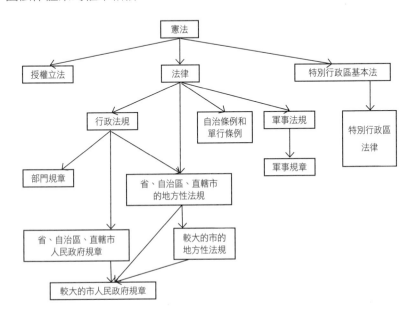

如果單從制定機關上看，中國的法律體系基本分為兩類立法模式：其一是以各級人民代表大會及其常務委員會為主體制定的憲法、法律、法規等，即權力機關立法；其二是以各級人民政府及其各部門、機構為主體制定的行政法規、地方規章、部門規章等，即行政立法。而不同級別的權力機關和行政機關各自制定的法律、法規、規章的效力是有差異的，必須解決發生衝突的法律適用問題。

【17】中國法律體系介紹（中國各類法律法規制定、效力、差異分析、法律適用）（下）

　　法律體系的層次，也稱之為「位階」，是表示一部規範性法律文件在整個法律體系中的縱向等級。不同位階的規範性法律文件之間的效力差異是錯綜複雜的，即便相同位階的規範性法律文件之間，也會存在效力差異的問題。

　　判斷不同位階的效力高低，可以遵循以下幾點基本規律：

　　1. 上位法優於下位法，即位階相對較高的規範性法律文件，其效力要高於位階相對較低的規範性法律文件，比如憲法的效力要高於法律，而法律的效力又高於行政法規。

　　2. 權力機關立法優於行政機關立法，即各級人民代表大會及其常務委員會制定的規範性法律文件，其效力要高於同級別人民政府制定的規範性法律文件，換言之，前者的法律位階要高於後者，比如上海市人民代表大會常務委員會制定的「上海市房地產登記條例」，其效力就要高於上海市人民政府制定的「上海市房地產登記條例實施若干規定」。這種效力的差異是與中國的政治體制相對應的，中國實行的是人民代表大會制度，各級人民代表大會及其常務委員會作為國家的權力機關，有權監督各級人民政府依法行政。

　　3. 特別法優於一般法，這種情況通常發生在同一位階的規範性法律文件之間，比如「中華人民共和國海商法」與「中華人民共和國保險法」同屬全國人民代表大會常務委員會制定的法律，其法律位階相同，但「海商法」第十二章有關「海上保險合同」的規定，相對於「保險法」的規定就屬於特別規定，因此在海事海商領域海商法第十二章的有關規定優先於保險法適用。

　　4. 新法優於舊法，這種情況通常也發生在同一位階的規範性法律文件之間，比如2007年10月1日實施的「中華人民共和國物權法」第

四編「擔保物權」的規定，相對於1995年10月1日實施的「中華人民共和國擔保法」的規定，就屬於新法，儘管其法律位階相同，但「物權法」的有關規定優先於「擔保法」適用。

當然，有時會出現上述規律均無法適用的情況，導致法律衝突。這些情況大致可以歸納為以下幾類：

1. 同一機關制定的法律、法規、規章之間對同一事項的新的一般規定與舊的特別規定不一致，導致法律衝突。解決此類法律衝突的原則是，誰制定誰裁決，既然相衝突的規範性法律文件是由同一機關制定，該機關當然有權也有責任決定其法律適用。

2. 部門規章之間、部門規章與地方政府規章之間對同一事項規定不一致，導致法律衝突。由於國務院各職能部門之間，以及各職能部門與地方政府之間不存在相互隸屬關係，即沒有縱向聯繫，當兩者發生法律衝突時，只能由其共同的上級機關國務院判斷其法律適用。

3. 較大的市的地方性法規，與省級人民政府的地方政府規章之間，對同一事項規定不一致，導致法律衝突。與前述第二種情況類似，應由其共同的上級領導機關省級人民代表大會常務委員會裁決。

4. 授權立法與法律之間對同一事項規定不一致，導致法律衝突。由於授權立法的立法權源自全國人民代表大會及其常務委員會，所以理應由全國人民代表大會常務委員會裁決。

5. 部門規章與地方性法規之間對同一事項規定不一致，導致法律衝突。這種情況最為複雜，因為國務院並非地方人民代表大會的上級機關，因此國務院僅能裁決適用地方性法規，當國務院認為應適用部門規章時，必須提請全國人民代表大會常務委員會裁決。

【18】中國憲法介紹

什麼是憲法？一言以蔽之，憲法就是調整公民權利和國家權力相互關係的法律──公民權利產生國家權力，國家權力為公民權利服務，公民權利制約國家權力，所以說憲法是國家的根本法。但凡說起中國的憲法，人們往往存有這樣的誤解，因為中國有憲法典，即「中華人民共和國憲法」，人們理所當然地認為憲法典就是憲法，憲法就是憲法典。其實不然，憲法典固然是中國憲法最主要的組成部分，但同時憲法修正案以及憲法性法律，也是構成中國憲法不可或缺的重要組成部分。

首先，中國現行的憲法典是1982年憲法，這部憲法由序言和作為正文的四個章節構成，正文部分共計138個條文，原則性的規範了中國的各項基本制度，公民的基本權利和義務，以及國家機關的基本架構。

其次，現行的1982年憲法共有17條修正案，而這17條修正案又是分四次做出的，每一次修正案都伴隨著國家政策的重大轉變孕育而生：第一次是在1988年，以憲法的形式承認「私營經濟」的合法性；第二次是在1993年，把「社會主義初級階段」的概念引入憲法當中；第三次是在1999年，提出了「依法治國」的治國理念；第四次則是在2004年，首次將保護公民私有財產納入憲法當中。

再次，在中國法律體系當中，除了憲法以外，還有一些涉及公民權利和國家權力相互關係的法律，這些法律我們稱之為憲法性法律，比如「集會遊行示威法」、「殘疾人保障法」、「未成年人保護法」、「香港特別行政區基本法」等。

我們都知道憲法是根本法，是法律之上的法律，但是憲法的效力何在？憲法可以作為法律依據來裁判嗎？在現實中，迄今為止，憲法在中國是不能作為法律而直接適用的。無數法律人大聲疾呼憲法司法

化，所為何來？憲法應該首先是法，其次才是根本法，如果憲法不能夠作為裁判的依據由法院反覆適用，那麼憲法只能是空中樓閣。近年來，中國官方也日漸意識到憲法的實踐意義，並且已經明確將憲政納入依法治國的治國方略之中。因此，對於中國的憲法司法化進程，我們將拭目以待。

憲法的規範是原則性的、綱要性的，當有必要運用憲法來解決實際問題的時候，憲法解釋就不可避免了。根據1982年憲法第六十七條第一項的規定，中國的憲法解釋機構為全國人民代表大會常務委員會。然而，自1982年憲法頒布施行以來，全國人民代表大會常務委員會從未針對違憲而做出過任何憲法解釋，不免有在其位而不謀其政之嫌。放眼全球，各國的憲法解釋機構大致可以分為兩種模式：一是司法機關，例如英國的上議院（相當於中國的最高人民法院）、美國的聯邦最高法院等；二是成立專門的憲法解釋機構，例如法國的憲法委員會、德國的憲法法院等。而中國採取的這種憲法解釋模式，姑且稱作立法機關解釋，嚴格來說是違背法律基本原則的。「任何人不能作為自己問題的法官」這一原則是法律人最基本的常識，中國憲法賦予全國人民代表大會及其常務委員會行使國家立法權，制定國家基本法律，而全國人民代表大會常務委員會同時作為憲法解釋機構，有權也有義務來監督自身制定的法律是否違憲，這種監督必然流於形式，這種制度設計必然徒有其表。

【19】法、條例、規定、辦法、細則、通知、令、決定等法律規範的效力分析

　　法、條例、規定、辦法、細則、通知、令、決定等是法律性文件常見的文書種類，在法律活動中占據著非常重要的位置。本文旨在對這些不同種類的法律文書的適用場合以及效力差異做簡要分析。

　　在中國法律體系中，可以冠以「法」字頭銜的法律性文件只有一種，就是由全國人民代表大會及其常務委員會審查通過的立法文件。這類法律文件的效力僅次於憲法，高於行政法規和規章，是真正的以法為名。

　　我們通常所說的「條例」、「規定」和「辦法」是國家行政法規、地方性法規的主要形式。就一般而言，對某一方面的行政工作做出比較全面、系統的規定，稱為「條例」；對某一方面的行政工作做出部分的規定，稱為「規定」；對某一項行政工作做比較具體的規定，稱為「辦法」。國家行政法規的制發主體是國家最高行政機關——國務院；地方性法規的制發主體是省、自治區、直轄市的人民代表大會及其常委會和省、自治區人民政府所在地的城市、經國務院批准的較大城市以及計畫單列市的人民代表大會及其常委會。「條例」、「規定」和「辦法」的效力層級次於憲法和法律，高於規章和其他規範性法律文件。

　　同時，「規定」、「辦法」也常用於部門規章和地方政府規章，甚至效力更低的規範性法律文件有時也使用「規定」與「辦法」。當然，在行政規章及更低級別的規範性法律文件中，使用較多的還是「實施細則」、「規則」、「規程」等。「細則」是具體實施、執行某項法律、法規時，主管部門或下級執行部門制定的具體實施辦法；它是某一法律、法令和行政法規的具體化和延伸。例如「重要工業品自動進口許可管理實施細則」（2002年1月15日由國家經貿委、海關

總署聯合發布），就是為具體貫徹實施「中華人民共和國貨物進出口管理條例」而制定的。

「條例」、「規定」、「辦法」等法規性文件，在內部行文時，要用法定文種中的「通知」做「文件頭」來加以頒行。向社會上公開發布，則採取「法隨令出」的原則，有的可使用「公布令」加以發布，如國家主席令、國務院令等；有的則不能用「令」，必須用「通知」，如「規章性文件」。地方性法規應用「公告」予以發布。對已有的規章制度進行修改、廢止往往要採用「決定」這一文種。例如「全國人民代表大會常務委員會關於廢止『中華人民共和國農業稅條例』的決定」（2005年12月29日）、「國務院關於修改『中華人民共和國個人所得稅實施條例』的決定」等。但「決定」不可充當發布的法規、規章的載體，能擔當這種載體的是「令」，不然就是「通知」。

目前，行政立法層面對於法律文書的使用比較隨意，缺乏分明的界限，因此常常會出現混用、錯用的情況。其必然後果，就是無法一目了然地透過一部法規的名稱了解其效力和地位。

【20】司法解釋在中國法律體系中的地位分析

　　儘管無數學者質疑和詬病中國司法解釋良莠不齊，但本文無意為此推波助瀾。最高人民法院在司法解釋方面長達30年的實務證明，絕大多數司法解釋是行之有效的，在法律體系尚不健全的中國，這是一種無奈而又現實的選擇。

　　最高院進行司法解釋，最初的依據是全國人大會常委會於1981年做出的「關於加強法律解釋工作的決議」，該決議規定：「凡屬於法院審判工作中具體應用法律、法令的問題，由最高人民法院進行解釋。」時至今日，最高院在進行司法解釋的實務和探索中，早已不再滿足於單純地解釋某一具體的法律條文，而是越來越經常性的對整個法律文件進行系統的解釋，有時甚至是創造性的解釋。這種解釋明顯帶有濃厚的立法性質，使得司法機關在事實上成為中國除了權力機關和行政機關以外的又一立法部門。

　　司法解釋對於中國法律體系的完善最主要的貢獻，首先在於彌補法律的漏洞。其根源在於，全國人大及其常委會的立法水準不如最高院的司法解釋，畢竟相對於人大代表，法官是法律專業人士，我們不能苛責人大代表的法律素養，但事實是幾乎每一部法律的頒布都伴隨與之配套的司法解釋，少了司法解釋，法律本身便顯得缺油少鹽。但人大似乎並未意識到這一點，而是慣於將法律文件當作政策性的文件公布出來，至於如何去適用，那是法院必須考慮的問題。這就使得司法解釋在中國司法實務中享有至高無上的地位，它既是法律的完善和補充，也可以修正和否定法律。而法院作為司法機關，在解決實際法律問題時，司法解釋往往比法律來得有用，因此司法解釋在中國的司法實踐中具有不可替代的崇高地位。以「擔保法」為例，早在1995年人大頒布施行的擔保法錯漏百出，在實踐中出現了很多無法解決的問題，於是最高院在2000年推出了「擔保法司法解釋」，這種對擔保

法顛覆性的解釋，不僅補充了大量擔保法沒有規定的內容，還修正了「擔保法」中的許多錯誤。

其次，司法解釋為全國人大及其常委會立法進行必要的實務探索和準備，累積必要的經驗。司法解釋往往是法院在長期司法實務中總結出的結晶，在立法存在空白的領域，暫時以司法解釋的形式在探索中總結經驗和教訓，為人大最終立法創造了良好的條件。仍以擔保法司法解釋為例，在擔保法司法解釋頒布施行七年後，全國人大標誌性的推出「物權法」，物權法有關擔保物權的內容，無疑是對最高院擔保法司法解釋最好的肯定，自2007年10月1日物權法生效後，在擔保物權領域除關於保證等少部分內容仍適用原擔保法，其他均按照物權法和擔保法司法解釋執行。

所以，司法解釋在中國是具有法律效力的準立法性法律文件，在司法實務中有不可替代的法律地位。在法律體系尚不健全的中國，司法解釋發揮了彌補法律漏洞和填補空白的作用，也為中國法制建設開拓思路，夯實基礎。

第二章

銀行監管法律規範介紹

【21】中國銀行監管法律規範介紹——資本約束制度

　　中國的銀行現行資本約束制度是在「巴塞爾協議」的框架下建立起來的，主要規定了商業銀行的資本充足率的要求，旨在抑制風險資產的過度膨脹，保護存款人和其他債權人的利益、保證商業銀行正常營運和發展，也是國內商業銀行在經營實踐中不可迴避的、日益嚴峻的課題。

　　2003年頒布的「商業銀行法」規定商業銀行的資本充足率不得低於8%，為落實商業銀行法關於資本充足率管理的要求，銀監會於2004年頒布「商業銀行資本充足率管理辦法」（以下簡稱「該辦法」）並於2007年進行了修改。該辦法分總則、資本充足率計算、監督檢查、信息披露和附則，共五章54條以及五個附件：

一、總則

　　明確了規定資本充足率和核心資本充足率的概念，其分別不得低於8%和4%，並要求商業銀行資本充足率的計算必須建立在各項資產損失準備足額提取的基礎之上。

二、資本充足率的計算

　　明確規定計算公式為：

　　資本充足率＝（資本－扣除項）÷（風險加權資產＋12.5倍的市場風險資本）

　　核心資本充足率＝（核心資本－核心資本扣除項）÷（風險加權資產＋12.5倍的市場風險資本）

該辦法對資本、核心資本、附屬資本、扣除項目的範圍都予以了規定，其中首次規定了符合條件的重估儲備、長期次級債務、可轉換債券可以計入附屬資本，並取消了一般準備計入附屬資本的上限。

為配合新的會計準則，該辦法還規定對計入所有者權益的可供出售債券公允價值正變動可計入附屬資本，但計入部分不得超過正變動的50%，而公允價值負變動應全額從附屬資本中扣減。商業銀行計算資本充足率時，應將計入資本公積的可供出售債券的公允價值從核心資本中轉入附屬資本。同時，也規定了附屬資本不得超過核心資本的100%，計入附屬資本的長期次級債務不得超過核心資本的50%。

在資產權重方面，該辦法體現了信貸資產權重較高，債券投資權重較低；批發業務權重較高，零售業務權重較低的原則，以鼓勵商業銀行合理調整資產結構、業務結構和收入結構，降低金融風險。並在信用風險資本要求計算方面採取了更為審慎的標準，交易資產達到一定規模或比例的商業銀行還須單獨計提市場風險資本。

三、監督檢查

該辦法明確規定，商業銀行應建立完善的資本充足率評估程序和管理制度，董事會承擔本銀行資本充足率管理的最終責任；根據商業銀行風險狀況和風險管理能力，銀監會有權要求單個銀行提高最低資本充足率標準，並根據資本充足率的高低，把商業銀行分為三類，即資本充足、資本不足和資本嚴重不足的銀行，對其採取不同的監管措施，增強資本監管的有效性。

四、信息披露

該辦法在已有「商業銀行信息披露暫行辦法」的基礎上，圍繞資本充足率，對商業銀行風險管理目標和政策、並表範圍、資本、資本充足率以及信用風險、市場風險提出了更為具體、細化的披露要求。

　　鑑於發行次級債券有利於提高資本充足率，為完善商業銀行資本補充機制，督促商業銀行實現資本充足率達標計畫，中國銀監會與中國人民銀行於2004年共同發布「商業銀行次級債券發行管理辦法」規範銀行發行次級債券行為。

【22】中國銀行監管法律規範介紹──治理與內部控制

　　現代銀行制度的核心是銀行公司治理結構與內控機制，純粹依靠銀行自律機制構建公司治理結構和內控機制是不夠的，為實現銀行從自律型公司治理結構到監督型公司治理結構的轉變，中國人民銀行與中國銀監會，先後制定了相關文件督促商業銀行健全公司治理結構和內部控制機制。

一、公司治理結構監管法律規範

　　為健全股份制商業銀行公司治理，維護存款人和社會公眾利益，中國人民銀行於2002年6月頒布了「股份制商業銀行公司治理指引」（以下簡稱「治理指引」）和「股份制商業銀行獨立董事和外部監事制度指引」（以下簡稱「制度指引」），銀監會於2005年9月頒布「股份制商業銀行董事會盡職指引（試行）」（以下簡稱「盡職指引」）。

　　「治理指引」區分了股東大會、董事會、監事會的職能，規範了股東、董事、監事和行長的權利、義務和責任，同時對公司治理中的激勵約束機制做了規定；規範股東行為，防止股東操縱經營管理損害存款人利益；建立獨立董事制度，完善董事會組織結構，提高董事會決策的科學性；明確行長職責，解決董事長、行長責權不清問題；強化監事會的監督功能，建立外部監事制度，完善監事會組織結構，強化監事會的監督職能。

　　「制度指引」對股份制商業銀行獨立董事、外部監事的人數、產生、任職資格及其任職期間的權利、義務和責任予以較全面、具體的規定，使得股份制商業銀行能夠擁有具高度獨立性的董事、監事，有效發揮其監督作用，促進銀行穩健經營。

　　「盡職指引」對股份制商業銀行董事會的職責、會議規則與程序、董事會專門委員會、董事的職責以及董事會盡職的監督予以規

定，明確董事會的權利和職責，為董事會發揮作用提供依據，也是對董事會工作的督促。

二、內控制度監管法律規範

　　為促進商業銀行建立和健全內部控制，防範金融風險，中國人民銀行於2002年9月頒布了「商業銀行內部控制指引」（以下簡稱「控制指引」）、銀監會於2004年9月頒布了「商業銀行內部控制評價試行辦法」（以下簡稱「試行辦法」）。

　　「控制指引」規定商業銀行應當建立良好的公司治理以及分工合理、職責明確、相互制衡、報告關係清晰的組織結構，為內部控制的有效性提供必要的前提條件。「控制指引」要求商業銀行設立獨立的授信風險管理部門，對授信風險進行統一管理，設置授信風險限額，避免信用失控；資金業務應當做到前台交易與後台結算分離、自營業務與代客業務分離、業務操作與風險監控分離；對大額存單簽發、大額存款支取實行分級授權和雙簽制度等風險控制制度。

　　「試行辦法」是銀監會為貫徹「管法人、管風險、管內控、提高透明度」的監管理念所採取的具體舉措，凸顯出內部控制體系的概念，強調內部控制是一種系統的制度安排，要求商業銀行從零散的、靜態的、被動的內部控制規章向建立系統的、動態的、主動的內部控制體系轉變，要求商業銀行向監管部門、社會、市場提供一套全面和可證實的內部控制體系，進而使內部控制體系各組成要素之間的聯繫更加清晰和有序。

【23】中國銀行監管法律規範介紹——業務管理規定

為完善對銀行的業務監管制度，銀行監督管理部門對貸款業務、銀行卡業務、中間業務、個人理財業務、信貸資產證券化等業務做了規範：

一、貸款業務監管規範

中國人民銀行1996年6月28日公布的「貸款通則」，對銀行的貸款業務進行了規範，主要規定了：銀行發放貸款必須嚴格執行關於資產負債比例管理的有關規定；不得向關係人發放信用貸款；向關係人發放擔保貸款的條件不得優於其他借款人同類貸款條件；銀行必須公布所經營貸款的種類、期限、利率，公開貸款條件和發放貸款時要審查的內容；銀行不得違反規定代墊委託貸款資金；未經中國人民銀行批准，不得對自然人發放外幣貸款；不得違反中國人民銀行規定，對自營貸款或者特定貸款在計收利息之外收取其他任何費用，或者對委託貸款在計收手續費之外收取其他任何費用等，以及其他貸款審查、程序也應予以規範。中國銀監會於2007年8月11日發布「銀團貸款業務指引」，對銀團貸款的成員、發起和籌組、協議、管理和收費等事項予以規範。

中國人民銀行和銀監會於2004年8月16日公布的「汽車貸款管理辦法」規定了汽車貸款的貸款期限（含展期）不得超過五年，其中，二手車貸款的貸款期限（含展期）不得超過三年，經銷商汽車貸款的貸款期限不得超過一年。並且分別對個人、經銷商、機構汽車貸款的條件和程序予以規範，對風險管理也有明確的規定。

二、銀行卡業務監管規範

中國人民銀行於1999年1月5日頒布的「銀行卡業務管理辦法」明確規定銀行卡包括信用卡和借記卡，只有滿足開業三年以上並具有辦理零售業務良好業務基礎的商業銀行，在經申請並由中國人民銀行批

准後才可以開展銀行卡業務，非金融機構、金融機構的代表機構不得
經營銀行卡業務。同時也對銀行卡的計息和收費標準、帳戶及交易管
理、風險管理、當事人之間的職責，以及違規的相關處罰措施都予以
規範。

三、個人理財業務監管規範

中國銀監會於2005年9月頒布了「商業銀行個人理財業務管理暫
行辦法」，從個人理財業務的管理、風險管理、監督管理、法律責任
等幾個方面規範商業銀行的個人理財業務。

四、信貸資產證券化業務監管規範

中國人民銀行和中國銀監會於2005年4月20日聯合頒布了「信貸
資產證券化試點管理辦法」，從信貸資產證券化發起機構與特定目的
信託，特定目的信託受託機構，貸款服務機構，資金保管機構，資產
支援證券發行與交易，信息披露，資產支援證券持有人權利及其行
使，以及資產支持證券發行說明書的編制要求等各方面規範信貸資產
證券化業務。

【24】中國銀行監管法律規範介紹——風險管理

操作風險、信用風險與市場風險共同構成商業銀行的三大風險，在「新巴塞爾協議」的框架下，銀監會針對商業銀行所面臨的信用風險、關聯交易風險、授信集中等主要風險，先後制定並頒布了「貸款風險分類指導原則」、「商業銀行與內部人和股東關聯交易管理辦法」、「集團客戶授信業務風險管理指引」、「商業銀行市場風險管理指引」等文件予以規範。

一、「貸款風險分類指導原則」

針對商業銀行的信用風險，中國人民銀行於2001年12月24日頒布了「貸款風險分類指導原則」，採用五級分類的方法，即把貸款依其面臨風險的程度分為正常、關注、次級、可疑和損失五類，後三類合稱為不良貸款，銀監會對各風險級別的貸款從相關分類的標準、方法、基本要求和組織實施等方面予以界定，以不斷改進貸款分類方法，督促商業銀行加強信貸管理，提高信貸資產品質。銀監會依法可以透過現場檢查和非現場監控兩種方式，對商業銀行貸款品質進行監控；原則上，每年對商業銀行的貸款品質進行一次現場檢查，包括專項檢查和常規檢查；對貸款品質出現重大問題的商業銀行，將予以更加嚴格的監管。在檢查商業銀行貸款品質時，銀監會不僅要獨立地對其貸款品質進行分類，還要對其信貸政策、信貸管理水準、貸款分類方法及分類程序和結果做出評價。同時規定商業銀行應根據銀監會的要求報送貸款分類的資料，以及貸款損失、呆帳核銷情況應依據有關法規披露。

二、「商業銀行與內部人和股東關聯交易管理辦法」

為防範不公允的關聯交易，防止股東對商業銀行的惡意控股，針對商業銀行的關聯交易風險，銀監會於2004年4月2日公布了「商業銀行與內部人和股東關聯交易管理辦法」，從基本原則、關聯方和關聯

交易的界定、關聯交易的管理等方面規範商業銀行的關聯交易行為，如果商業銀行違反相關規定，銀監會可分不同情況，採取限制股東權利，責令股東轉讓股權，責令商業銀行調整董事、高級管理人員，罰款，任職資格禁止等處罰措施，觸犯刑法的還將追究刑事責任。

三、「集團客戶授信業務風險管理指引」

為防範授信集中，促進商業銀行加強集團客戶授信業務風險管理機制，銀監會於2003年10月23日頒布了「集團客戶授信業務風險管理指引」，並於2007年7月3日予以修訂，「指引」規定商業銀行對集團客戶授信應遵循統一、適度、預警三原則。並要求商業銀行制定的集團客戶授信業務風險管理制度應報銀監會備案，銀監會有權定期或不定期進行檢查，重點檢查商業銀行對集團客戶授信管理制度的建設、執行情況和信貸信息系統的建設，以及對其他授信業務風險管理，信息管理和風險預警等方面加以規範。

四、「商業銀行市場風險管理指引」

為督促商業銀行加強市場風險管理，提高風險管理能力，銀監會於2004年12月29日頒布了「商業銀行市場風險管理指引」，督促商業銀行從實際情況出發，設計有效的市場風險識別、計量、監測和控制程序，提高控制交易和非交易業務市場風險的能力。

【25】中國銀行監管法律規範介紹——風險評級 與預警機制

「銀行業監督管理法」規定，國務院銀行業監督管理機構應當建立銀行業金融機構監督管理評級體系和風險預警機制。為此銀監會於2004年2月5日印發了「股份制商業銀行風險評級體系（暫行）」，於2005年12月31日印發了「商業銀行風險監管核心指標（試行）」等文件，力圖建立科學合理的銀行業機構評價體系，促進分類監管。

一、「股份制商業銀行風險評級體系（暫行）」

股份制商業銀行風險評級是銀行監管框架的重要組成部分，是監管機構對股份制商業銀行的風險表現形態和內在風險控制能力進行的科學、審慎的評估與判斷。監管機構對股份制商業銀行的風險評級，既不同於股份制商業銀行自身的評價，也不同於社會仲介機構對股份制商業銀行的評級。它是以防範風險為目的，透過對股份制商業銀行風險及經營狀況的綜合評級，系統地分析、識別股份制商業銀行存在的風險，實現對股份制商業銀行持續監管和分類監管，促進股份制商業銀行穩健發展。

股份制商業銀行風險評級主要是對銀行經營要素的綜合評價，包括資本充足狀況評價、資產安全狀況評價、管理狀況評價、盈利狀況評價、流動性狀況評價和市場風險敏感性狀況評價，以及在此基礎上加權匯總後的總體評價。評級結果將作為監管的基本依據，並作為股份制商業銀行市場准入和高級管理人員任職資格管理的重要參考。

二、「商業銀行風險監管核心指標（試行）」

商業銀行風險監管核心指標分為三個層次，即風險水準、風險遷徙和風險抵補。

風險水準類指標衡量風險水準，包括流動性風險、信用風險、市場風險和操作風險指標。其中，流動性風險指標包括流動性比率、核

心負債依存度、流動性缺口率；信用風險指標包括不良資產率、單一集團客戶授信集中度、全部關聯度以及不良貸款率一個二級指標；市場風險指標為累計外匯敞口頭寸比例、利率風險敏感度；操作風險指標為操作風險損失率。

風險遷徙類指標衡量風險變化，包括正常貸款遷徙率和不良貸款遷徙率，其中正常貸款遷徙率分為正常類貸款遷徙率和關注類貸款遷徙率兩個二級指標，不良貸款遷徙率分為次級貸款遷徙率和可疑貸款遷徙率兩個二級指標。

風險抵補類指標衡量風險抵禦能力，從盈利能力、準備金充足程度和資本充足程度三方面分析，其中盈利能力包括成本收入比、資產利潤率和資本利潤率三個指標，準備金充足程度包括資產損失準備充足率和貸款損失準備充足率一個二級指標，資本充足程度包括資本充足率和核心資本充足率一個二級指標。

中國銀監會將根據評級結果，確定對股份制商業銀行現場檢查的頻率、範圍和依法採取的其他監管措施。

第三章
與外資銀行密切相關的
法律介紹

【26】外資銀行在中國可從事的業務介紹及其涉及的
主要法律

　　廣義的外資銀行包括外商獨資銀行或中外合資銀行、外國銀行分行、外國銀行代表處，主體的性質不同，可從事的業務也不同，其中外國銀行代表處限制最多，外商獨資銀行或中外合資銀行可從事的業務基本上已全部開放，包括可以從事個人人民幣業務。具體可從事的業務如下：

一、外國銀行代表處

　　依據「中華人民共和國外資銀行管理條例」規定，外國銀行代表處可以從事與其代表的外國銀行業務相關的聯絡、市場調查、諮詢等非經營性活動。外國銀行代表處的行為所產生的民事責任，由其所代表的外國銀行承擔。

二、外國銀行分行

　　外國銀行分行可從事以下業務：

　　1. 吸收公眾存款；

　　2. 發放短期、中期和長期貸款；

　　3. 辦理票據承兌與貼現；

　　4. 買賣政府債券、金融債券，買賣股票以外的其他外幣有價證券；

5. 提供信用證服務及擔保；

6. 辦理國內外結算；

7. 買賣、代理買賣外匯；

8. 代理保險；

9. 從事同業拆借；

10. 提供保管箱服務；

11.提供資信調查和諮詢服務；

12. 經國務院銀行業監督管理機構批准的其他業務。

2006年12月11日起施行的「中華人民共和國外資銀行管理條例實施細則」（以下簡稱「細則」），進一步簡化了外資銀行業務許可層級和營運資金檔次，規定外國銀行分行業務許可分為兩個層級：第一層級，全面外匯業務，最低營運資金要求為2億元人民幣；第二層級，全面外匯業務，對外國人、中外資機構的人民幣業務以及吸收中國境內公民每筆不少於100萬元人民幣的定期存款，最低營運資金要求為3億元人民幣。

三、外商獨資銀行或中外合資銀行

外商獨資銀行或中外合資銀行可從事的業務已經全面放開，與內資銀行可從事相同的業務，除可從事全面外匯業務和對中外資企業人民幣業務兩個業務許可層級外，可擴大到第三層級，經營全面外匯業務和全面人民幣業務。無論經營何種層級的業務，外商獨資銀行、中外合資銀行及其下設分行的最低註冊資本和營運資金要求與中資銀行及其下設分行保持一致，分別為10億元人民幣和1億元人民幣。

外資銀行從事上述業務，也必須先經銀行監督管理部門批准後才可以實施，「細則」施行後一個月內，外國銀行分行在完成相關工商登記變更手續後，即可辦理吸收中國境內公民每筆不少於100萬元人民幣的存款業務。「細則」施行後三個月內，現有外商獨資銀行、中外合資銀行在獲得銀監會相關批准後，即可經營對中國境內公民人

民幣業務。銀監會將為外國銀行分行改制為外商獨資銀行和申請經營對中國境內公民的人民幣業務,建立綠色審批通道,如果符合相關條件,一般可在三個月內獲准。合資銀行的分行在其總行業務範圍內經授權即可開辦業務,無須單獨報批。

【27】中國反洗錢法介紹及外資銀行可能涉及的法律責任

2006年10月31日人大常委會審議通過了「中華人民共和國反洗錢法」（以下簡稱「反洗錢法」，該法於2007年1月1日起施行，其主要內容包括：全面確立了反洗錢監督管理機制，明確了國務院反洗錢行政主管部門，國務院有關部門、機構反洗錢職責分工；將反洗錢義務主體從金融機構擴大到特定的非金融機構，並明確了應履行反洗錢義務的金融機構的範圍、義務及應承擔的法律責任；規定了反洗錢調查措施的行使條件、主體、批准程序和期限；開展反洗錢國際合作的基本原則等。尤其值得一提的是，「反洗錢法」第16條規定了客戶身分識別制度，第19規定了客戶身分資料和交易紀錄保存制度，第20條規定了大額和可疑交易報告制度，第15條規定了反洗錢的內控機制的建立，明確了一系列金融機構在反洗錢領域中必須建立的制度。

為具體實施「反洗錢法」，中國人民銀行於2006年11月6日制定了「金融機構反洗錢規定」（以下簡稱該規定）和「金融機構大額交易和可疑交易報告管理辦法」（以下簡稱該辦法）。外資銀行如違反相關規定須承擔的主要法律責任如下：

1. 由國務院反洗錢行政主管部門或其授權的設區的市一級以上派出機構責令限期改正；情節嚴重的建議有關金融監督管理機構依法責令金融機構對直接負責的董事、高級管理人員和兩項直接責任人員給予紀律處分：

（1）未按照規定建立反洗錢內部控制制度；

（2）未按照規定設立反洗錢專門機構或指定內設機構負責反洗錢工作；

（3）未按照規定對職工進行反洗錢培訓。

2. 由國務院反洗錢行政主管部門或其授權的設區的市一級以上派出機構責令限期改正；情節嚴重的，處20萬元以上、50萬元以下罰

款，並對直接負責的董事、高級管理人員和其他直接責任人員處1萬元以上、5萬元以下罰款：

（1）未履行客戶身分識別義務，包括：A.對要求建立業務關係或者辦理規定金額以上的一次性金融業務的客戶身分進行識別，要求客戶出示真實有效的身分證件或者其他身分證明文件，進行核對並登記，客戶身分信息發生變化時，應當及時予以更新；B.按照規定了解客戶的交易目的和交易性質，有效識別交易的受益人；C.在辦理業務中發現異常跡象或者對先前獲得的客戶身分資料的真實性、有效性、完整性有疑問的，應當重新識別客戶身分；D.保證與其有代理關係或者類似業務關係的境外金融機構進行有效的客戶身分識別，並可從該境外金融機構獲得所需的客戶身分信息。

（2）未按照規定保存客戶身分資料和交易紀錄。在業務關係存續期間，客戶身分資料發生變更時，應當及時更新客戶身分資料。客戶身分資料在業務關係終止後，客戶交易信息在交易結束後，應當至少保存五年。

（3）未按照規定報送大額交易或可疑交易報告。金融機構在辦理的單筆交易或者在規定期限內的累積交易超過規定金額或發現可疑交易的，應當及時向反洗錢信息中心報告。

（4）與身分不明的客戶進行交易或為客戶開立匿名帳戶、假名帳戶。

（5）違反保密規定，洩露有關資訊。

（6）拒絕、阻礙反洗錢檢查、調查。

（7）拒絕提供調查資料或故意提供虛假資料。

3. 不法行為導致洗錢後果發生的，處50萬元以上、500萬元以下罰款，並對直接負責的董事、高級管理人員和其他直接責任人處5萬

元以上、50萬元以下罰款；情節特別嚴重的，反洗錢行政主管部門可建議有關金融監督管理機構：責令停業整頓或吊銷經營許可證；依法責令金融機構對直接負責的董事、高級管理人員和其他直接責任人員給予紀律處分或依法取消其任職資格、禁止其從事有關金融行業工作。

4. 如果不法行為構成犯罪的，依法追究刑事責任。

根據中國2006年6月29日頒布的「刑法修正案（六）」規定，若犯反洗錢罪則將被沒收實施以上犯罪的違法所得及其產生的收益，處五年以下有期徒刑或者拘役，並處或者單處洗錢數額5%以上、20%以下罰金；情節嚴重的，處五年以上、十年以下有期徒刑，並處洗錢數額5%以上、20%以下罰金。

單位犯洗錢罪的，對單位判處罰金，並對其直接負責的主管人員和其他直接責任人員，處五年以下有期徒刑或者拘役；情節嚴重的，處五年以上十年以下有期徒刑。

第三篇

銀行授信業務涉及的
中國擔保規定與實務

第一章

總綱

【28】中國擔保法規定的擔保方式介紹

擔保，顧名思義，就是用財產或信譽來確保債務的履行。在銀行借貸中，經常需要借款人提供各種擔保，來確保到期還款。按照中國擔保法的規定，可以擔保的方式包括保證、抵押、質押、留置和定金五種。

一、保證

保證是指保證人和債權人約定，當債務人不履行債務時，保證人按照約定履行債務或者承擔責任的行為。

保證分為一般保證和連帶責任保證，由當事人自由約定。在一般保證的情況下，在債務人不能履行債務時，債權人有權向保證人主張權利，保證人在主合同糾紛未經審判或者仲裁，並就債務人財產依法強制執行仍不能履行債務前，對債權人可以拒絕承擔保證責任。在連帶責任保證的情況下，在債務人不履行債務時，債權人可以要求債務人履行債務，也可以要求保證人在其保證範圍內承擔保證責任。若當事人沒有明確約定保證的類型，則推定該保證為連帶責任保證。

需要說明的是，保證人的身分是有限制的，如國家機關、公益事業單位、企業的內部職能部門等不能作保證人；而分公司雖然可以作為保證人，但需要總公司的書面授權。

另外要特別注意的是，很多公司的章程都有對外擔保的程序性和金額方面的要求，因此銀行接受公司作保證人時，一定要審查公司章程，要求保證人提供董事會或股東會同意做保證的決議。

二、抵押

抵押是指債務人或者第三人不轉移財產的占有，將該財產作為債權的擔保。債務人不履行債務時，債權人有權依照法律規定以該財產折價或者以拍賣、變賣該財產的價款優先受償。

抵押是用動產和不動產來擔保債務的方式，相比保證而言，要明確得多，也是實踐中採用最多的方式，常見的就是房產抵押或機器設備抵押。

抵押物的價值也是需要考慮和評估的，不宜選擇那些價格波動大、變現難的財產，為防止價格風險，擔保的金額宜控制在抵押物價值的70%以下。另外，法律上規定不動產抵押要辦登記，但從銀行風險控制角度，動產抵押也應當進行登記，這樣才可以對抗第三人。

三、質押

質押按照提供財產的性質不同，分兩種：

第一種是用動產質押，是指債務人或者第三人將其動產移交債權人占有，將該動產作為債權的擔保。債務人不履行債務時，債權人有權依照法律規定以該動產折價或者以拍賣、變賣該動產的價款優先受償。

第二種是權利質押，可以用來質押的權利主要包括：

1. 匯票、支票、本票、債券、存款單、倉單、提單；

2. 依法可以轉讓的股份、股票；

3. 依法可以轉讓的商標專用權，專利權、著作權中的財產權。

需要說明的是，質押權的生效是以交付為必要條件的，因此，在質押時，擔保財產必須交給銀行保管。

四、留置

留置是指債權人按照加工承攬、運輸、保管等合同占有了債務人的動產，債務人不依約履行債務的，債權人有權留置該財產；經提前兩個月的催告後，債務人仍不履行債務的，債權人有權以該財產折價

或者以拍賣、變賣該財產的價款優先受償。

需要說明的是，留置權可由當事人通過事先約定予以排除。

五、定金

擔保法規定：當事人可以約定一方向對方給付定金作為債權的擔保。債務人履行債務後，定金應當抵作價款或者收回。給付定金的一方不履行約定的債務的，無權要求返還定金；收受定金的一方不履行約定的債務的，應當雙倍返還定金。

約定定金時，不宜只寫「定金」兩個字，而要把定金的性質「收受定金的一方不履行約定的債務的，應當雙倍返還定金」這句話寫上。另外，定金的數額不得超過主合同標的額的20%。

【29】抵押和質押的差異分析

抵押和質押都是用財產來擔保的方式，都會產生擔保物權的效力，那麼對於銀行來說，兩者的差異究竟在哪裡呢？

一、對擔保財產的控制不同

質押與抵押最大的不同之處在於抵押時，用於擔保的財產不須交給抵押權人如銀行，仍由抵押人保管，而質押時，用於擔保的財產必須交給銀行來保管，或者由銀行指定第三人保管。

二、擔保的財產類別不同

抵押物一般是不動產和動產，不動產主要是房子，動產主要是機器設備、車輛等；而質物一般是動產和權利，不動產由於所有人還須使用，因此不可能移交給銀行來保管，通常只能設定抵押。

三、擔保財產的處分權不同

抵押中，抵押人雖然占有抵押物，但未經銀行同意，一般不能再出售或再設定擔保，除非是浮動抵押，可以出售，但也需要在出售的同時存入同等價值的貨物，以保持擔保財產總價值不變。質押中，質物為銀行所控制，在沒有出現可以行使質權的條件時，銀行也不能處分該財產。

四、擔保物權的設立不同

不動產抵押的，必須在辦理抵押登記後，抵押權才設立，否則是沒有效力的；而動產抵押，只要簽署抵押合同，抵押權就設立了，但登記的可以對抗第三人，未登記的不能對抗第三人。所謂對抗第三人，是指在行使抵押權時，可以就抵押物處分的價款優先受償，不會排在別人的後面受償。

動產質押的，是從質押合同簽署並交付質物時質權設立，登記的作用也是對抗第三人，不影響質權的設立。而權利質押的，則要根據不同的權利，履行不同的手續，如票據、倉單質押的，應當背書；股

票、應收帳款、知識產權、股權質押的,應當到對應的部門辦理登記手續。

五、效力上的不同

通常抵押權是優於質權的,但如果借款人先將自己所有的一個設備抵押給了別人,但未辦理抵押登記,而後又拿著這個設備質押給銀行,那麼當借款人無力還錢時,誰可以優先受償呢?法律上規定同一物上既有未經登記的抵押權、又有質權的,質權優先於未經登記的抵押權,所以銀行可以優先受償。反過來,如果該設備先是抵押給了銀行但未辦理登記,然後又質押給別人,那麼銀行就無法優先受償了。

六、權利行使的期限

按照物權法的規定,抵押權的行使期限為主債權訴訟時效期間,也就是貸款合同本身的貸款償還義務的訴訟時效期間,超過該期間的,就不能再主張抵押權,因此要注意及時行權。而物權法沒有限定質權的行使期限,只規定出質人可以請求質權人在債務履行期屆滿後及時行使質權;質權人不行使的,出質人可以請求人民法院拍賣、變賣質押財產。出質人請求質權人及時行使質權,因質權人怠於行使權利造成損害的,由質權人承擔賠償責任。

可見,抵押和質押雖然只有一字之差,但兩者有著根本的區別,千萬不能混淆了。

【30】外資銀行如何應對「物權法」實施後
對融資擔保的影響

　　2007年10月1日，「物權法」正式頒布實施，該法中包括了擔保物權的內容，那是否以後「擔保法」就被廢除了呢？答案是否定的，「物權法」第178條明確規定：「擔保法與本法的規定不一致的，適用本法。」也就是「擔保法」繼續有效，但在實際適用時，應當優先適用「物權法」，「物權法」沒有規定的，才適用「擔保法」及其司法解釋。

　　「物權法」在擴大債權人利益上，有了明顯的改善，但也有一些規定，對債權人的權利行使做了限制，因此，外資銀行在處理擔保性質的貸款時，要充分利用有利之處，規避不利之處。下面從五個方面來探討外資銀行應如何應對或者利用這種變化，切實保護自己的利益。

一、約定提前行使擔保物權的情形

　　「物權法」允許當事人可以約定在債務到期前，因發生某種約定情形，就可以提前行使擔保物權。而「擔保法」規定只能在債務到期後，銀行才可以處分該擔保的財產，「物權法」擴展了行使擔保物權的條件，便於銀行行使權利。因此，作為銀行來說，要積極地在製作擔保合同時，約定盡可能多的可以提前行使擔保物權的情形。

二、做好擔保物的登記手續

　　「物權法」將擔保合同的生效與擔保物權的生效區分開來，認定擔保合同一般自成立之日起生效，不再因為沒有辦理登記而導致擔保合同無效。是否辦理登記，只影響擔保物權的效力；對於房屋等不動產而言，未經登記，不產生擔保的效力，對於機器設備等動產而言，未經登記，擔保依然有效，只是不能對抗第三人。所以，銀行處理擔保貸款，除了簽署書面的擔保合同外，還要儘量辦理登記手續。

三、股權質押與應收帳款質押

「物權法」明確了普通公司的股權質押，須在工商行政管理部門辦理登記，因此借款人用股權質押的，除了記載於股東名冊外，還要到工商局辦理登記。此外，物權法還明確了應收帳款可以質押，這為企業融資又多了一個擔保手段，但由於應收帳款本身的高風險，銀行在辦理應收帳款的質押時，要注意應收款背景的調查，確定回收的風險大小，並到中國人民銀行徵信管理中心應收帳款質押登記公示系統進行登記。

四、關注擔保物權行使的方式

物權法簡化了擔保物權行使的方式，當雙方對擔保的債務和事實沒有異議，只是就如何處分財產的方式（拍賣、變賣、折價）無法達成一致協議的，任何一方均可以採取直接請求人民法院拍賣、變賣，或折價處分財產的特殊程序，而無須走一般的訴訟程序，耗費過多的訴訟成本。但目前尚無關於直接申請拍賣、變賣或折價處分擔保物的民事訴訟程序規定，現階段銀行只能向法院提起擔保物權糾紛的一般訴訟程序，但仍然要及時關注特殊程序的推出。

五、及時行使擔保物權

「物權法」規定的行使擔保物權的時間，是主債權訴訟時效期間，相比「擔保法」及其司法解釋規定的主債權訴訟時效結束後兩年內，要短得多，因此銀行一旦發現借款人逾期還款，一定要及時行使抵押權，防止因過期而得不到法院的支持。

【31】「物權法」關於抵押權設立的規定及銀行風險防範

「物權法」規定，為擔保債務的履行，債務人或者第三人不轉移財產的占有，將該財產抵押給債權人的，債務人不履行到期債務或者發生當事人約定的實現抵押權的情形，債權人有權就該財產優先受償。所以要求債務人以其自身或關聯方的財產作為債務的抵押，是外資銀行保障其債權的有效手段。

根據「物權法」的規定，建築物和其他土地附著物，建設用地使用權，以招標、拍賣、公開協商等方式取得的荒地等土地承包經營權、生產設備、原材料、半成品、產品，正在建造的建築物、船舶、航空器，交通運輸工具等債務人或第三人有權處置的動產或不動產，均可作為抵押物設定抵押。設定抵押時，抵押人與抵押權人應當採取書面形式訂立抵押合同，口頭訂立的抵押合同無效。同時，就不動產（包括在建工程）設定抵押應向相應的房地產登記管理機關申請辦理抵押登記，抵押權自登記時設立；就動產設定抵押的，抵押權自抵押合同生效時即行設立，不過，該等抵押權仍應依照相關法律的規定進行登記，否則無法對抗善意第三人：車輛、船舶、航空器等交通運輸工具的登記機關為車輛管理所等相應的管理機關，生產設備、原材料、半成品等的登記機關為抵押人所在地的工商行政管理局。抵押權設立後，債務人不履行到期債務或者發生當事人約定的實現抵押權的情形，抵押權人可以與抵押人協議以抵押財產折價或者以拍賣、變賣該抵押財產所得的價款優先受償。抵押權人與抵押人未就抵押權實現方式達成協定的，抵押權人可以請求人民法院拍賣、變賣抵押財產。但是，抵押人不得與抵押權人協商以抵押物直接折抵債務人的到期債務。

外資銀行作為抵押權人在與債務人、抵押人簽署抵押合同時，就抵押人提供的相關財產設定抵押權時，應注意防範如下風險：

一、應注意抵押物是否屬於法律規定的不得抵押的財產

銀行應注意，土地所有權，耕地、宅基地、自留地、自留山等集體所有的土地使用權，學校、幼稚園、醫院等以公益為目的的事業單位、社會團體的教育設施、醫療衛生設施和其他社會公益設施，所有權、使用權不明或者有爭議的財產，及依法被查封、扣押、監管的財產等，均屬於法律規定的不得設定抵押的財產。

二、應注意簽署合同的抵押人是否對抵押財產有完全的處分權

銀行應注意，抵押財產為多人共有的，未經其他共有人的一致同意，財產的某一共有人無權自行處分共有物，在共有物上設定抵押；再如抵押財產的所有權人為法人的，應注意抵押人內部是否已經通過了合法的內部決策程序（一般為董事會決議通過），且簽署抵押合同的簽字代表是否有該法人的合法授權。

三、應注意設定抵押的程序是否完備無瑕疵

即是否簽署了書面的抵押合同，抵押合同是否已依法登記等。

【32】「物權法」關於質權設立的規定及銀行風險防範

根據「物權法」的相關規定，所謂質權，是指為擔保債務的履行，債務人或者第三人將其動產或可財產化的權利出質給債權人占有，債務人不履行到期債務或者發生當事人約定的可實現質權的情形時，債權人有權就該質押財產優先受償的權利。

目前，根據物權法規定，質權人是以占有質物或出質權利的權利憑證為設定質權的標誌，其與抵押權最大的不同在於可設置質權的財產僅限於動產及可財產化的權利，而不動產不得設置質押權。物權法要求設定質權時出質人與質權人除須簽署書面的質押協定外，質權自出質人交付質押財產時設立，可見，不管是動產質押，還是權利質押，採取的都是「交付生效」，只是對於沒有權利憑證的權利質押，採取的是登記設立的方法，比如股票、股份質押。

外資銀行在接受質押擔保時，應注意以下幾點：

一、確定出質人對質物是否有絕對不受限制的權利，及其出質行為是否獲得內部合法有效的認可

首先，外資銀行應先確定出質人是否為質物的所有權人，不同於不動產，動產是以占有作為所有權人合法持有動產的標記，因此，一般只要是出質人持有的動產，外資銀行都可以視為出質人所有，不過，就一些特殊的質物，如汽車等，其所有權須經相關政府部門登記，外資銀行此時應要求出質人提供相應的權利證明。就機器設備等不須經相關政府部門登記的動產，外資銀行可要求出質人提供其購買質物時的合同或發票，以確認出質人的所有權是否真實、完整，另外，車輛等同時可以辦理抵押的動產，因法律並未規定設置抵押必須辦理抵押登記，出質人是否就這些動產設定了抵押或其他影響質物處置的權利，外資銀行難以查證，由此，從謹慎的角度，外資銀行應要求出質人承諾，質物無任何權利上的瑕疵或影響外資銀行實現質權的

情況，由此保障外資銀行的權利。

其次，出質人為公司的，外資銀行還須注意出質人內部決定對外出質的決議程序是否合法，根據「公司法」的相關規定，公司以其財產擔保的，需經公司董事會決議認可，就一些重大的或涉及關聯方的敏感的擔保行為，還需由公司董事會上報至公司股東（大）會討論通過，否則，出質人出質行為無效。由此，外資銀行在接受質押擔保時，應尤其注意，出質人內部是否經過了合法的決議程序及出質人是否能夠提供相應的決議文件。

二、質物的保管及貶值補救措施

根據物權法規定，質權人負有妥善保管質物的義務，因保管不善致使質押財產毀損、滅失的，應當承擔賠償責任。但一些質物往往需要專業人士維護，在這種情況下，外資銀行可與出質人約定就質物的保持，出質人有必要的配合義務。如新鮮水果、海鮮等易壞易腐爛的質物，如質權人無條件長時間保持的，質權人有權立即處置質物，並將處置後的所得提存，作為對其債權的擔保。

另外，由質權人保管的質物或權利，受其自身條件的約束，存在大幅貶值的可能，如質物貶值到無法保障質權人債權的情況，無疑對質權人是不利的，就此，物權法規定，因不能歸責於質權人的事由，致使質押財產毀損或者價值明顯減少，足以危害質權人權利的，質權人有權要求出質人另外提供相應的擔保；出質人不提供的，質權人可以拍賣、變賣質押財產，並與出質人透過協議將拍賣、變賣所得的價款提前清償債務或者提存。

【33】一般保證和連帶保證的區別及銀行風險防範

所謂保證，是指保證人和債權人約定，當債務人不履行債務時，保證人按照約定履行債務或者承擔責任的行為。

保證分為一般保證和連帶保證兩種，一般保證是指當事人在保證合同中約定，債務人不能履行債務時，由保證人承擔保證責任的保證。「擔保法」第17條規定，一般保證的保證人在主合同糾紛未經審判或者仲裁，並就債務人財產依法強制執行仍不能履行債務前，對債權人可以拒絕承擔保證責任。連帶責任保證是指當事人在保證合同中約定保證人與債務人對債務承擔連帶責任的保證。「擔保法」第18條規定，連帶責任保證的債務人在主合同規定的債務履行期屆滿沒有履行債務的，債權人可以要求債務人履行債務，也可以要求保證人在其保證範圍內承擔保證責任。因此，總體來說，一般保證與連帶保證最大的區別，在於債權人要求保證人承擔保證責任的前提條件不同，連帶保證的，只要主合同債權到期沒有實現，債權人就可以要求連帶保證人承擔保證責任；而就一般保證人，則一定要先經過一定的司法程序後仍無法實現債權的，才可以要求保證人承擔保證責任，連帶保證的法律責任大於一般保證的法律責任。另外，需要說明的是，根據相關法律的規定，當事人對保證方式沒有約定或者約定不明確的，按照連帶責任保證承擔保證責任。

從債權人的角度，保證人承擔連帶保證責任顯然更有利於其債權的保護，因此，建議外資銀行在接受他人保證時，應要求保證人承擔連帶保證責任，同時，在簽署保證合同時，建議外資銀行應主要注意如下事項，以保證自身的合法債權的實現：

一、不能成為保證人的主體

根據相關法律法規的規定，國家機關不得為保證人；學校、幼稚園、醫院等以公益為目的的事業單位、社會團體不得為保證人；企業

法人的分支機構、職能部門不得為保證人。上述組織擅自與債權人簽署保證合同的，保證合同無效。

另外，完全無行為能力人及限制行為能力人也不能作為保證人。

二、應注意企業做出擔保決定的決策機關，單位員工擅自以單位名義提供保證的，保證無效

根據「公司法」的相關規定，公司對外擔保一般要經公司董事會決議通過，對一些數額巨大或對關聯方的擔保，公司章程有所規定或法律有相關規定的，還需經過公司股東會決議通過。

三、應注意在擔保期間內，避免使保證失效的情況

1. 根據「擔保法」的相關規定，債權人應與保證人約定擔保期限，一般保證的保證人與債權人未約定保證期間的，保證期間為主債務履行期屆滿之日起六個月。連帶責任保證的保證人與債權人未約定保證期間的，債權人有權自主債務履行期屆滿之日起六個月內要求保證人承擔保證責任。因此，外資銀行作為債權人，除應注意在擔保合同中明確擔保期限外，還要尤其注意在擔保期內向擔保人主張權利，以免擔保期滿擔保人的擔保責任自動免除。

2. 債權人與債務人協議變更主合同而未經保證人書面同意，或主合同債權人許可債務人轉讓債務未經保證人同意的，保證人不再承擔保證責任。因此，外資銀行在變更貸款合同時，應注意取得擔保人的書面同意，並將擔保合同做相應的調整。

【34】實現擔保權可能遇到哪些限制及銀行風險防範

　　所謂擔保，是指保證債務實現採取的法律措施，一般指特定的以當事人的一定財產為基礎，監督債務人履行債務、實現債權的方法。擔保權設立後，一旦債務人沒有依法履行自身的償還義務，則債權人有權通過實現擔保權，處置擔保物（抵押物或質押物）或要求保證人代為履行債務以實現自身的債權。不過，外資銀行應該注意的是，現實中往往存在一些情況會導致其擔保權的實現受到限制。

一、從法律上，有部分優先權優先於擔保物權及相關的風險防範措施

　　根據相關法律的規定，就抵押物來說，抵押權人優先於一般債權人受償；當抵押物被查封、被執行時，抵押權優先於執行權；當債務人宣布破產時，抵押權優先於一般債權；當一個抵押物上有多個抵押權存在時，經過登記的抵押權優先於未經登記的抵押權，順序在先的抵押權，優先於順序在後的抵押權，抵押權順序相同時，抵押權人按照債權比例受償。但是，並不是說抵押權可優先於一切債權，如根據「合同法」第286條規定：「發包人未按照約定支付價款的，承包人可以催告發包人在合理期限內支付價款。發包人逾期不支付的，除按照建設工程的性質不宜折價、拍賣的以外，承包人可以與發包人協議將該工程折價，也可以申請人民法院將該工程依法拍賣，建設工程的價款就該工程折價或者拍賣的價款優先受償。」即在符合法定條件的情況下，建築工程款就可以優先於抵押權受償。

　　就此，銀行可以在貸款給發包人之前，要求該工程的承包人書面聲明放棄行使工程價款優先受償權，否則不發放貸款。承包人為了獲得工程項目，也會願意聲明放棄行使工程價款優先受償權。透過這些措施，使銀行借款的風險降至最低。

二、因房產的特殊性給銀行行使擔保權造成的限制

　　按照法律規定，債務人可將其自身的或第三人的房產抵押給債權

人，以保證債權的順利實施，但外資銀行尤其應該注意的是，由於房產的特殊性造成的抵押權無法順利實施的情況，例如抵押房產為抵押人的唯一住房時，為了抵押人能有基本的生活保障，人民法院也不能強行處置其唯一的住房，由此，銀行的抵押權也無從實現。現實中，有大量的類似案例，銀行都無法透過處置房產收回債權，儘管法院及相關的執法、行政部門也在探索解決的辦法，如有人提議只要抵押權人提供替代住所的，人民法院可強行執行唯一房產等方式，但由於可操作性不強而無法付諸實施。

另外，根據相關法規的規定，「買賣不破租賃」，即只要是沒有另行約定的，就承租人承租的房產，即使出租人將房產轉讓，新的房產所有者也必須遵循原出租協議的約定，取代原出租人的地位，將出租協議執行完畢。由此，現實中經常會有抵押人為對抗外資銀行的抵押權，在抵押權實現之前，先與其關聯方簽署一份長期的租金很低的租賃合同，即使外資銀行最終實現了抵押權取得了房產的所有權，但受租賃協議的限制，無法對抵押房產進行處置。就此，外資銀行應在設定抵押前對抵押物進行詳盡調查，並在抵押協議中對抵押人出租抵押物的行為進行必要的限制，以防上述情況的發生。

第二章
不動產抵押法律與實務

【35】中國土地使用權定義及分類

中國是實行土地公有制的國家，即依照「中華人民共和國土地管理法」的相關規定，土地為全民所有或集體所有，任何單位和個人均不得成為土地的所有權人。所謂全民所有，是指國家所有土地的所有權由國務院代表國家行使，國家依法實行國有土地有償使用制度，用地單位通過向國家支付土地出讓金，取得一定年限的土地使用權，並以此對國家的土地進行開發建設；除國家所有的土地外，為集體所有的土地，集體土地僅能作為農用地，或集體組織成員作為非農建設用地使用。

從土地的用途劃分，土地依法分為農用地、建設用地及未利用地三種：

一、農用地

農用地是指直接用於農業生產的土地，包括耕地、林地、草地、農田水利用地、養殖水面等，國有土地和集體所有的土地均可作為農用地用於農業生產，一般來講，農用地多採用承包經營的方式交由單位或個人開發經營，由土地發包方和承包方訂立承包合同，約定雙方的權利和義務，並約定土地承包經營的期限。國有土地由國家的土地管理機構代為行使所有權，作為土地的發包方；農民集體所有土地發包方的確定有兩種情況：

1. 農民集體所有的土地依法屬於村農民集體所有的，由村集體經濟組織或者村民委員會發包；

2. 已經分別屬於村內兩個以上農村集體經濟組織的農民集體所有的，由村內各該農村集體經濟組織或者村民小組發包。

二、建設用地

建設用地是指建造建築物、構築物的土地，包括城鄉住宅和公共設施用地、工礦用地、交通水利設施用地、旅遊用地、軍事設施用地等。國有建設用地分為出讓土地和劃撥土地兩種：

1. 出讓土地是指國家將國有土地使用權在一定年限內，出讓給土地使用者，由土地使用者向國家支付土地使用權出讓金，並進行開發建設的土地，具體講，出讓土地的用途可分為居住用地，工業用地，教育、科技、文化、衛生、體育用地，商業、旅遊、娛樂用地，綜合用地等。按照目前的規定，出讓土地一般需由土地使用者透過投標、競拍或摘牌的方式取得。

2. 就國家機關使用的土地及城市公共設施等用地，經相關級別的政府批准後，將土地使用權無償交付給土地使用者使用，即所謂的劃撥土地。劃撥土地僅限於如下幾種用途：

（1）國家機關用地和軍事用地；

（2）城市基礎設施用地和公益事業用地；

（3）國家重點扶持的能源、交通、水利等項目用地；

（4）法律、行政法規規定的其他用地。

另外，集體土地也可以作為建設用地，即農村集體土地非農建設用地。集體土地中的非農建設用地，僅可供本集體經濟組織內部的成員使用，具體的用途僅限於以下幾種：

（1）農村集體成員用於住宅的宅基地，依照相關規定，農村村民一戶只能擁有一處宅基地；

（2）農村集體經濟組織興辦的鄉鎮企業用地；

（3）鄉村公益事業用地。

最後，需要說明的是，依照相關法律的規定，國家有權徵用農用地，在給予一定補償的前提下，才能變更土地用途。另外，經相關政府批准，劃撥土地可以轉為出讓土地，用於上述商業等用途，不過，取得土地使用權的權利人，須向政府補繳相應的土地出讓金。

【36】不動產抵押權的設定及效力分析

所謂抵押權，是指為擔保債務的履行，債務人或者第三人不轉移財產的占有，將該財產抵押給債權人，債務人不履行到期債務或者發生當事人約定的實現抵押權的情形時，債權人有權就該財產優先受償的一種擔保物權。依照中國相關法律的規定，動產和不動產都可以作為抵押物設定抵押權，不過在現實中，由於不動產相對來說價值較高，且不易隱匿，損毀、貶值的風險較低，所以對債權人而言，在條件允許的情況下，就不動產設置抵押更利於債權的實現。

作為主債權的一種附屬權利，主債權有效是抵押權有效的前提條件。抵押人可以是債務人，也可以是願意為債務人提供抵押擔保的第三人。但不論是誰，抵押人應為抵押財產的所有權人或其他有權處分抵押財產的權利人。在不動產上設定抵押權時，抵押人和抵押權人應簽署書面的「抵押合同」，「抵押合同」中應明確抵押物的情況（包括位置、房號、面積、所有權人、評估的價值或雙方協議一致認可的價值、是否設立有其他抵押的情況等）、抵押的範圍、抵押權實現的條件及方式等主要條款。

值得提醒的是，抵押合同並非雙方當事人簽署之後即可產生對抗第三人的法律效力。「擔保法」中規定，就不動產抵押，當事人應辦理抵押登記，抵押合同自登記之日起生效，而2007年實施的「物權法」則規定不動產抵押權自登記時設立。所以抵押合同簽署後，抵押雙方應到相關主管機關辦理抵押權登記手續。抵押權登記設立後，就抵押物處置所得，抵押權人可優先於一般債權人受償，同一財產向兩個以上債權人抵押的，拍賣、變賣抵押物所得的價款按照抵押物登記的先後順序清償，順序相同的，按照債權比例清償，當事人同一天在不同的法定登記部門辦理抵押物登記的，視為順序相同。因抵押物的處置直接影響抵押權人的權利，所以未經抵押權人同意，抵押人不得隨意轉讓或出租已抵

押的不動產，抵押權人同意抵押人將不動產轉讓或出租的，所得價款應當向抵押權人提前清償所擔保的債權。

最後，從銀行的角度，銀行作為抵押權人，在辦理不動產抵押事宜時，實務中應注意如下事項，以保證抵押權的效力不存在瑕疵：

一、注意抵押人的決策機關是否合法

抵押人為非自然人的，抵押人做出在相關不動產上設置抵押的決定必須經過合法的決議程序，如公司以其持有的不動產作抵押的，必須經董事會或者股東大會通過，具體應按照公司「章程」的規定辦理；集體所有制企業的房地產抵押的，原則上必須經集體所有制企業職工（代表）大會通過。

二、注意擬抵押財產的共有情況

抵押財產為多人共有的，在不動產上設置抵押權的必須取得所有共有人的同意，所以抵押合同上，必須由所有的共有人簽字確認，或者也可以由其他共有人單方出具聲明書，同意在不動產上設置抵押權。

【37】不動產不能設定抵押的情形分析

實務中，借款人在向銀行申請貸款時，以其有權處置的不動產作為抵押物，是外資銀行最常見的貸款擔保方式，不過，根據中國法律的相關規定，某些特定的不動產是不能作為抵押物的，這種情況下，即便雙方已就不動產抵押行為簽署了抵押合同，也會因為抵押物的瑕疵致使抵押合同無效，因此，外資銀行在接受借款人不動產的抵押擔保時，應特別注意借款人提供的不動產是否屬於不得設定抵押的類別，以防止抵押合同無效，致使其債權得不到應有的保障。具體說，不能設定抵押的不動產有如下幾種情況：

一、土地所有權及某些特定性質土地的土地使用權不能設定抵押

在中國，由於土地公有，任何單位和個人均不得買賣或者以其他形式非法轉讓土地，即從法律的角度，土地屬於禁止流通物，土地不能作為抵押物為債務人提供擔保。另外，如耕地、宅基地、集體組織的自留地、自留山等屬於集體所有土地的土地使用權，依法僅能由相應的權利人自用，或僅能在符合條件的特定主體之間轉讓（通常，對宅基地等，其農村集體組織的內部成員間可以轉讓，而不能轉給集體組織外的其他人），因此，一般情況下該等性質的土地的土地使用權，也不能設定抵押擔保。

二、公益組織及事業單位用於公益的房產及屬於文物保護的房產不能設定抵押

某些特定性質或特定用途的房產，如學校、幼稚園、醫院等以公益為目的的事業單位、社會團體的房地產、醫療衛生及其他社會公益用房地產，以及列入文物保護的建築物和有重要紀念意義的其他建築物，也不能作為抵押物設定抵押擔保，不過由於在實踐中，學校、幼稚園、醫院等的事業單位儘管主要以公益為目的，但其同時有自營的附屬企業或本身就有部分屬於盈利性質的業務，所以根據最高人民法

院「關於適用『中華人民共和國擔保法』若干問題的解釋」的規定，
事業單位以其公益事業以外的財產設定抵押，為自身或其他關聯方擔
保的話，抵押有效。

三、被扣押、查封及權屬不明的房產不能設定抵押

依法被法院查封、扣押或監管的房產，屬於限制轉讓的房產，房
產的權利人實際上已經失去了對其所有的房產的處置權，所以該等房
產上也不能設定抵押。另外，根據法律規定，所有權、使用權不明或
者有爭議的房地產上同樣不能設定抵押，即在實踐中，作為訴訟或仲
裁標的的房地產，在爭議解決之前不能設定抵押。不過，已經設定抵
押的財產被採取查封、扣押等財產保全或者執行措施的，不影響抵押
權的效力。

最後，根據相關法規的規定，已依法公告列入拆遷範圍的房地
產，以及依法定程序確認為違章建築的，均不得設定抵押。

【38】外資銀行接受不動產抵押時的審查重點

　　所謂不動產，簡單講是指土地以及房屋、林木等地上定著物，以不動產作為貸款的抵押，應該是外資銀行最常遇到的抵押方式。在接受不動產抵押時，外資銀行應該主要從權利人的情況及土地性質、用途以及權利人取得和持有不動產的文件是否真實、完備等幾個方面對抵押人的不動產進行考察，以確保抵押權可以順利實現。

　　根據中國2007年公布的「物權法」的相關規定，國家對不動產實行統一登記制度，儘管不同的地區產權證的樣式會有些區別（如上海的房屋產權證及土地使用權證是合二為一的），但一般來說，登記機關出具的產權證書上都會設置幾處防偽標識，可作為確認其真假的依據。同時，房產信息屬於政府公示的信息，在知道房產坐落的情況下，可以到相應的登記機關進行權屬調查，以確定產證信息的真實性。

　　確定產證信息真實無誤後，外資銀行應對產權證的具體信息進行審查，首先須注意審查不動產的權屬情況，注意抵押人是否為不動產的權利人，其是否有權對不動產進行處分，具體說，如抵押人是否是房屋的所有權人、國有土地的使用權人，如果簽署抵押協議的主體與不動產的權利人不一致的，應注意審查簽署抵押協議的主體是否已取得了不動產直接權利人的合法授權。另外，就同一房產，經常會出現兩人或多人共有的情況，這種情況下，抵押人抵押房產須取得全體共有人的同意。抵押人是法人的，還應注意該法人的抵押行為是否已經取得了其內部決策機關的認可。以有限公司為例，根據相關法律的規定，在公司章程沒有做特殊約定的情況下，公司的董事會為以公司不動產作為對外擔保的決策機關。

　　其次，審查的過程中，外資銀行應注意不動產相關土地的性質及用途。由於中國對土地採用最嚴格的土地政策，不同性質、不同用途

的土地在處置時所適用的法律、處置的流程及所發生的稅費都是不一樣的，換言之，同等條件下，不同性質的土地的處置成本是完全不同的（如劃撥土地處置前必須先轉化為出讓土地，且須向相關機關補繳土地出讓金），所以，土地的性質、用途會嚴重影響土地的價值。

再次，外資銀行還應注意查證權利人取得房產的程序是否符合法律的規定，取得房產的文件是否齊備，如權利人為向政府購買土地並自行開發建設的房產，權利人應先與相關國土機關簽署「國有土地出讓合同」，取得「土地使用權證」並向相關建設管理機關申請辦理工程建設的「建設用地規劃許可證」、「建設工程規劃許可證」、「建設工程施工許可證」（建設中消防事前要審圖、建設完畢要驗收備案），房產竣工驗收後，應有建築物的竣工驗收文件，最終取得建築物的「房屋產權證」。

最後，外資銀行在接受不動產抵押時，還應注意審查如下內容：

一、該房產是否已設置了其他抵押或有其他權利限制情況

依照相關法律規定，同一財產向兩個以上債權人抵押的，拍賣、變賣抵押物所得須按照抵押登記的先後順序清償；順序相同的，按照債權比例清償，所以如果設定了其他抵押，須確認抵押物價值扣除先抵押的債權後，是否足以保證債務的順利清償。而如果有其他權利限制情況，如被司法機關查封等，也不能進行抵押。

二、該房產是否已出租

按中國的規定，所謂買賣不破租賃，即房產權屬變更不影響房屋的租戶繼續租賃房產，所以如果抵押房產內有租戶的話，可能會影響抵押房產的處置。

【39】外資銀行接受個人房產抵押的審查重點

　　外資銀行接受個人房產抵押辦理按揭貸款，無疑是銀行業務中最普遍的業務之一。而近年來，因假夫妻、假產證、錯誤公證等各種民事欺詐行為致使房產交易無效，或其他情況導致房產抵押權人的抵押無效的案件時有發生，這類民商事審判雖然保護了原房屋產權人的合法權益，但是嚴重損害了銀行及其他金融機構的合法權益，造成了大量的債權滅失或壞帳。因此，外資銀行在接受個人房產抵押時，應注意對相關抵押房產的基本情況進行審查，尤其應該注意的是個人隱瞞了房產的共有人信息，私下處分房產的情況。

　　由於按「婚姻法」的規定，如無特殊情況或約定，婚後取得的財產均為共同財產，所以即便在房產證上沒有標注為夫妻共有財產，或僅記載了其中一個人的名字，但從法律上，未標注的配偶仍為房產的共有人之一。因此，外資銀行在審查個人房產抵押時，一定要注意審查抵押人的婚姻情況，如果抵押人為已婚的，除非其有明確的文件證明該房產是其個人所有，否則均應視為夫妻共有財產，房產抵押必須取得抵押人配偶的同意。至於確定個人婚姻情況的方式，外資銀行可要求抵押人自行到其戶籍管理機關調取一份戶籍信息的原件（上有戶籍管理機關的公章），並連同戶口本原件一併提交給外資銀行審查。

　　另外，外資銀行在審查個人房產抵押時，還應注意對抵押房產價值的把握，通常擬抵押的不動產的價值處於變動之中，在設定抵押時對房產價值的認定，很可能因時間的推移而變得不準確，如果房產貶值到低於主債權的金額，無疑對保障外資銀行的權益是十分不利的，特別是在擬抵押房產已設置了抵押，外資銀行的抵押權處於第二順位的時候，更要注意對抵押房產的估值。

　　最後，外資銀行在審查房產抵押時，還應注意如下事項：

一、抵押房產中是否有出租的情況

按照相關法律規定，抵押人將已出租的財產抵押的，抵押權實現後，租賃合同在有效期內對抵押物的受讓人繼續有效；抵押人將已抵押的財產出租的，抵押權實現後，租賃合同對受讓人不具有約束力。所以如果設定抵押時房產已出租給其他第三人，在處置抵押物時，不能要求承租房產的第三人搬離抵押房產，由此可能會影響銀行對抵押房產的處置。

二、注意辨識房產證的真偽

中國各地的房產證樣式並不統一，房產證上設置的防偽方式也不一樣，如上海的房屋產權證上會設置條碼、銀線等防偽標誌，並另行提供給權利人交易密碼等，作為房屋產權證的防偽措施。當然，要記住中國每個地區的房產證的防偽方式顯然是不現實的，不過，根據中國的規定，不動產的所有權實行登記制度，且該等登記信息為向公眾公示的信息，任何人憑其身分證件都可到房產登記的相關部門查證待查房產的權屬情況，因此，外資銀行要求抵押人提供當地房產登記部門出具的加蓋房產登記部門印鑑的房屋基本信息單，或外資銀行自行到房產登記部門查詢擬抵押房產的基本情況，無疑是認定抵押房產的房產證真偽最簡單、同時也是最穩妥的方式。

【40】外資銀行如何辦理不動產抵押登記

中國「物權法」規定，不動產物權的設立、變更、轉讓和消滅，經依法登記後發生效力；未經登記，不發生效力。同樣的，外資銀行接受貸款人的不動產抵押，也須向相關的主管機關申請辦理不動產抵押登記，不動產抵押自辦理完成抵押登記手續時發生法律效力。

依照相關法律規定，國家住房和城鄉建設部承擔規範房地產市場秩序、監督管理房地產市場的責任，會同或配合有關部門組織擬訂房地產市場監管政策並監督執行，指導城鎮土地使用權有償轉讓和開發利用工作，提出房地產業的行業發展規劃和產業政策，制定房地產開發、房屋權屬管理、房屋租賃、房屋面積管理、房地產估價與經紀管理、物業管理、房屋徵收拆遷的規章制度並監督執行，為國家房地產開發及交易等事宜的主管機關。同時，由各省建設廳領導的市房產管理局及各區縣一級的房產管理局（現多為房產交易中心）為辦理房地產抵押登記的直接主管機關，負責轄區內不動產的相關登記事項，並根據登記情況向不動產登記申請人發放相應的權屬證書，不動產抵押的，不動產登記機關應向抵押權人發放「他項權利證書」。

不動產登記機關應當履行下列職責：（1）查驗申請人提供的權屬證明和其他必要資料；（2）就有關登記事項詢問申請人；（3）如實、及時登記有關事項。申請人申請不動產登記時，應當根據不同登記事項提供權屬證明和不動產界址、面積等必要資料。申請登記的不動產的有關情況需要進一步證明的，登記機構可以要求申請人補充資料，必要時可以實地查看。

就辦理不動產抵押登記事宜來講，辦理現房抵押登記的，應向不動產登記機關提供如下文件：

1. 抵押登記申請書；
2. 債權人、抵押權人、債務人的身分證明文件；

3. 抵押人的房地產權證；

4. 由各方當事人簽署的有關抵押擔保的主債權合同及抵押合同。

另外，預購商品房抵押登記的，還須提交預購商品房預告登記證明文件，以在建工程作為抵押的建設工程規劃許可證、房屋建設工程總承包合同或施工總承包合同等文件。

最後，外資銀行在辦理抵押登記時，還要注意如下事項：

1. 房地產權利人為自然人的，權利人須親自到處辦理相關抵押登記手續，如權利人委託其他人辦理的，委託書須公證，其中，權利人為境外人士的，香港公證文書須加蓋轉遞章確認；台灣公證文書須經房產所在地省一級公證員協會核對並出具證明；外國公證文書須經中國駐該國使（領）館認證。

2. 合同一方當事人為境外公司或個人（包括無國內身分證者），合同雙方須請相應的公證機關對抵押合同進行公證。

3. 關於房產的政策（包括房產抵押登記的條件、限制、須提交的文件及辦理流程等）各地方的差異很大，如抵押權人為境外公司或個人的，辦理抵押登記可能會遇到限制，辦理前須到當地房產部門確認。

【41】外資銀行如何行使不動產抵押權

一般情況下，外資銀行發放貸款都會要求借款人提供相應的抵押物作為擔保，而以不動產作為抵押的情況尤為常見，在借款人到期無法償還貸款時，外資銀行可以透過行使抵押權，對抵押物進行處置後，以抵押物的價值優先受償。根據中國「擔保法」的相關規定，抵押當事人不得直接約定借款人到期不能償還欠款時，直接以抵押物折抵欠款，而是要經過法定程序，經抵押當事人協商，透過拍賣等合法方式處分抵押房地產。如協議不成的，抵押權人可以向人民法院提起訴訟，通過法院的判決處置抵押房產。

實踐中，外資銀行在處置抵押財產，行使抵押權時，應注意如下問題：

一、土地與房屋分別抵押的問題

由於中國大部分地方房產管理和土地管理分別隸屬於不同的行政部門，他們辦理抵押權登記所遵循的程序與規則又是依據不同的上級行政主管部門所制定的規章或規章以下的規範性文件而進行的。所以實踐中，房屋所有權人作為抵押人，將房屋和土地分別抵押給不同的抵押權人的現象時有發生。

如果出現抵押人將房屋和房屋所占有的土地使用權分別抵押給了不同的抵押權人的情況，房屋和土地使用權的抵押效力又如何確認呢？根據最高人民法院「擔保法司法解釋」第77、78條的精神，抵押權的受償順序，應按照各個不同機關抵押權登記時間的先後順序來確定，即順序在先的抵押權的受償，優先於順序在後的抵押權。順序在先的抵押權所擔保的債權先到期的，抵押權實現後的剩餘價值應予提存，留待清償順序在後的抵押擔保債權。若順序在後的抵押權所擔保的債權先到期的，抵押權人只能就抵押物價值超出順序在先的抵押擔保債權的部分受償。

二、抵押權實現時與租賃權相衝突的問題

如實現抵押權時對應的房產中有承租人的，應根據抵押權設定時間及租賃權成立時間的先後順序確定處理方式。如果租賃權成立在先，抵押權成立在後，則租賃權可以對抗抵押權，也即在實現抵押權時，對租賃合同不產生影響。

如果抵押權成立於租賃權之前的，抵押權則可以對抗租賃權，抵押權實現後，租賃合同對受讓人不具有約束力，抵押物的受讓人可以終止租賃關係。當然，如果承租人因租賃關係終止而遭受損失的，承租人的損失可以按照「擔保法司法解釋」的規定確定損失的承擔人，即如果抵押人未書面告知承租人該財產已抵押的，抵押人對出租抵押物造成的損失承擔賠償責任；如果抵押人已書面告知了承租人該財產已抵押，抵押權實現後造成的損失由承租人自己承擔。

三、劃撥土地處置問題

以劃撥的國有土地使用權抵押的，拍賣劃撥的國有土地使用權所得的價款，必須在依法繳納相當於應繳納的土地使用權出讓金的款額後，抵押權人才有優先受償權。

四、新增建築物處置問題

當城市房地產抵押合同簽定後，土地上新增的房屋不屬於抵押物。如果抵押權人需要拍賣該抵押的房地產時，可以依法將該土地上新增的房屋與抵押物一併拍賣，但對拍賣新增房屋所得，抵押權人無權優先受償。

【42】劃撥土地使用權抵押的操作實務

與支付土地出讓金取得國有土地使用權的方式不同，劃撥土地使用權是經縣級以上人民政府依法批准，在土地使用者繳納補償、安置等費用後，取得的國有土地使用權，或者經縣級以上人民政府依法批准後無償取得的國有土地使用權。正因如此，企業對劃撥土地的使用權就成為有限制的使用權，外資銀行在接受該類土地進行抵押時就應特別注意以下事項：

一、無地上建築物的劃撥土地使用權不能抵押。實務中常有企業因為資金緊缺，擬將沒有任何地上建築物的劃撥土地使用權向銀行進行抵押取得貸款。實際上，根據中國現行的土地管理法律、法規，地上無建築物的劃撥土地使用權是不可以設定抵押的。如建設部1997年6月1日根據「城市房地產管理法」和「擔保法」制定、施行的「城市房地產抵押管理辦法」第2條第2款規定：「地上無房屋（包括建築物、構築物及在建工程）的國有土地使用權設定抵押的，不適用本辦法。」而「城市房地產管理法」第51條則規定：「設定房地產抵押權的土地使用權是以劃撥方式取得的，依法拍賣該房地產後，應當從拍賣所得的價款中繳納相當於應繳納的土地使用權出讓金的款額後，抵押權人方可優先受償。」以及1992年國家土地管理局頒布的「劃撥土地使用權管理暫行辦法」第6條規定，符合下列條件的，經市、縣人民政府土地管理部門批准，其土地使用權可以轉讓、出租、抵押：「……（三）具有合法的地上建築物、其他附著物產權證明；……」

由此可見，劃撥土地使用權的抵押，實則是跟隨其地上建築物進行抵押後的一種被動抵押，單純的劃撥土地使用權是不可以進行抵押的。

二、劃撥土地使用權的抵押已無須經政府管理部門批准，只要在土地行政管理部門辦理抵押登記手續即可。從1992年「劃撥土地使用

權管理暫行辦法」的實施，到近年來國土資源部及最高人民法院陸續實施的法規及司法解釋來看，劃撥土地使用權的抵押登記手續，經歷了從早先須經市縣級人民政府土地管理部門和房產管理部門批准方可生效，到只要到審批許可權的土地管理部門辦理抵押登記手續即可的變更過程。

　　2004年1月15日，國土資源部頒布實施了「關於國有劃撥土地使用權抵押登記有關問題的通知」，其中明確規定：「以國有劃撥土地使用權為標的物設定抵押，土地行政管理部門依法辦理抵押登記手續，即視同已經具有審批許可權的土地行政管理部門批准，不必再另行辦理土地使用權抵押的審批手續。」

　　三、劃撥土地使用權的處置，須通過與相關政府部門協商實現。
關於劃撥土地使用權的司法處置，原國家土地管理局在對最高人民法院法經〔1997〕18號函的覆函（〔1997〕國土函字第96號）第4點答覆中明確：「對通過劃撥方式取得的土地使用權，由於不屬於當事人的自有財產，不能作為當事人財產進行裁定。但在裁定轉移地上建築物、附著物涉及有關土地使用權時在與當地土地管理部門取得一致意見後，可裁定隨地上物同時轉移。」該條第2款規定：「凡屬於裁定中改變土地用途及使用條件的，須徵得土地管理部門同意；補交出讓金的，應在裁定中明確，經補辦出讓手續，方可取得土地使用權。」因此，在行使劃撥土地的抵押權時，外資銀行及時同有批准權的人民政府土地管理部門溝通，可以請求相關國土資源部門依法收回該宗土地使用權。然後，在國土部門同意收回的前提下，同國土部門土地儲備機構協商確定該宗土地使用權及其建築物、附著物的收購價格和支付方式。最後，由國土資源部門根據市場需求和年度供地計畫，在報經人民政府同意後，以招標、拍賣或者掛牌方式出讓，且其所得價款在繳納相當於土地使用權出讓金的款項後，銀行對剩餘部門方可享有優先受償權。

【43】集體土地使用權抵押的操作實務

中國是實行土地公有制的國家，依相關法律的規定，城市市區的土地屬於國家所有。農村和城市郊區的土地，除由法律規定屬於國家所有的以外，屬於農民集體所有；宅基地和自留地、自留山，屬於農民集體所有。集體土地多為農用地，由本集體經濟組織的成員承包經營，不能作為普通的建設用地開發使用，即使是用於建築房產的非農用地，也只能由本集體內的成員使用（如宅基地或興辦鄉鎮企業用地），所以，從法律上，集體土地的使用權應屬於限制流通物，不能隨意轉讓，也不能將其作為抵押物為權利人或第三人的債務進行擔保。

不過，就某些特定用途、具備一般流通物的性質的集體土地，可以作為抵押物設定抵押，具體來說，可以設定抵押的集體土地有如下兩種：

1. 通過招標、拍賣、公開協商等方式由本集體經濟組織以外的單位或者個人承包經營的從事種植業、林業、畜牧業、漁業生產的集體荒地，在取得發包方同意後，承包方可以進行抵押。

2. 縣級人民政府土地管理部門登記的鄉鎮、村企業的建設用地，可以附隨其地上建築，一併進行抵押。

集體荒地土地使用權和鄉村企業集體土地使用權抵押，須經被抵押土地的集體土地所有者同意，並出具書面證明。鄉村企業集體土地使用權抵押的，集體土地所有者出具的同意抵押的書面證明應包括：在實現抵押權時同意按法律規定的土地徵用標準補償後轉為國有土地、徵地費是否作為清償資金等內容。集體土地所有者在出具同意鄉村企業集體土地使用權抵押的書面證明前，須將土地抵押有關事項在村農民集體內部履行合法手續，以集體所有制企業的房地產抵押的，必須經集體所有制企業職工（代表）大會通過，並報其上級主管機關備案。鄉鎮、村企業的建設用地使用權不得單獨抵押。所謂鄉鎮企業集體土地抵押，是指

以鄉鎮、村企業的廠房等建築物抵押的，其占用範圍內的建設用地使用權一併抵押的情況。

　　辦理抵押登記應當符合下列程序：

　　1. 集體土地所有者出具同意抵押的證明；

　　2. 對抵押的土地使用權進行地價評估，同時，土地管理部門還應核定通過拍賣抵押實現抵押權時應補交的土地使用權出讓金額。

　　3. 抵押權人及抵押人確認土地估價結果；

　　4. 抵押雙方簽定抵押合同；

　　5. 申請抵押登記；

　　6. 審核、登記；

　　7. 核發抵押證明書。

　　申請抵押登記時，申請人應提交如下資料：

　　1. 被抵押土地的集體土地所有者同意抵押的證明；

　　2. 抵押登記申請書；

　　3. 抵押人和抵押權人身分證明；

　　4. 抵押合同；

　　5. 經土地管理部門確認的地價評估報告；

　　6. 土地使用權屬證明；

　　7. 土地管理部門認為應提交的其他文件。

　　最後，因處分抵押財產轉移鄉村企業集體土地使用權的，應當由土地管理部門依法先辦理徵地手續，將抵押土地轉為國有，然後再按抵押劃撥國有土地使用權的辦法進行處置。

【44】在建工程抵押的操作實務

根據「城市房地產抵押管理辦法」及其相關法律的規定，所謂在建工程抵押，是指抵押人為取得在建工程繼續建造資金的貸款，以其合法方式取得的土地使用權連同在建工程的投入資產，以不轉移占有的方式抵押給貸款銀行作為償還貸款履行擔保的行為。以在建工程已完工部分抵押的，其土地使用權隨之抵押。

在建工程的權利人（抵押人）應該是該工程相應土地的使用權人，所以外資銀行在審查貸款申請人提供的在建工程抵押物時，首先應要求抵押人提供在建工程相應的「國有土地使用權證」，同時，抵押人還應提供其與承包商簽署的「房屋建設工程施工合同」。另外，相對而言，在建工程的實際價值比較難以確定，所以為確定在建工程的價格，外資銀行還應該要求抵押人提供在建工程的價值評估報告。

為保護抵押權人（外資銀行）的合法權益，辦理在建工程抵押時，外資銀行與抵押人簽署的「在建工程抵押合同」中除一般的不動產抵押合同應包含的必備條款外，還應包含如下條款：

1. 「國有土地使用權證」、「建設用地規劃許可證」和「建設工程規劃許可證」編號；

2. 已繳納的土地使用權出讓金或須繳納的相當於土地使用權出讓金的款額；

3. 已投入在建工程的工程款；

4. 施工進度及工程竣工日期；

5. 已完成的工作量和工程量。

簽署「在建工程抵押合同」後，抵押人及抵押權人應對抵押合同進行備案登記，在建工程抵押的登記機關應為在建工程所在地的房產管理局（房產交易中心），辦理登記時，申請抵押登記的雙方應向登記機關提供雙方的身分證明、在建工程相應的「國有土地使用權

證」、抵押擔保的主合同、抵押合同、「建設工程規劃許可證」及「房屋建設工程承包合同」。另外，以在建工程抵押的，登記機關應當在抵押合同上作記載。抵押的房地產在抵押期間竣工的，當事人應當在抵押人領取房地產權屬證書後，重新辦理房地產抵押登記。

最後，外資銀行在接受在建工程抵押時，還應注意如下事項：

一、施工單位的優先權

根據「合同法」第286條的規定：發包人未按照約定支付價款的，承包人可以催告發包人在合理期限內支付價款。發包人逾期不支付的，除按照建設工程的性質不宜折價、拍賣的以外，承包人可以與發包人協議將該工程折價，也可以申請人民法院將該工程依法拍賣。建設工程的價款就該工程折價或者拍賣的價款優先受償。建設工程承包人行使優先權的期限為六個月，自建設工程竣工之日或者建設工程合同約定的竣工之日起計算。對此，最高人民法院「關於建設工程價款優先受償權問題的批覆」也就工程款優先受償進行了明確的規定，所以在優先權行使期內，承包人對抵押項目的受償，與外資銀行相比具有優先性。

二、在建工程為預售商品房

按照相關法律的規定，就購買預售商品房的業主，其交付購買商品房的全部或者大部分款項後，承包人就該商品房享有的工程價款優先受償權及抵押權不得對抗買受人。

【45】預售商品房抵押的操作實務

預售商品房是指尚未竣工交付的商品房，商品房預售是指商品房預售方和預購方雙方約定，預售方在約定時間內將建成的商品房所有權轉移於預購方，預購方向預售方交付定金或部分房款並按期接受商品房的行為。商品房預售合同以建造中的房屋為標的物的，屬於買賣合同的一種。法律對預售商品房進行了嚴格的限定，商品房預售人應當按照國家有關規定將，預售合同報縣級以上人民政府房產管理部門和土地管理部門登記備案。中國法律明確規定，預售商品房可以作為抵押物進行抵押，根據國家建設部發布的「城市房地產抵押管理辦法」的規定，所謂預購商品房貸款抵押，是指購房人在支付首期規定的房價款後，由貸款銀行代其支付其餘的購房款，將所購商品房抵押給貸款銀行，作為償還貸款履行擔保的行為。

因此，外資銀行應特別注意的是，預售商品房抵押作為一種特殊的抵押形式，法律對其做出了明確的限制，根據物權法定的原則，目前除了為預售商品房本身的購房款貸款進行擔保外，預售商品房不能作為其他一般債權的擔保。

根據相關法律規定，商品房預售應當符合下列條件：

1. 已交付全部土地使用權出讓金，取得土地使用權證書；

2. 持有建設工程規劃許可證和施工許可證；

3. 按提供預售的商品房計算，投入開發建設的資金達到工程建設總投資的25%以上，並已經確定施工進度和竣工交付日期；

4. 同金融機構已經簽定商品房預售款監管協議。

符合上述條件的，商品房預售人應向縣級以上人民政府房產管理部門辦理預售登記，並取得商品房預售許可證明；未取得「商品房預售許可證」的房產不得進行買賣，同理，也不能作為抵押。所以外資銀行在審查預售商品房抵押申請時，最應注意審查的就是擬抵押的房產是否已取得了

「商品房預售許可證」，商品房開發項目不符合房地產轉讓條件、未取得「商品房預售許可證」的，則抵押無效。

另外，預售商品房抵押須辦理相應的抵押登記手續，抵押登記手續的主管機關即為預售商品房登記的主管機關，抵押的房地產在抵押期間竣工的，當事人應當在抵押人領取房地產權屬證書後，重新辦理房地產抵押登記。

最後，外資銀行在辦理預售商品房登記時，還應注意如下問題：

1. 預售商品房抵押的抵押人應為預售房產的權利人，即與開發商簽署「預售商品房買賣合同」的簽約主體，如果是多人（共有人）在合同上簽字的，則簽署抵押合同時，全體共有人均須在抵押合同中簽字，即便在「預售商品房買賣合同」只有一個人簽字，外資銀行還須要求抵押人提交其婚姻狀況的說明，如果抵押人已婚的，則其配偶為預售房產的共有人，同樣需要其對預售商品房抵押事宜進行確認（作為抵押合同的主體或出具聲明書，同意抵押行為）。

2. 應對預售商品房進行準確估價，鑑於預售商品房為期貨，抵押人無法實際取得、處分預售商品房的風險要遠遠大於已竣工的現房，所以在對預售商品房進行估值時，還應充分考慮預售商品房無法實現的風險。

第三章

動產抵押法律與實務

【46】銀行接受機器設備抵押時應注意的事項

在銀行抵押貸款中，除了用房產、土地抵押外，較常見的就是企業拿自己的機器設備來抵押了。但房產固定，不易毀壞，土地還可能會增值，而機器設備使用中不斷折舊，且容易被轉移損毀，只會減值，因此，銀行在辦理機器設備抵押時，尤其要注意以下三個方面：

一、要確保抵押的機器設備在權能上無瑕疵

1. 抵押人必須對機器設備擁有合法處分權，他人的設備未經所有人同意，不能擅自拿來抵押，特別是對一些所有權保留的設備，或者暫時存放在抵押人處的設備，雖然放置於抵押人處，但所有權尚未轉移到抵押人名下，因此一定要審核機器設備的採購合同、發票、進口稅單等資料；另外有些設備可能存在多個所有人，那麼必須經過全體所有人的一致確認，否則會成為無權處分行為，導致抵押無效。

2. 抵押人如果是企業，它的章程必須允許將自身的機器設備拿出來抵押，並且嚴格按照章程規定的程序進行內部的許可權審批流程，如提供了合法有效的董事會決議或股東會決議。該章程應當以在工商局備案的為準。

3. 以分公司的設備對外抵押的，必須取得總公司的授權書；需要注意的是，公司職能部門不能以部門的名義拿財產對外抵押。

4. 簽約經辦人員必須有抵押人的合法授權，具備簽字的權限。

5. 特殊設備辦理抵押前已經履行前置審批手續，特別是海關監管的設備，必須取得海關的審批文件才可以辦理抵押。

6. 用於抵押的機器設備已繳清稅款，如果沒有繳清，會由於稅款優先於抵押權受償，而損害銀行的利益。

7. 用於抵押的設備不屬於限制或禁止抵押的財產類型，如學校的設備就不允許用來抵押。

二、要控制好機器設備的價值波動風險

1. 由於設備會減值，因此在接受設備抵押的時候，必須預留足夠的將來可能會貶值的空間，如可將抵押率設定在60%以下，確保安全。

2. 要選擇通用性強的設備，如衝床等，以便將來執行的時候可以順利變現。

3. 要選擇價格波動小、不易貶值和受損的設備。

4. 應當要求抵押人對機器設備進行投保，並且將銀行作為受益人。

5. 加強平時的監控，要求抵押人定期匯報機器設備的情況，或定期去現場查看。

6. 當發現機器設備的價值減少時，要及時要求抵押人恢復抵押財產的價值，或者另行提供擔保。

三、加強對處分機器設備行為的監控

1. 由於機器設備由抵押人實際占有，因此很容易被抵押人處分掉，進而損害銀行的利益，因此要將抵押設備的權利憑證如發票、完稅證明、採購合同、使用手冊、合格證明等資料交由銀行保管，以降低轉讓的可能。

2. 抵押期內，經銀行同意抵押人將機器設備轉讓給他人的，應當要求以轉讓所得的價款提前清償債務或者提存。

【47】機器設備辦理抵押的操作實務

企業通常會利用廠房或土地使用權抵押融資，但有時也會選擇將機器設備抵押給銀行。利用機器設備做抵押，應當簽署書面的抵押合同，並最好辦理相關的抵押登記手續。

簽定抵押合同時，須特別注意合同應採用書面形式，因為抵押權的成立以書面合同為前提要件。抵押合同可以是獨立的，也可以是主合同中的一部分。無論採用何種合同形式，抵押合同的內容都應當完整，至少包括以下條款：

1. 被擔保債權的種類和數額；

2. 債務人履行債務的期限；

3. 抵押財產的名稱、數量、品質、狀況、所在地、所有權歸屬或者使用權歸屬；

4. 擔保的範圍。

簽定抵押合同時還應注意「中華人民共和國擔保法」（以下簡稱「擔保法」）中關於「禁止流質」的規定，不能在抵押合同中事先約定「債務人不履行到期債務時擔保財產歸債權人所有」的條款。但如果債務到期後，債務人實際沒有履約的，雙方可以另行約定就該擔保財產進行處分，包括將財產折價賣給抵押權人。

一般情況下，只有債務人到期沒有履行還款義務，抵押權人才能行使抵押權，但按照「中華人民共和國物權法」（以下簡稱「物權法」）的規定，允許雙方約定提前行使抵押權的情形，這也有助於保護抵押權人的利益。通常來說，可以提前行使抵押權的約定條款如下：

1. 違反合同貸款用途，挪作他用；

2. 擅自將抵押物出租、出售、轉讓、再抵押或以其他方式處分；

3. 故意破壞、毀損抵押物，未盡維修保養義務；

4. 抵押物毀損破壞後，未在規定時間內提供新的抵押物或擔保；

5. 未按時交付抵押物相關證件；

6. 沒有為抵押物按時辦理以銀行為受益人的保險；

7. 未按約定辦理抵押審批和登記手續；

8. 提供的情況、報表和各項資料不真實；

9. 不履行抵押物情況定期報告義務；

10. 抵押物價格低於約定價位；

11.借款人和抵押人違反抵押物的可擔保性承諾；

12. 抵押人或借款人資不抵債。

　　雖然「擔保法」及「物權法」沒有針對動產抵押登記做強制規定，但在同一動產上設定多個抵押權的，辦理登記的抵押權會優先於未辦理登記的抵押權受償，因此抵押權人在與抵押人簽定書面的抵押合同後，還應至主管部門辦理抵押登記手續，以期最大程度保護自己的合法利益。具體如下：

	內容	注意事項
登記機構	到抵押人住所地縣級工商行政管理機構辦理抵押登記，在上海是各區的工商局	上海市工商行政管理局合同監督管理處受理涉外抵押登記
適用主體	企業、個體工商戶、農業生產經營者提供抵押財產的	個人財產抵押的，登記機構為抵押人住所地公證處，而非工商局
提交資料	1.「動產抵押登記書」（雙方簽字蓋章）； 2. 通過年檢的營業執照副本或者自然人身分證明文件； 3. 代理人身分證明文件和授權委託書	無須提交抵押合同和抵押財產的所有權證明，僅作形式審查
辦理結果	工商局在「動產抵押登記書」上加蓋動產抵押登記專用章	五個工作日內完成

【48】海關監管貨物設定抵押的注意事項

所謂海關監管貨物,是指進出口人未完全履行與貨物進出口有關的各項義務,包括繳納稅費、交驗許可證件等,而受到海關特別監管的進出境貨物,具體包括海關監管期限內的進出口貨物,過境、轉運、通運貨物,特定減免稅貨物,以及暫時進出口貨物、保稅貨物和其他尚未辦結海關手續的進出境貨物。

一、暫時進出口貨物和保稅貨物的定義

有關特定減免稅貨物(主要是進口免稅設備)將專節介紹,這裡主要說明一下暫時進出口貨物和保稅貨物。

1. 暫時進出口貨物

暫時進出口貨物特指經使用後須原狀復出口或複進口,暫予免除全部進出口各稅和免予交驗進出口許可證件的貨物。對暫時進出口貨物,原則上可暫予免除全部進出口各稅,但對以租賃、租借方式暫時進出口用於生產、建築或運輸等用途的,給予的暫予免稅是部分的。

一般這類貨物需要提供擔保,中國現行的擔保形式主要是信譽(保函)或經濟(保證金)擔保,其中展品的暫時進出口已適用「ATA」單證冊制度,實行國際聯保。所謂「ATA」單證下的展品是指中國政府加入的「關於貨物暫准進口的ATA單證冊海關公約」(以下簡稱「ATA公約」)及相關附約規定的展覽會、交易會、會議或類似活動項下的貨物。

2. 保稅貨物

保稅貨物是指經海關批准未辦理納稅手續進境,在境內儲存、加工、裝配後複運出境的貨物,這類貨物最常見的是在保稅區和出口加工區內的貨物。境外貨物進入保稅區,實行保稅管理,視同貨物仍在境外;境內其他地區貨物進入保稅區,視同出境。出口加工區是保稅狀態下的加工區,區內相當於關外,加工和出口不收關稅。

二、海關監管貨物設定抵押的注意事項

　　由於海關監管貨物尚未履行完進出口有關的各項義務，因此在權能上是有瑕疵的，其作為抵押、質押或留置擔保的標的物，是存在巨大風險的。雖然目前有關的法規均規定在經海關審批同意的情況下，海關監管貨物也可以用於擔保，但事實上海關只開放了特定減免稅貨物的抵押，即特定減免稅貨物在經海關特別批准的情況下，是可以作為抵押物進行設定的。而其他監管貨物設定抵押、質押或留置擔保，包括特定減免稅貨物進行質押、留置擔保的，擔保合同一律無效，而且還可能受到海關的行政處罰。

　　海關監管貨物的監管期限依據種類不同而各不相同，一般船舶、飛機是八年，機動車輛是六年，其他貨物（如一般的機器設備）是五年。監管期滿後，所有人可以向海關申請出具「中華人民共和國海關進口減免稅貨物解除監管證明」。對於特定減免稅貨物之外的其他海關監管貨物，只有在拿到該證明後，才可以用於設定擔保。

　　當然，如果因為情況緊急，必須要使用監管貨物進行抵押、質押或留置擔保的，可以先進行補稅，將監管貨物變成為完稅狀態的正常貨物，就可以辦理抵押、質押或留置擔保手續了。

【49】進口免稅設備抵押貸款的操作實務

進口免稅設備是指在進口時減徵或者免徵關稅、進口環節海關代徵稅，進口後必須在特定的條件和規定的範圍內使用，直至監管期限到期經核銷後解除海關監管的設備。比較常見的就是外商投資企業在投資總額內進口的自用設備。這類設備一般在進關前向主管海關申請「進出口貨物徵免稅證明」，進口免稅設備的監管期限通常是五年。

根據「財政部、海關總署、國家稅務總局2008年第43號公告」：原特定減免稅貨物恢復徵收進口環節增值稅，在原規定範圍內繼續免徵關稅。因此，目前所謂的免稅，主要是指免關稅。

根據「海關進出口貨物減免稅管理辦法」的規定，海關監管年限內，未經海關許可，減免稅申請人不得擅自將減免稅貨物轉讓、抵押、質押、移作他用或者進行其他處置。因此，如果企業以進口的免稅設備作抵押，向銀行申請貸款的，需要向海關辦理審批手續，經海關批准後，才可用於抵押，否則抵押行為無效。

一、進口免稅設備設定抵押須注意的事項

1. 進口免稅設備只能設定抵押，不能設定其他擔保方式。

2. 進口免稅設備必須是不屬於實行配額許可證管理的設備，如進口免稅汽車就不允許抵押。

3. 企業申請的貸款應當用於企業的生產經營，不得用於與其他企業、單位之間的債務抵償，也即企業不能用自己的進口免稅設備為其他第三人做擔保。

4. 只能向銀行等金融機構抵押，不得向金融機構以外的個人、法人或者其他組織設定抵押。

5. 銀行抵押貸款數額與該免稅進口設備應繳稅款之和，應當小於該免稅進口設備的實際價值（以海關估價為準）。

6. 實現抵押權折（變）價時，應當先補繳稅款或者從抵押物的折

（變）價款中優先償付稅款。

　　7. 應當先向海關提交該設備應繳稅款的等值保證金，或者提供境內金融機構相當於貨物應繳稅款的保函。

　　8. 抵押期限一般為一年以內，且不得超出海關核定期限。

　　9. 海關同意抵押後，在正式抵押貸款合同簽定後15個工作日內（法定節假日順延），必須將正式合同向海關備案。

二、向海關申請辦理進口免稅設備抵押審批所需提交的資料

　　1. 減免稅貨物抵押貸款申請書（須預錄入）；

　　2. 抵押貸款減免稅貨物清單（須預錄入）；

　　3. 抵押合同、貸款合同（未經海關批准，不得簽署生效日期）；

　　4. 銀行委託書；

　　5. 設備所有人的營業執照、稅務登記證（影本）；

　　6. 年度審計報告（影本）；

　　7. 董事會決議；

　　8. 原進口報關單、發票、合同（影本）、「自理報關單位註冊登記證明書」（影本）；

　　9. 資產評估報告；

　　10. 有關減免稅貨物的固定資產明細帳頁及其他帳頁（影本）；

　　11.「徵免稅證明」及隨附單證；

　　12. 應繳稅款的等額保證金，或境內金融機構的稅款保函；

　　13. 特定減免稅設備對外付匯憑證（影本，實物投資除外）；

　　14. 其他有關單證。

【50】機器設備設定抵押後實現抵押權法律分析

　　機器設備設定抵押後，當出現債務人到期沒有還款，或者雖然還款期限還沒到，但發生了雙方約定的事由，銀行就可以行使抵押權。

一、抵押權的優先性

　　抵押權的最大優勢，在於優先權，表現為：在特定機器設備上設定抵押後，對該特定機器設備處分後的價款，銀行享有優先受償的權利，普通債權人只能就銀行受償後的剩餘價款受償。即使在企業破產時，已設定抵押的機器設備，銀行作為抵押權人，也可以優先於破產費用、職工工資等受償。

　　案例：

　　借款人貸款80萬元，並用機器設備（總值100萬元）抵押給銀行，借款人另有其他財產20萬元，並欠其他債權人50萬元，貸款到期後借款人沒有歸還。

　　清償結果：機器設備拍賣後，其中的80萬元，銀行優先全額受償，其他債權人只能就機器設備剩餘價款20萬元和其他財產20萬元進行受償。

二、行使抵押權的方式

　　1. 與抵押人協議以機器設備折價或者以拍賣、變賣該抵押財產所得的價款優先受償。所謂折價，就是將財產歸銀行所有，並就財產價值沖抵部分借款；所謂拍賣，就是將財產公開掛牌叫賣，價高者得之；所謂變賣，就是將設備賣給銀行以外的某個特定的機構或個人。

　　2. 如果抵押人與銀行對抵押事實沒有異議，只是無法就如何處分財產達成一致協議的，任何一方可以請求人民法院拍賣、變賣抵押財產。當然，目前法院尚無直接申請拍賣、變賣的特殊程序來配套，銀行只能向法院提起抵押權糾紛的訴訟。

三、行使抵押權應當注意的事項

1. 要及時行使抵押權，要在主債權訴訟時效期間內行使抵押權。所謂主債權訴訟時效期間，對於借款而言，就是約定還款期限屆滿後的兩年內，當然發生訴訟時效中斷情形的，可以重新起算時間。

2. 抵押期間當抵押的機器設備發生毀損、滅失或出售的時候，銀行對毀損、滅失或出售的部分就不再享有抵押權，在此情況下，只能要求借款人提前清償貸款。具體包括：

（1）抵押期內，經銀行同意抵押財產轉讓他人的，轉讓所得的價款應提前清償債務或者提存。所謂提存，就是將價款存入公證機關的帳戶，當貸款到期而借款人沒有還款時，銀行可以直接要求公證機關將帳戶內的款項劃入銀行自己的帳戶。

（2）抵押設備價值減少的，銀行有權要求恢復抵押設備的價值，或者提供與減少的價值相應的擔保，無法恢復價值或提供擔保的，可以要求借款人提前清償貸款。

四、列入抵押權行使範圍的財產

銀行行使抵押權時，除了可以就機器設備本身行使抵押權外，法律還賦予了就下列與機器設備有關的財產，也可以一併處分。

1. 機器設備毀損、滅失或者被徵收獲得的保險金、賠償金或者補償金。

2. 債務到期機器設備被法院扣押後的法定孳息（要履行通知義務，告知支付孳息的義務人，如承租人，向銀行支付租金）。

3. 機器設備的從物（如電視機的天線等），但另有約定的除外。

4. 機器設備的附合、混合、加工物；因附合、混合、加工導致所有權為第三人而得的補償金或導致共有而所享的分額。

五、抵押權行使後的可以清償的債務範圍

銀行就機器設備處分後的價款，除了償付貸款本金外，還可以用

於償付下列費用：

　1. 利息；

　2. 違約金、損害賠償金；

　3. 保管機器設備和實現抵押權的費用；

　4. 其他約定費用。

案例：

借款人貸款90萬元，並用機器設備（總值100萬元）抵押給銀行，抵押之前，該設備已經租給第三人使用，租金20萬元，未付。貸款到期後，借款人沒有歸還，應當支付利息及違約金20萬元。

受償結果：銀行主債權和違約金110萬元全部受償，機器設備剩餘租金10萬元歸還債務人。

【51】銀行接受機動車抵押應注意的事項分析

在辦理抵押貸款中，企業也會經常將自用的車輛拿來抵押。這裡所指的車輛，是指已經取得牌照和行駛證的車輛，如果是尚未取得牌照和行駛證的車輛，如經銷商還在銷售過程中的車輛，就按照一般的存貨和設備的抵押來對待。

由於車輛本身的安全因素，法律上對車輛抵押的規定，要比一般的機器設備抵押嚴格得多。車輛辦理抵押貸款，除與一般的設備抵押一樣，需要簽署書面的抵押合同之外，還需要到車輛所有權登記地的車輛管理所辦理抵押登記手續，這是依據「機動車登記規定」第22條的規定，機動車所有人將機動車作為抵押物抵押的，應當向登記地車輛管理所申請抵押登記。

車輛抵押登記，是屬行政管理上的要求。車輛抵押權自抵押合同生效之日就形成，不會因為沒辦理抵押登記而導致抵押權無效；辦理抵押登記，只是車輛管理部門從行政管理的角度來要求；當然，未辦理登記的，不產生對抗第三人的效力，如果車輛抵押給銀行後未辦理登記，抵押人又將該車輛抵押給第三人，並辦理了登記，將來該第三人的抵押權將優先執行。因此，對銀行來說，即使車輛管理部門沒有要求登記，也應當盡可能辦理登記，以便可以合法地對抗第三人。

一、辦理車輛抵押登記的條件

根據「機動車登記規定」，具有下列情況之一者，不得辦理抵押登記：

1. 機動車所有人提交的證明、憑證無效的；

2. 機動車被人民法院、人民檢察院、行政執法部門依法查封、扣押的；

3. 機動車達到國家規定的強制報廢標準的；

4. 機動車屬於被盜搶的；

5. 由海關監管的機動車，海關未解除監管或者批准轉讓的。

二、辦理抵押登記須提供的資料

1. 「機動車抵押登記／質押備案申請表」，其中單位車輛的由被委託人簽字，個人車輛的由車主簽字；

2. 機動車所有人和抵押權人的身分證明原件和影本；

3. 機動車登記證書；

4. 貸款合同和抵押合同（抵押合同原件須存入機動車檔案，如涉及多輛機動車的，須提供相應數量的抵押合同影本，並在影本上注明收存抵押合同原件的機動車車輛識別代號）。

三、特殊的車輛抵押貸款產品

在實踐中，還存在部分汽車經銷商會將未取得牌照的車輛「抵押」給銀行來獲取貸款，但沒有辦理任何抵押登記手續，而是透過控制車輛合格證的方式，來監控汽車銷售，並以銷售款項歸還貸款。

這種模式具體流程是：由汽車製造商、汽車經銷商與銀行（通常為總行）簽定三方汽車抵押貸款協議，由銀行向經銷商貸款（通常為車價的80%左右），經銷商向銀行還貸。作為控制經銷商的手段，汽車製造商將汽車發往經銷商的同時，將車輛合格證交給銀行，然後銀行派人到現場監督，每銷售一輛車發放一個許可證，並將銷售款打入銀行的帳戶，以免經銷商賣了車不還貸。這種方式在形式上兼具抵押和質押的特點。

這種混合模式在實施中大量存在，其中蘊含的風險也非常大：

1. 抵押的車輛是種類物，銀行依據該合同持有的車輛合格證是變動的、不確定的，因此，最終執行的時候會產生無法確定標的物的問題。

2. 銀行雖然派人監控，但並不能夠真正地控制車輛本身，車輛仍然處於汽車經銷商的控制下；甚至對合格證，也不能完全控制，因為合格證也是可以掛失的。

3. 即使沒有合格證，經銷商也會找各種理由（如合格證還在辦理中等）來矇騙客戶進而出售，最後由於過期仍未交付合格證而導致消費者投訴，銀行就不得不將合格證給消費者，而汽車經銷商卻可能已逃之夭夭。

因此，銀行如果要提供此類車輛抵押貸款的，應增加其他擔保方式，如要求汽車銷售商提供房產做抵押等，以降低銀行風險。

【52】外資銀行辦理動產擔保所涉及的中國官方部門介紹

　　根據動產類型的不同，銀行在辦理抵押貸款時，會涉及工商、海關、車輛管理所等不同的登記部門。

一、工商局

　　一般的機器設備、產品等用於抵押時，登記的機關是工商行政管理部門。通常理解下，工商行政管理部門就是核發營業執照的機構，但其實它的職權非常廣泛，還包括：依法實施合同行政監督管理，負責管理動產抵押物登記，組織監督管理拍賣行為，負責依法查處合同欺詐等違法行為。除此之外還包括：

　　監督管理市場交易行為和網路商品交易及有關服務的行為，進行反壟斷執法，查處傳銷、不正當競爭、商業賄賂、走私販私等經濟違法行為；負責商標註冊、管理和保護等職能。

　　從上面的職責看，動產抵押登記，是工商行政管理部門非常重要的職責之一。

　　根據級別的不同，工商行政管理部門分為國家工商行政管理總局（正部級，為國務院直屬機構）和地方工商行政管理局。地方工商行政管理局是地方政府的直屬機構，但在業務上要受上一級工商行政管理局和國家工商行政管理總局的監督和指導。地方工商行政管理局又分省級工商行政管理局和市縣級工商行政管理局，如江蘇省工商行政管理局、蘇州市工商行政管理局。直轄市雖然級別與省級相同，但在工商局名稱上直接掛直轄市名，如上海市工商行政管理局。在市級（含地級市、直轄市）工商行政管理局下面，又可以根據地方行政區劃下設各分局。例如，上海市工商行政管理局下屬20個分局和一個經濟檢查總隊，一般各區有一個分局，特殊地區還有特別的分局，如機場分局。

　　辦理動產抵押登記，一般是到抵押人住所地縣級工商行政管理機

構辦理抵押登記，在上海是各區的工商分局，但需要注意的是，涉外抵押登記，要到上海市工商行政管理局的合同監督管理處辦理，各分局不能辦理。

二、海關

免稅或減稅進口貨物或設備屬於海關監管的貨物，因此在海關監管期內對免稅進口的貨物或設備設定抵押，必須到企業登記的海關進行審批以後，才能辦理抵押手續。

海關的主要職責包括：

1. 對進出境運輸工具、貨物、行李物品、郵遞物品和其他物品進行監管。

2. 徵收關稅和進口環節增值稅及消費稅。

3. 查緝走私。

根據級別不同，海關分為海關總署和地方海關，國家在對外開放口岸和海關監管業務集中的地點設立地方海關，一般是省會城市、直轄市或其他特別重要的城市，不存在以某某省命名的海關。海關的隸屬關係不受行政區劃的限制；各地海關依法獨立行使職權，向海關總署負責，不受地方政府及其他機關干預。除廣東分署，天津、上海特派辦和海關院校外，全國共設有41個直屬海關。在上海，並沒有在每個區設海關，而是就重要進出口岸才會設置海關。

三、車輛管理所

車輛管理所一般是與交警支隊或總隊相配合的，一個交警支隊或總隊下轄一個車輛管理所。對於上海來講，只有上海市公安局交通警察總隊下有車輛管理所，支隊下只有窗口。如果辦理車輛抵押登記的，要到車輛所有權登記地的車輛管理所辦理抵押登記手續。

第四章
動產質押法律與實務

【53】存貨質押的操作實務

有一些中小型生產企業，本身的固定資產不多，沒有土地房產或者大型機器設備，但它擁有大宗商品存貨，流通性強，因此往往會用它來做擔保以申請貸款。由於存貨可以移動，為控制風險，實踐中多以質押的方式進行，將存貨交由銀行來監管，以確保將來可以執行到財產。

可用於質押的存貨主要包括原資料、半成品和成品。

一、存貨質押貸款業務的基本流程

開展存貨質押貸款，一般按照如下流程操作：

1. 銀行調查存貨的權屬等情況；

2. 銀行與企業簽署「貸款合同」和「質押合同」；

3. 銀行與監管機構簽定「倉儲監管協議」；

4. 企業與監管機構簽定「倉儲合同」（也有的銀行、企業、監管機構三家一起簽）；

5. 企業向監管機構交付倉儲物，並提供有關貨物合法來源的證明、數量、型號及品質檢測報告等資料，監管機構按照「倉儲合同」約定對入庫倉儲物進行驗收，若一致，監管機構向企業出具單據，並告知銀行；

6. 辦理相關的公證、保險手續；

7. 銀行放款。

二、簽署書面質押合同的注意事項

質權的成立，必須簽署書面的質押合同，當然該合同可以是獨立的，也可以是主合同中的一部分。

（一）質押合同的基本內容

無論採用何種合同形式，質押合同的內容都應當完整，至少包括以下事項：

1. 被擔保債權的種類和數額；

2. 債務人履行債務的期限；

3. 質押財產的名稱、數量、品質、狀況、所有權歸屬或者使用權歸屬；

4. 擔保的範圍；

5. 質押財產交付的時間。

（二）禁止流質

不能在質押合同中事先約定「債務人不履行到期債務時，擔保財產歸債權人所有」的條款。但如果債務到期後，債務人實際沒有履約的，則可以約定就該擔保財產進行處分，包括將財產折價賣給銀行。

（三）約定可以提前行使質權的情形

一般情況下，只有債務人到期沒有還款的時候，銀行才能行使質權，但「物權法」允許雙方可以約定，在借款還沒有到期前，因出現約定情形時，一樣可以行使質權，這就有助於保護銀行的利益。因此，應當儘量在質押合同中約定可以提前行使質權的情形，如：

1. 違反合同貸款用途，挪作他用。

2. 非銀行原因導致質物毀損破壞後，質押人未在規定時間內提供新的質物或擔保。

3. 未按時交付質物的。

4. 沒有為質物按時辦理以銀行為受益人的保險。

5. 提供的情況、報表和各項資料不真實。

6. 質物價格低於約定價位。

7. 借款人和質押人違反質物的可擔保性承諾。

8. 質押人或借款人資不抵債。

三、簽署倉儲監管合同

銀行作為金融機構，本身不可能有這麼多的精力去監管貨物，往往需要委託第三方進行監管，通常是倉儲物流公司，因此簽署倉儲監管合同是非常重要的，監管合同的內容應當包括：

1. 驗貨、保管和監管義務的承擔條款。

2. 明確證明所有權的資料提供條款〔如銷售（購買）合同、增值稅發票、運輸單據、出廠證明、進口完稅證明等〕。

3. 約定倉儲公司不可以行使留置權條款（因為在沒有約定的情況下，留置權優先於質權）。

4. 監管機構不得擅自處分質物條款。

四、移交質物

質權的有效設立，除了簽署書面合同外，還必須移交質物，這是與抵押非常大的區別，當然一般質物是直接移交給第三方監管機構的。

在質押情況下，存貨是移交銀行來保管的，不會存在像抵押情況下，擔保物被抵押人擅自處理的問題，因此不須辦理登記手續。反過來，也正因為沒有登記手續，所以移交質物就顯得非常重要了。

【54】存貨質押辦理過程中的注意事項

銀行辦理存貨質押業務時，需要注意如下幾個方面：

一、要確保質押的存貨在權屬上無瑕疵

如果存貨不是質押人合法擁有的，即使銀行占有了，也不產生質押的效果，因此必須確保質押存貨在權屬上沒有瑕疵。特別是在動態監管的模式下，存貨在不斷流動中，每批存貨進來都需要對其權屬進行分析，而且存貨也不同於房屋，沒有公示的房產證可以一目了然地看清權屬，所以更要小心。

1. 質押人必須對存貨擁有合法處分權，他人的存貨未經所有人同意，不能擅自拿來質押，特別是對一些所有權保留的存貨，或者暫時存放在質押人處的存貨。因此，質押時一定要由監管機構或監管人員審核存貨的採購合同、發票、進口稅單、品質保證書、報關單、商檢單、進口許可證等資料。

2. 質押人如果是企業，它的章程有可能對以企業財產對外擔保有限額的規定，因此必須嚴格按照章程規定的程序進行內部的許可權審批流程，如提供合法有效的董事會決議或股東會決議，而且須注意該章程應當以在工商局備案的為準。

3. 以分公司的存貨質押的，必須取得總公司的授權書，需要注意的是，公司內的職能部門是不能以自己的名義以財產對外質押的。

4. 簽約經辦人員必須有質押人的合法授權，具備簽字的權限。

5. 用於質押的存貨已繳清稅款，如果沒有繳清，會由於稅款優先於質押權受償而損害銀行的利益。

6. 用於質押的存貨不屬於限制或禁止質押的財產類型。

二、要控制好存貨的價值波動和處置風險

1. 對於質押存貨，必須預留足夠的降價空間，以備將來可能發生的貶值，如可將質押率設定在70%以下，以確保安全。質物的價格，

也可以尋求第三方評估公司的評估報告。

2. 要選擇大宗類商品存貨，如資源產品、消費類家電產品等，以便將來執行的時候可以順利變現。

3. 要選擇價格波動小、不易貶值和受損的存貨，並可透過與其上游廠商或上游銷售商簽定回購協議的方式，來迴避質押物的價格和銷售風險。

4. 應當要求質押人對存貨進行投保，並且指定銀行作為受益人。保險金額應足以彌補存貨的質押價值。

5. 要密切關注存貨的市場價格，當發現存貨的價值減少時（如達到10%以上），應及時要求質押人補足質押財產的價值，或者另行提供擔保。

6. 可以根據實際情況，讓債務人向銀行存入價格風險保證金（一般為20%～30%）。

三、加強對存貨的監管

存貨監管要選擇具有專業水準的第三方監管機構或者自聘的監管人員，對存貨的進出進行嚴格的監控，並對監管機構和人員的責任進行明確規定。

2008年在上海曾經發生過數起銀行動產質押貸款詐騙案件，個別借款人串通倉儲公司有關人員出具無實物的倉單或入庫憑證向銀行騙貸，或者偽造出入庫登記單，在未經銀行同意的情況下，擅自提取處理質物，給銀行債權的實現帶來風險。因此，選擇合適的監管機構和人員對銀行非常重要。

四、及時行使質押權

雖然法律上並沒有對質權的行使限定時間，在具備行使質權的條件時，銀行可以選擇何時處分質物，但這個選擇權必須以不損害質押人的權利為前提。如果因為怠於行使權利而造成質物損毀的（如新鮮貨品腐敗變質），銀行必須承擔賠償責任。

【55】存貨質押和倉單質押的區別分析

在存貨質押中，銀行通常委託第三方倉儲公司監管存貨，與倉單質押非常相似。但兩者在本質上並不同。

一、標的性質不同

存貨質押所質押的是存貨本身，將存貨交給銀行，質押生效；而倉單質押所質押的是提貨權，並不占有存貨本身，只需要將代表財產的權利憑證倉單背書交給銀行，質押即生效。

二、標的特定性不同

存貨質押下，存貨是特定的，即使是在總價下的存貨流動，也是受控於質權人或第三方監管機構，並會在行使質押權時變成特定物；而倉單質押下，雖然倉單本身是特定的，但倉單指向的財產可以是不特定的，當質權人要求行使倉單上標注的提貨權時，倉庫可以隨時從其他的地方補充相同種類、規格等符合倉單描述的貨物，如相同規格、品種的煤。

三、質押標的流動方式不同

存貨質押下，存貨可以在總價不變的情況下，進行流通，具體做法可以是開具一份注明總價值的質物清單，質物在銀行核定的種類及價值內自由置換，而監管方只控制質押物的總價值，在總價值不低於銀行規定的質押總價值的情況下，企業可以用銀行核定的其他種類存貨或生產後的成品、半成品置換已質押存貨，而置換後的其他種類存貨或生產後的成品、半成品則進入監管程序；而倉單質押下，如果必須變更與倉單上標注的存貨不同種類、不同規格的貨物，就必須用新的倉單來更換舊的倉單，而且存貨必須與倉單記載嚴格相符，手續相對要繁複得多。

四、交付的單據不同

存貨質押下，交付的單據多是質物清單，或者記名提貨單，或者

是專用倉單，上述單據被第三方獲得後，無權行使質權，仍然只能由銀行行使；而倉單質押下，交付的是普通倉單，該倉單一旦被第三方獲得，並已經由倉庫和所有人簽字蓋章的，則第三方可以行使質權。

五、適用對象不同

存貨質押，一般適用於生產型企業，且多為半成品質押，質押完畢或質押期間，這些半成品還是必須返回企業進行再加工生產；而倉單質押多適用於貿易型企業，且多為流通性強的產成品，並可以在不同的倉庫間進行調撥補充，當然必須保證品名、品種、規格、品質、數量等與倉單一一對應。

六、對倉儲公司的資質要求不同

存貨質押下，銀行委託的第三方監管機構，在法律上並沒有對資質有明確的要求，只要在經營範圍中有倉儲內容即可。當然，對於銀行而言，選擇有專業資質和條件的倉儲公司可以降低風險；而倉單質押下，出具倉單的倉儲公司須為有倉儲存貨並專事倉儲保管業務的主體和硬體條件，資質要求高。

七、銀行的監管義務不同

存貨質押下，雖然銀行可以委託第三方倉儲公司進行監管，但最終的監管責任是由銀行承擔的，存貨在質押期內發生的毀損、滅失，一旦倉儲公司無力承擔監管責任時，銀行就要承擔連帶責任；而倉單質押下，全部的監管責任由倉儲公司自行負責，銀行無須占有倉單項下的存貨，對存貨的毀損、滅失不承擔任何連帶責任。

八、擔保的債權範圍不同

存貨質押一般擔保的債權範圍除了主債權之外，還包括質物保管費用和實現質權的費用；但在倉單質押中所擔保的債權範圍，並不包括質物的保管費用。

【56】對被質押存貨的監管方式介紹

在存貨質押中，作為抵押權人的銀行，負有對質押存貨的監管義務。存貨的監管可以由銀行自行操作，也可以委託第三方來監管。

一、銀行自行監管

通常是銀行自己招募監管人員來監管，分兩種方式：

1. 派駐到質押人處進行監管，質押存貨仍然在質押人處，但會開闢專門的倉儲區域，由銀行派駐的人員監管存貨的進出。這種模式適用於那些流動快（如半成品），需要馬上進入後續生產作業的存貨。

2. 將存貨存放在自己的倉庫內，倉庫是與質押人分開的，銀行對該倉庫有完全的監管權，由銀行自己的派駐人員進行監管。

銀行自行監管，與委託第三方監管相比，對存貨的管控上要強得多，特別是派駐到質押人的這種監管，還能同時監控質押人的經營情況，一旦發現經營不善，可及時預警。但該模式相對成本也高，需要專門招募人員；而且銀行本身並不是專業的監管機構，在監管水準上不如第三方監管，萬一存貨丟失，對銀行的風險也較大，因此實踐中採用的比例較小。

二、委託大型的倉儲公司進行第三方監管

委託第三方監管通常有兩種模式：

1. 靜態監管，即存貨進入倉庫後，數量和品種、規格不再變動，直到貸款合同到期，或者出現可以行使質押權的時候，才會將該存貨拉回或者處理掉，主要適用保質期長的產成品。

2. 動態監管，即在保證存貨總價值一定的情況下，存貨可以不斷流轉，質押人需要使用存貨時，必須將等值的其他存貨先入庫，或提供等額的保證金，適用流轉較快的半成品或保質期短的產成品。

倉儲公司擁有良好的倉儲條件，其監管優勢主要在於：

1. 分擔銀行的風險。存貨雖被質押，但質押人仍享有所有權，存

貨一旦毀損或滅失，銀行須承擔賠償責任，由第三方保管，可以分擔銀行的責任。

2. 可以降低銀行的監管成本，銀行自行保管時，會產生監管人員的工資、存貨的搬運、裝卸等費用，第三方監管人出現之後，可以減少存貨移動的成本支出以及可能由此產生的毀損風險，貸款成本便大大降低。

3. 監管方以獨立第三方的角色出現，以公平、公正原則對待出質人和銀行，成為借貸雙方的仲介，減少了許多猜忌和信用調查工作，使過程變得簡單有效。

4. 監管方可以為雙方提供更多的附加服務，如對出質人資信狀況的把握、存貨的市場價值變動、存貨變賣的客戶尋找、存貨品種的選擇、代收貨款、代運存貨等。

雖然如此，由於目前中國的第三方監管機構的管理水準和硬體設施相對比較落後，甚至出現監管機構人員出具無實物的入庫憑證向銀行騙貸，或者在未經銀行同意情況下，擅自提取和處理質物的情況，因此加強對監管機構的風險控制也是必要的：

1. 應當選擇對存貨所在行業相當熟悉的第三方監管機構，能確定存貨的真實價值和真實所有權。

2. 儘量選擇賠付能力強的大型物流企業。

3. 要求監管機構對設定質押的存貨單獨存放，與倉庫內堆放的其他存貨進行區分，防止將來無法執行。

4. 必要時要求監管方提供一定比例的現金作為監管責任的保證。

5. 明確約定：質押期間沒有銀行的同意，監管機構無權向貨主企業或任意第三人發貨等。

第五章

權利質押法律與實務

【57】中國票據種類介紹

　　根據「票據法」，中國票據分為匯票、本票和支票。以下就每種作簡單介紹。

一、匯票

　　匯票是出票人簽發的，委託付款人在見票時或者在指定日期，無條件支付確定的金額給收款人或者持票人的票據。

　　匯票的實質是付款的委託。匯票根據不同標準，又可進行不同的細分：

　　1. 根據出票人的不同身分，匯票可分為銀行匯票和商業匯票。

　　（1）銀行匯票：經中國人民銀行批准辦理銀行匯票業務的銀行簽發的，由其在見票時，按照無條件支付給收款人或者持票人的票據。銀行匯票的出票銀行為銀行匯票的付款人。

　　（2）商業匯票：銀行以外的其他法人和組織簽發的，委託付款人在指定日期無條件支付確定的金額給收款人或者持票人的票據。個人不能簽發匯票。

　　2. 根據付款人的不同身分，商業匯票又分為商業承兌匯票和銀行承兌匯票，銀行匯票的付款人限於銀行本身。

　　（1）商業承兌匯票：銀行以外的付款人承兌的票據。商業承兌匯票可以由付款人簽發並承兌，也可以由收款人簽發交由付款人承兌。商業匯票的付款人為承兌人。

　　（2）銀行承兌匯票：出票人簽發並由其開戶銀行承兌的票據。

須特別指出的是，根據「中國人民銀行票據管理實施辦法」的規定，辦理承兌商業匯票的銀行，必須具備下列條件：A. 與出票人具有真實的委託付款關係；B. 具有支付匯票金額的可靠資金。

3. 根據使用範圍不同，銀行匯票可分為區域性銀行匯票和全國性銀行匯票。區域性銀行匯票指由人民銀行代理兌付的商業銀行，向設有分支機構地區簽發的轉帳銀行匯票。

區域性銀行匯票僅限於在本區域內背書轉讓。如華東三省一市匯票僅於在江蘇省、安徽省、浙江省和上海市範圍內轉讓。

4. 根據付款方式不同，銀行匯票可分為轉帳匯票和現金匯票。

填明「現金」字樣的銀行匯票可以用於支取現金，但不得背書轉讓。

二、本票

本票是出票人簽發的，承諾自己在見票時，無條件支付確定的金額給收款人或者持票人的票據。本票的實質是付款的承諾。在中國，本票僅指銀行本票，即銀行以外的企業和個人簽發的本票是不被法律所承認的，這和許多其他國家或地區的票據制度是不同的。

銀行本票僅限於在其票據交換區域內使用。所謂票據交換區域是指由各地人民銀行管理和運行，各銀行機構參加，在系統覆蓋範圍內，可通過系統實現票據提出、提入和資金清算的區域，這和我們通常所說的行政區劃是不同的。例如，浙江的銀行本票不能在上海使用。

銀行本票可分為不定額銀行本票和定額銀行本票兩種。定額銀行本票面額為1,000元、5,000元、10,000元和50,000元。不定額銀行本票必須用壓數機壓印出票金額。

三、支票

支票是出票人簽發的，委託辦理支票存款業務的銀行或者其他金融機構在見票時，無條件支付確定的金額給收款人或者持票人的票

據。支票同樣僅限於在其票據交換區域內使用。

　　支票分為現金支票和轉帳支票。現金支票只能用於支取現金。轉帳支票只能用於轉帳。支票上未印有「現金」或「轉帳」字樣的為普通支票，普通支票可以用於支取現金，也可以用於轉帳。在普通支票左上角劃兩條平行線的，為劃線支票，劃線支票只能用於轉帳，不得支取現金。

【58】外資銀行接受票據質押應注意的事項

由於各國票據制度差異，外資銀行一旦接受客戶以票據質押的方式進行融資，則在簽署質押合同之前，應當對客戶提供的票據進行審查，審查時應當注意以下事項：

一、票據的真實性

由於中國的銀行之間缺乏必要的資訊溝通，銀行之間還沒有跨系統的票據資訊查詢網路（公示催告期間的票據除外），因此對票據的真實性只能通過電話、傳真、詢徵函等方式向相關銀行確認，如商業匯票與承兌銀行進行核實，銀行匯票和本票向出票行進行核實。

二、票據的有效性

1. 票據金額大小寫是否一致。根據中國「票據法」第8條之規定，票據金額以中文大寫和數碼同時記載，二者必須一致，不一致的，票據無效。而在有些國家或地區，當票據金額大小寫不一致時，並不必然導致票據無效，而是規定以大寫或以小寫的金額為準。

2. 票據金額、日期、收款人名稱是否有更改。根據中國「票據法」第9條之規定，對前述三項內容進行任一修改，則該票據即為無效票據。

3. 票據上的記載事項是否完整。根據中國「票據法」的有關規定，匯票、本票、支票應當分別完整記載以下事項：

匯票	本票	支票
表明「匯票」的字樣； 無條件支付的委託； 確定的金額； 付款人名稱； 收款人名稱； 出票日期； 出票人簽章	表明「本票」的字樣； 無條件支付的承諾； 確定的金額； 收款人名稱； 出票日期； 出票人簽章	表明「支票」的字樣； 無條件支付的委託； 確定的金額； 付款人名稱； 出票日期； 出票人簽章

　　4. 背書是否連續。所謂背書的連續性，是指轉讓票據的背書人與受讓票據的被背書人在票據上的簽章依次前後銜接，具有不間斷性。即在票據上做第一次背書的人，應當是票據上記載的收款人，自第二次背書起，每一次背書的背書人必須是上一次背書的被背書人，最後的持票人必須是最後一次背書的被背書人。在審核票據背書連續性時，應特別注意：如票據有加附粘單時，粘單上的第一記載人，是否在票據和粘單的粘接處也進行了簽章。

　　此外，有些國家或地區允許背書塗銷，即背書如果被塗銷，不影響背書的連續性，而在中國對背書塗銷的法律效力並無明文規定。由於背書的連續性直接影響到未來票據權利的行使，為避免風險，應當儘量不接受此類票據。

　　5. 票據上的簽章是否符合法律要求且印章清晰。簽章具體要求如下：

票據種類		簽章要求
商業匯票		公司財務專用章或公司公章+公司法定代表人簽名或者蓋章
銀行匯票		銀行匯票專用章+法定代表人簽名或者蓋章
銀行本票		銀行本票專用章+法定代表人簽名或者蓋章
支票	公司支票	公司財務專用章或公司公章＋公司法定代表人簽名或者蓋章
	個人支票	簽名或蓋章

三、關於記載「不得轉讓」字樣的票據

　　作為質押的標的財產或權利如果依法不能進行轉讓，則質押的意義蕩然無存。然中國對於此類票據根據記載人的不同進行區分，並賦予不同的法律效力，簡言之：

　　1. 出票人記載「不得轉讓」，不得背書質押；

2. 背書人記載「不得轉讓」，可以背書質押，但原背書人對後手的被背書人不承擔票據責任，即銀行可以接受此類票據作為質押物，但銀行不能向記載「不得轉讓」的背書人主張票據權利。

【59】票據質押生效的法律分析

　　根據「擔保法」第64條「出質人和質權人應當以書面形式訂立質押合同」，第76條「以匯票、支票、本票、債券、存款單、倉單、提單出質的，應當在合同約定的期限內將權利憑證交付質權人。質押合同自權利憑證交付之日起生效」的規定及「物權法」第224條「以匯票、支票、本票、債券、存款單、倉單、提單出質的，當事人應當訂立書面合同。質權自權利憑證交付質權人時設立；沒有權利憑證的，質權自有關部門辦理出質登記時設立」的規定，票據質押的生效要件為：出質人與質權人經書面形式訂立質押合同，並在約定的期限內交付票據。

　　而根據「票據法」第35條「匯票可以設定質押；質押時應當以背書記載『質押』字樣。被背書人依法實現其質權時，可以行使匯票權利」的規定以及最高人民法院「關於審理票據糾紛案件若干問題的規定」第55條「……出質人未在匯票、粘單上記載『質押』字樣而另行簽定質押合同、質押條款的，不構成票據質押」的規定可知，票據上必須背書記載「質押」字樣後，票據質押方始生效。

　　由此，「擔保法」、「物權法」和「票據法」對票據質押的生效做了不同的規定，依照「票據法」，經背書「質押」的票據質押當然成立，而依照「擔保法」，出質人雖未在票據上記載「質押」字樣而是另行簽定質押合同或者質押條款並交付票據的，即構成票據質押。由此引起的問題是，票據質押的生效是否必須在票據上作質押背書的記載？

　　在法律規定不明確的情況下，在進行實務操作中，會面臨著可能因與法官認識的不同，而在產生爭議後被認定為質押無效的風險。因此作為票據質押來講，要注意以下四點：

　　1. 票據質押必須以背書方式進行。出質人為背書人，質權人為

被背書人，出質人作為背書人還要簽章，如果出質人作為背書人未簽章，會導致背書無效。

2. 必須記載「質押」字樣。因為票據是文字證券，依照票面記載事項發生法律上的效力，如果沒有記載「質押」字樣，就不能證明被背書人取得的是質權。這是因為：一方面，票據是文字證券，對票據進行解釋應嚴格根據票面記載的內容，凡是票面無記載的和票據外的內容，都不應作為解釋票據的依據；另一方面，「質押」是背書的絕對有益記載事項，絕對有益記載事項意味著，通常的票據行為並不要求有此記載，如果不記載，並不影響票據行為的效力，但一旦記載這些事項將發生票據上的效力，因此，背書時未記載「質押」字樣的，背書依然有效成立，只是不發生設定質權的效力。

此外，根據最高人民法院關於「擔保法」的司法解釋第99條「以匯票、支票、本票出質，出質人與質權人沒有背書記載『質押』字樣，以票據出質對抗善意第三人的，人民法院不予支持」的規定，質權人即銀行就面臨不得優先受償之風險。

3. 必須進行票據的交付。因為票據是一種完全有價證券，持有票據才能行使票據權利，所以質權人只有持有票據才能最終行使質權。

4. 簽定書面的質押合同。

【60】票據質押時實現質權的法律分析

票據質押的目的是擔保主債權的實現，如果債務人能夠依主合同約定準時還款，則質權人因其債權已經得到實現，所以質押的票據也就失去了擔保作用。但如果債務人履行期間屆滿仍未履行債務的，則就存在質權人如何實現票據質押權的問題。本文對此作簡要分析。

首先，外資銀行行使票據質押權時，要求票據付款人付款的金額不是主債權的金額，而是票據上記載的票據金額。根據「票據法」的有關規定，票據不允許部分轉讓或支付，因此若質押票據上的金額大於銀行債權時，銀行可以就該票據向付款人主張按票面金額全部付款，但同時有義務將超過的部分返還給出質人。

其次，票據的付款日期先於其所擔保債權的清償期屆滿時，根據「擔保法」第77條「匯票、支票、本票兌現日期先於債務履行期的，質權人可以在債務履行期屆滿前兌現」的規定，銀行可立即向付款人要求付款。此點與「擔保法」、「物權法」通常規定的行使質權的條件存在很大的不同，即無須等到主債權履行期間屆滿再行使票據權利。但銀行兌現票據後，應當將兌現的價款用於提前清償所擔保的債權或者向出質人約定的第三人提存。

再次，票據的付款日期晚於其所擔保債權的清償期屆滿時，如果債務人沒有履行債務的，則根據最高人民法院「關於適用『中華人民共和國擔保法』若干問題的解釋」第102條「以載明兌現或者提貨日期的匯票、支票、本票、債券、存款單、倉單、提單出質的，其兌現或者提貨日期後於債務履行期的，質權人只能在兌現或者提貨日期屆滿時兌現款項或者提取貨物」的規定，銀行只能等到票據到期後，方能主張票據權利。

最後，當票據被付款人拒絕付款時，銀行應當及時行使追索權。追索權又稱第二次付款請求權，當票據到期未獲付款，或到期日前未

獲承兌或有其他法定原因的情況下，如：

    1. 被拒絕承兌；

    2. 承兌人或付款人死亡、逃匿的；

    3. 承兌人或付款人被依法宣告破產，或者被拒絕承兌，或者被拒絕付款的有關證明。

    銀行可以向票據債務人主張票據權利，包括向出質人和出質人前手在內的所有前手行使追索權，請求償還票據金額及其他法定款項，如因行使追索權而發生的律師費等。

【61】在中國可以用於質押的股權種類介紹

　　對在股權上設立擔保物權，許多國家的法律都有規定。如法國「商事公司法」、德國「有限責任公司法」第33條均涉及對股份質押的規定。中國「物權法」、「擔保法」也規定「可以轉讓的股權」可以作為質押的標的，因此外資銀行接受股權作為擔保債權的一種方式，不存在法律上的障礙，但什麼樣的股權可以被外資銀行接受呢？

　　股權是股東因出資而取得的，依法定或公司章程規定的規則和程序參與公司事務，並在公司中享受財產利益的，具有轉讓性的權利。在中國，股權根據公司的類型不同，可分為股份公司股權和有限責任公司股權。

　　根據中國「公司法」，股份公司是由兩人以上兩百人以下的股東發起設立的，其中須有半數以上的股東在中國境內有住所，公司的全部資本分為等額股份，股東以其所持股份金額為限對公司承擔責任，公司以其全部資產對公司債務承擔責任的企業法人。對於股份公司來說，股份公司股東持有的股權透過股份來表現，而股份數量的證明是股票，即股東持有的股票所載明的份額數，證明股東擁有的股權的大小。因此，股份公司的股權質押又稱為股票質押。

　　根據股票是否在證券交易所上市交易，股份公司又可分為上市公司和非上市公司。

　　對於非上市公司，除公司章程另有規定外，一般以下股票不得作為質押標的：

　　1. 自公司成立之日起一年內，發起股東持有的股票。

　　2. 公司董事、監事、高級管理人員每年可質押的股票為其所持有本公司股份總數的25%。

　　3. 自公司董事、監事、高級管理人員離職之日起的半年內，其持有的公司所有股票。

對於上市公司，除公司章程另有規定外，一般不得作為質押標的的股票為：

1. 自公司成立之日起一年內，發起股東持有的股票。

2. 非上市公司轉為上市公司前已發行的股票，自公司股票在證券交易所上市交易之日起一年內不得質押。

3. 自公司股票在證券交易所上市交易之日起一年內，董事、監事、高級管理人員持有的股票。

4. 自公司董事、監事、高級管理人員離職之日起的半年內，其持有的公司所有股票。

5. 上市公司國有股只限於為本公司及其全資或控股子公司提供質押。

此外，無論是上市公司股票還是非上市公司的股票，都不能質押給本公司。

根據中國「公司法」，有限責任公司是由50個以下股東出資設立，股東以其出資額為限對公司承擔責任，公司以其全部資產對公司的債務承擔責任的企業法人。對於有限責任公司來說，股東的出資證明書是其擁有股權和股權大小的證明，因此，有限責任公司股權質押，又被稱為出資質押或出資份額質押。

根據有限責任公司出資者中是否有外國投資者，有限責任公司又可分為內資公司和外商投資公司。對於內資公司來說，向公司股東之外的第三人質押出資份額時，除章程另有規定外，必須取得其他股東過半數同意，而對外商投資企業來說則須取得全體股東的一致同意，且須經審批機關的同意。

此外，外商投資企業尚未實際出資到位部分的股權不得出質。外國投資者也不得將其股權質押給本公司。

【62】辦理股權質押的操作實務

　　鑑於可以用於質押的股權種類不同，因此，外資銀行在辦理不同性質股權質押時的具體要求及注意事項也是不同的。實務中的通常操作如下：

一、調查被質押股權的合法持有人

　　對於上市公司股權來說，外資銀行除審查質押人提供的「證券帳戶卡」原件外，還應至中國證券登記結算有限責任公司進行核實。由於該證券登記結算公司一般只接受證券帳戶開戶人查詢其自身證券持有情況，因此外資銀行應當要求質押人提供由法定代表人簽章並加蓋公章的授權委託書，如果質押人為自然人，則須提供經過公證的身分證原件。

　　對於非上市公司及有限責任公司來說，由於中國營業執照上僅顯示股東名稱，不顯示股東實際持有的股權比例，因此外資銀行可委託律師至公司註冊所在地的工商行政管理局進行調查，確認質押人實際持有的股權比例。

二、調查被質押股權是否存在瑕疵

　　根據中國「物權法」、「擔保法」等法律規定，無論是哪種類型股權，如果存在被質押，或被凍結等情形，即意味著該股權持有人權利已受到限制，不能被自由轉讓，由此將影響未來質權的實現。

　　對於有限責任公司來說，由於只有實際出資到位的股權才能用於質押，因此外資銀行應當通過會計師出具的驗資報告核實質押人的出資情況。與此同時，外資銀行同樣應至證券登記結算公司或工商行政管理局，進行股權是否被質押及凍結等事項的調查。

三、調查被質押股權是否存在法律禁止轉讓的情況

　　依據中國「公司法」等法律規定，以下股權不能自由轉讓：

　　1. 股份公司，無論是上市公司還是非上市公司，自成立之日起一

年內，發起人所持有的本公司股權。

2. 自公司股票在證券交易所上市交易之日起一年內，持有人所持的上市公司公開發行股份前已發行的股權，實務中，該類持有人通常承諾三年的禁售期，所以承諾的禁售期，股權同樣不能用於質押。

3. 上市公司董事、監事、高級管理人員在任職期內所持有的對轉讓比例和期限有限制的公司股權。

四、審核被質押股權的公司章程

首先，外資銀行審核的公司章程應當是在工商行政管理局備案的章程，只有經過備案的章程，根據中國法律的規定才有對抗第三人的效力。

其次，審核的重點無論是股份公司還是有限公司，應特別注意審核的內容為：對本公司的股權質押是否有限制。

因有限責任公司強調公司的人合性，因此對於有限責任公司還應當關注章程中是否有禁止轉股的約定。

五、股權質押的程序要求

對於有限責任公司來說，原則上應取得其他股東過半數同意的書面文件，章程另有規定的根據章程。

【63】股權質押生效的法律分析

　　股份有限公司和有限責任公司是中國「公司法」所規定之公司的兩種法律形式。無論在法理上還是在實務上，兩類公司股權質押生效的法定要件都具有很強的共性。股權質押生效的必備法定要件，主要包括以下四個方面：

一、股權需具有可轉讓性

　　某種財產權利要成為質押的標的物，必須具備一個最基本的要件：可轉讓性。股權是股東因出資而取得的，依法定或公司章程規定的規則和程序參與公司事務，並在公司中享受財產利益的，具有轉讓性的權利。正是由於兼備財產性和可轉讓性，股權才可以作為一種適格的質押物。因此，在判斷某公司股權是否可以質押時，我們首先要看其是否可以依法轉讓。

二、必須簽定書面股權質押合同

　　中國「擔保法」第64條、65條、81條規定，以依法可以轉讓的股票或者有限責任公司的股份出質的，出質人與質權人應當訂立書面質押合同。由此可見，簽定書面質押合同是股權質押生效不可或缺的法定要件。

　　以股份有限公司的股票質押，質押合同應當包括擔保的主債權的種類、數額，債務人履行債務的期限，出質股票的名稱、種類、數額，質押擔保的範圍，股票、權利證書移交的時間，當事人需要約定的其他事項。以有限責任公司股東的出資額（股份）質押，質押合同應當包括：被擔保的主債權種類、數額、債務人履行債務的期限，出質股份的名稱、所代表的出資額，質押擔保的範圍，出資證明書的編號和核發日期，出質人和債權人的姓名（個人）或者名稱（法人）及住所。

三、必須辦理出質登記

　　股權的出質分為股票出質和出資額（股份）出質兩種。以股份有限公司的股票出質，出質人和質權人在訂立書面質押合同後，應當到證券登記託管機構辦理出質登記。目前，中國上市公司的股票統一託管於上海的中央證券登記結算公司，或深圳的證券登記結算公司。將有限責任公司的股份出質，則應當記載於本公司的股東名冊。如前文所言，被作為股權質押的股票和股東的出資證明書，無須實際交付，質押合同自工商登記之日起發生效力。

四、禁止預設流質條款

　　在股權質押合同中預設流質條款，是指質權人和出質人在質押合同中約定，債權未實現時，出質的股權自動轉讓給質權人。由於質物的價值有時會大於被擔保的債權，因此如果允許流質，很有可能會造成質權人乘出質人之危而侵害出質人合法利益的結果。為了維護出質人的應有權益，各國法律均有關於禁止流質的規定。中國擔保法律制度對流質的禁止性規定體現在「擔保法」第66條中，即出質人和質權人在合同中，不得約定在債務履行期屆滿質權人未受清償時，質物的所有權轉移為質權人所有。

【64】銀行接受有限公司股權質押實現質權的法律分析

銀行在接受有限責任公司的股權質押後，如果出現了法律規定的情形，導致銀行的債權可能難以實現的，銀行有權對債務人質押的股權行使質權，進而保護自己的利益。

一、銀行可以對所接受質押的股權行使質權的情形

1. 債務人不履行到期債務的，或債務未到期，但債務人明確表示不履行債務的；

2. 質押財產毀損或者價值明顯減少，並且足以危害質權人權利的，但因質權人的原因造成的除外；

3. 質權人與出質人約定的質權人行使質權之情形已出現。

二、銀行行使質權的方式

根據「物權法」的規定，質權人行使質權的方式有兩種，即協商的方式和訴訟的方式。協商的方式是指：質權人與出質人協商以質押財產折價，也可以用拍賣、變賣質押財產所得的價款優先受償。

一般情況下，銀行不得直接持有企業的股權，因此，在股權質押的情況下，銀行以折價的方式行使質權的情形並不多見。

變賣，就是以協議方式將出質股權轉讓給第三方，轉讓款用於清償對質權人的債務；拍賣，是透過拍賣行將出質股權轉讓給出價最高者，拍賣所得款扣除相關拍賣費用後，向質權人清償債務。

若質權人與債務人無法就上述方式達成一致意見，質權人可通過向法院提起訴訟的方式行使質權。

三、銀行實現質權過程中應當注意的問題

1. 其他股東的優先購買權

根據「公司法」的規定，有限責任公司的股東向股東以外的人轉讓股權的，應當經其他股東過半數同意，且在同等條件下，其他股東有優先購買權。

因此，銀行在行使股權質押的質權時，無論透過協商的方式還是訴訟的方式，均須根據公司的規定，通知其他股東，獲得其他股東過半數同意，並充分尊重其他股東的優先購買權。

2. 國有股質押須評估

有限責任公司中，有一種特別的股權需要特別說明，即中外合資企業中的國有股權的處置。根據「外商投資企業投資者股權變更的若干規定」第8條的規定，以國有資產投資的中方投資者股權變更時，必須經有關國有資產評估機構對須變更的股權進行價值評估，並經國有資產管理部門確認。經確認的評估結果應作為變更股權的作價依據。

而「企業國有資產評估管理暫行辦法」第6條，則將應當進行資產評估的範圍擴大到非上市公司國有股東股權比例變動的情形。因此，如果銀行所接受的質押的股權為國有股權，在實現質權時，股權轉讓的價格必須以專業資產評估機構的評估結果為參考依據，並經產權交易市場公開競價形成。國有股權轉讓中涉及的職工安置、社會保險等有關費用，也不得在評估作價之前從擬轉讓的國有淨資產中先行扣除，或者從轉讓價款中進行抵扣，同時在產權交易市場中公開形成的轉讓價格，也不得以任何付款方式為條件進行打折、優惠。因此，銀行對於所接受的國有股權質押的實現，其障礙和風險要高於非國有股權，銀行應當予以關注。

【65】判斷應收帳款能否質押的法律重點分析

利用應收帳款擔保借款，已經成為企業融資的一條重要管道。應收帳款作為擔保品與土地、房產或存單存摺相比較，把握度和可控度較弱，不但必須考慮抵質押人自身的財務和信用狀況，還須考慮到形成應收帳款的上下游客戶資信情況，因此應收帳款的合法性、真實性、安全性、時效性等因素，都是外資銀行接受應收帳款質押時考慮的重點。

一、合法性

中國「物權法」只對應收帳款質押做了原則性的規定，而對應收帳款的具體範圍沒有做出明確規定，在中國人民銀行制定的「應收帳款質押登記辦法」中對應收帳款做了列舉，包括：

1. 因銷售產生的應收帳款，包括銷售貨物，供應水、電、氣、暖，知識產權的許可使用等；

2. 出租產生的應收帳款，包括出租動產或不動產；

3. 提供服務產生的應收帳款；

4. 公路、橋樑、隧道、渡口等不動產收費權；

5. 提供貸款或其他信用產生的債權。

由於法律規定的模糊性，外資銀行在辦理應收帳款質押時應採取審慎的原則，對上述有明確法律依據的應收帳款才予以接受。這裡須說明的是，根據中國法律規定，非法之債，即如因賭博、走私等非法行為產生的應收帳款是不予保護的。

二、真實性

真實性是指外資銀行接受的應收帳款應當不存在權利虛假的情況，主要表現為：

1. 應收帳款根本不存在的虛構應收帳款；

2. 原來存在應收帳款，但出質前已清償，只是出質人未銷帳，或

以其他應收帳款資料冒充出質應收帳款；

3. 出質後出質人收取了應收帳款債務人清償的款項，但未提存或保管，而是用做其他目的，致使應收帳款嗣後不存在；

4. 應收帳款據以形成的基礎合同存在欺詐、脅迫、惡意串通、以合法形式掩蓋非法目的等可能導致無效的情形；

5. 應收帳款價格超過或者遠超過合同或實際應付的價格。

無論哪種情況，若應收帳款不真實，就意味著銀行喪失了第二還款來源，或是第二還款來源價值可能不足，或明顯不足。因此銀行除認真審核借款人提供的有關應收帳款形成的合同外，還應當要求借款人提供其確實已經根據合同履行了義務的相關證據。此外，對於因關聯交易形成的應收帳款，因難以認定交易的真實性，所以外資銀行一般也不宜接受。

三、安全性

安全性主要是指銀行應當審核基礎合同的如下條款，確保質押標的應收帳款在質押期間，不會發生減少應收帳款價值或有礙質押生效的情形：

1. 品質條款約定，指出現品質問題時，債務人有權扣除相應貨款還是換貨，若是扣款則直接影響第二還款來源價值；

2. 是否有影響合同有效性的條款，合同若無效，合同權利就不存在，進而導致質押合同自始無效，進而銀行也無第二還款來源；

3. 禁止轉讓條款。質權實行時，應收帳款將可能因拍賣、變賣而要被轉讓。因此，任何被限制轉讓的應收帳款，均不能出質（質押）。

四、時效性

中國的應收帳款受兩年訴訟時效之約束，如果質押的應收帳款已過兩年訴訟時效，那麼除非債務人自願履行，銀行難以從債務人那裡獲得清償，使質押擔保失去意義。在貸款未清償前，如出質人不行

使或怠於行使時效權利，中斷、中止合同債權訴訟時效，將可能使合同債權發生過了訴訟時效之事實，成為自然債權，除非債務人自願履行，否則質權實現將發生嗣後不能。

【66】應收帳款質押時實現質權法律分析

一、就設質應收帳款主張優先受償的權利

　　質押的根本特徵就在於優先受償權，即質權人在向主債務人請求履行義務未獲清償的情況下，有權就設立質押的出質財產——特定的應收帳款進行處分，並就處分收益優先於應收帳款債權人和其他任意第三人受償。

二、制止出質人和設質應收帳款債務人損害質權人質權實現的行為

　　最高人民法院「關於適用『中華人民共和國擔保法』若干問題的解釋」第106條規定，質權人向出質人、出質債權的債務人行使質權時，出質人、出質債權的債務人拒絕的，質權人可以起訴出質人和出質債權的債務人，也可以單獨起訴出質債權的債務人。在質權存續期間，一旦質權人發現出質人有惡意放棄、減免、向第三方轉讓出質債權情況發生，有權要求當事人立即停止上述不適當行為。在質權人制止出質人、出質債權的債務人損害質權行為無效，或者單純通過自身要求無法實現質權的情況下，可以向人民法院提起訴訟，主張對當事人損害自身債權的不當行為予以撤銷，或者就質權人行使質權有關事項做出裁判。

三、對設質應收帳款代位物的追及權

　　在應收帳款付款期限先於主債務清償期限屆至的情況下，質權人可以和出質人協商將應收帳款款項用於提前清償主債務，或者向雙方同意的第三者提存。此外當事人也可以在質押合同中預先約定，屆時將上述已收應收帳款存入出質人在質權人處開立的特定保證金帳戶，或者將有關款項直接轉化為出質人在質權人處開立的存單，並繼續作為主債權的擔保。最高人民法院「關於適用『中華人民共和國擔保法』若干問題的解釋」第85條規定：「債務人或者第三人將其金錢以特戶、封金、保證金等形式特定化後，移交債權人占有作為債權的擔

保，債務人不履行債務時，債權人可以以該金錢優先受償。」該條規定為當事人將金錢這一特定動產以特定化形式設定質押擔保提供了法律依據。

四、對出質應收帳款債權的擔保利益的追及權

在出質應收帳款債權本身同時附帶有一定的抵押、質押或者保證作為擔保的情況下，質權人的質權效力可以追及上述擔保利益。入質債權清償期屆滿後，如債務人不履行其債務，質權人均有權代入質債權人之位而行使入質債權的擔保權。基於此，質權人在實現質權時，若出質應收帳款債務人不能按期支付應收帳款，質權人可以直接起訴出質應收帳款債務人及對應的保證人，或者基於設質的應收帳款債權，而主張對該債權項下有關抵／質押物優先受償。

五、在出質人破產時，對已經設立質押的應收帳款主張行使別除權

在出質人進入破產程序時，應收帳款質權人是否可以就已經設立質押的應收帳款主張行使別除權，要求不將該部分財產權利列入破產財產範圍？目前中國法律沒有明確規定。筆者認為，既然中國「擔保法」及最高人民法院相關司法解釋已經承認了債權質押的合法地位，也應當承認質權人對於已經設立質押的應收帳款，可以主張別除權。

【67】應收帳款質押和保理的差異分析

應收帳款質押和保理，是利用應收帳款進行融資的兩種不同方式，在國際上已被廣泛運用，但在中國還是新興事物，缺乏相關的立法對此直接進行規範。因此，外資銀行在開展應收帳款質押和保理業務時，應特別注意理清兩者之間的關係。

所謂應收帳款質押是指，債務人或第三人將其對特定或不特定債務人的應收帳款出質登記於債權人，作為債權實現的擔保；債務人不履行債務時，債權人有權依法以該應收帳款折價或者以拍賣、變賣它的價款優先受償。

所謂保理，根據國家外匯局發布的「關於出口保付代理業務項下收匯核銷管理有關問題的通知」（以下簡稱匯發〔2003〕79號文）規定是指，外匯指定銀行為出口商的短期信用銷售提供應收帳款管理、信用風險控制、收帳服務、壞帳擔保以及貿易融資等至少兩項的綜合性結算、融資服務的業務，不過現在上海已經有設立除銀行之外的保理公司，如高銀保理（中國）發展有限公司。

通過上述定義對比可知，保理的實質是應收帳款的轉讓，而應收帳款質押並非應收帳款的轉讓，只是利用應收帳款提供擔保，其法律價值在於為債務人向債權人提供一種安全和保障，是擔保方式的一種。

因應收帳款質押和保理的法律性質完全不同，兩者適用的法律依據也有所不同。在中國現有的法律框架內，保理應當適用「合同法」中有關債權轉讓的規定及前述國家外匯局的匯發〔2003〕79號文，而應收帳款質押應適用「物權法」、「擔保法」及中國人民銀行於2007年10月1日頒布的「應收帳款質押登記辦法」中的相關規定。

由於應收帳款質押和保理在法律性質上的實質差異，兩種方式的生效要件也有所不同，外資銀行在主張權利的條件、方式、法律後

果、風險負擔方面都有所區別，具體如下：

一、生效要件

應收帳款質押生效，除須簽定質押合同外，還須至中國人民銀行徵信中心辦理質押登記。而保理的生效，除簽定債權轉讓合同外，外資銀行須向債務人發出債權轉讓的通知。

二、主張權利的條件

在應收帳款質押的情況下，外資銀行必須在借款人逾期歸還貸款時，方可行使質權，主張就該應收帳款優先受償。在保理的情況下，外資銀行是在應收帳款本身到期時，行使債權，要求該筆應收帳款的付款人向銀行支付款項。

三、行使權利的方式

在應收帳款質押的情況下，外資銀行以質權人的身分行使質權。

而在保理的情況下，外資銀行以債權人身分（暗保理的方式情況下在通知後以債權人身分）行使債權。

四、法律後果

在應收帳款質押的情況下，外資銀行行使質權後，若收回的帳款大於被擔保的貸款額，須將多出部分退還給出質人，相反，如有不足，則外資銀行有權繼續向出質人（即貸款人）要求償還。

而在保理的情況下，外資銀行能否向第三債務人收回帳款及收回多少，一般與原債權人無關（保留追索權的保理除外），即外資銀行對於大於債權轉讓價格的部分不用退還給原債權人。

五、風險負擔

在應收帳款質押的情況下，外資銀行還可對應收帳款出質人（即貸款人）進行追索，風險分散於出質人和第三債務人兩方，相對較小。

而在保理的情況下，通常由外資銀行獨自承擔應收帳款不能收回的風險（保留追索權的保理除外），不能再向轉讓人進行追償。

【68】利用專利權向銀行質押融資的法律重點

所謂利用專利權向銀行質押進行融資，是指專利權人以專利權為貸款的擔保。當貸款人不能償還貸款時，銀行有權依照法定程序將該專利權折價或轉讓、拍賣所得價款優先清償貸款。

銀行在接受這種新型的擔保物品時，應當注意的法律重點是：

一、可以質押的專利權種類

根據「專利法」的規定，在中國可以用來質押的專利權是指發明、實用新型、外觀設計。

發明，是指對產品、方法或其改進所提出的新的技術方案。實用新型，是指對產品的形狀、構造或者其結合所提出的適於實用的新的技術方案。外觀設計，是指對產品的形狀、圖案、色彩或者其結合性做出的富有美感並適於工業上應用的新設計。這三種專利權保護的範圍、保護期限各有不同，但一般來說，由於在中國對於實用新型和外觀設計專利權不進行實質性審查，因此對於這兩種專利權的權利效力是有限的。

另外值得一提的是，雖然「專利法」對於專利申請權也給予了保護，且專利權也可以依法轉讓。但是專利申請權，畢竟還是一種申請的權利，並不意味著申請人最終必定能獲得專利權成為專利權人。因此，專利申請權不能質押。

二、專利權的有效性

質押的專利權是否有效，直接關係到未來銀行是否真正能在借款人不能清償貸款時，透過專利權而得到清償。因此，銀行在前期應當對專利權的有效性進行仔細審查，一般來說審查重點為：

1. 是否在保護期限內。

中國對於發明專利權的保護期為20年；對於實用新型、外觀設計專利權的保護期為10年，均自申請日起計算。

2. 是否被提出撤銷請求或被啟動無效宣告程序。

3. 專利權的所有人是否存在權屬爭議。

4. 是否有宣告部分無效的情形。

專利局對部分被宣告無效的專利，並不重新出版專利說明書和換發專利證書，因此銀行可以透過查閱專利局定期出版發行的發明、實用新型、外觀專利公報的「宣告專利權部分無效審查結論公告」專欄來查證。

5. 是否存在被撤銷的情形，如漏繳年費。

三、質押專利是否是在他人專利基礎上改進的專利

一般行業上習慣稱為前者是「基礎專利」，後者是「從屬專利」。出現這種情況的主要原因是：「從屬專利」一般是一項比現有專利技術領先的「一種技術方案」，儘管後者也被授予專利權，但是從屬專利在實施時，需要在原來專利「基礎專利」的基礎上進行。由於原來授權的專利（基礎專利）尚在合法的保護期內，並沒有失效，因而對於後者的從屬專利來說，不能與前者分割開來單獨實施，因此銀行在接受從屬專利時，應當注意基礎專利對於從屬專利行使上的法律限制。

四、專利質押的登記

根據「專利權質押登記辦法」，質權自國家知識產權局登記時設立，因此銀行在專利質押合同簽署完成後，應向國家知識產權局申請質押登記。

辦理專利權登記一般需要準備的文件資料有：

1. 專利權質押合同登記申請表；

2. 主合同和專利權質押合同；

3. 出質人的合法身分證明；

4. 委託書及代理人的身分證明；

5. 專利權的有效證明；

6. 專利權出質前的實施及許可情況。

專利局自受理之日起15日內（不含補正時間）做出審查決定，同意登記的，專利局將發出「專利權質押合同登記通知書」。

此外，在被擔保的主債權種類及數額或者質押擔保的範圍發生變化時，銀行都應當於做出變更決定之日起七日內持變更協議、提前解除質押合同的自解除質押合同的協議簽字後七日內持解除協議及原「專利權質押合同登記通知書」和其他有關文件，向專利局辦理變更手續。

【69】利用商標權向銀行質押融資的法律重點

商標權質押是指借款人以自有或第三人擁有的註冊商標專用權作為債權的擔保，從銀行業金融機構申請獲得貸款的融資活動。當借款人逾期不履行債務或發生當事人約定的實現質權的情形，貸款人有權依法處分該商標專用權，並以處分所得的價款優先受償。

銀行在接受這種新型的擔保物品時，應當注意的法律重點是：

一、商標的種類及其對應的價值

根據中國「商標法」，可以將商標劃分為普通商標與註冊商標，其中註冊商標的價值要高於普通商標。

除此之外，銀行應當關注的重點是馳名商標與著名商標的劃分，由於商標質押需要對商標的價值有一個更為準確的判斷，而商標究竟屬於馳名商標還是著名商標，對於商標的價值確定至關重要，因此也是銀行需要關注的重點：

1. 認定機構不相同：馳名商標由國家工商總局商標局或人民法院按司法程序認定，著名商標由省級工商部門認定，知名商標則一般由地（市）工商部門進行認定。

2. 認定標準不相同：馳名商標必須是為全國相關公眾所知悉，著名商標和知名商標則至少要為本省或本地（市）相關公眾所知悉。

3. 對商標是否註冊的要求不相同：馳名商標可能是註冊商標，也可能是非註冊商標，而著名商標和知名商標則必須是註冊商標。

二、銀行應當進行的前期調查

對於債務人或出質人質押的商標，銀行應當就以下方面進行調查，加以確定後方可確認是否接受商標質押以及商標的價值：

1. 商標權的有效性：是否在有效期內及續展情況。

2. 商標的所有人：是否有權屬糾紛。

3. 商標的使用情況：商標權人連續三年不使用註冊商標構成法定

撤銷的理由；商標的實際使用的產品或服務範圍與註冊範圍一致。

4. 商標所依託的商品所處的行業及前景、生命週期、市場範圍及占有率、競爭狀況、品質及利潤情況、售後服務及經營企業的素質、業績。

三、商標質押合同應當注意的重點

1. 商標註冊人應以其在同一種或者類似商品上註冊的相同或近似商標的專用權一併作為質押物。

2. 質押合同的重要條款：

（1）商標權所有人對質押的商標進行經營、維護（打假、連續使用）；

（2）保證不生產偽劣產品；

（3）出現糾紛時出質人的責任；

（4）質押期間商標權被撤銷或被宣告無效時的處理；

（5）出質後，非經質權人同意，出質人不得轉讓或者許可他人使用；

（6）全額用於質押。

四、商標質押的登記

根據「商標專用權質押登記程序」，商標質押必須經過登記方能發生效力，因此銀行在商標質押合同簽署完成後，必須向工商行政管理局申請質押登記。

辦理商標權質押登記一般需要準備的文件有：

1. 申請書；

2. 出質人及質權人企業營業執照影本；

3. 質押合同副本；

4. 質押商標「商標註冊證」影本等資料。

符合登記條件的，國家工商行政管理總局商標局予以登記，發給「商標專用權質押登記證」。

　　此外，在被擔保的主債權種類及數額或者質押擔保的範圍發生變化時，銀行都應當於做出變更決定之日起七日內持變更協議、提前解除質押合同的自解除質押合同的協議簽字後七日內持解除協議及原「商標權質押合同登記通知書」和其他有關文件，向商標局辦理變更手續。

【70】企業與個人的定存如何辦理質押

為了規範對定期存單質押貸款管理，2007年7月3日，中國銀行業監督管理委員會分別發布了「個人定期存單質押貸款辦法」和「單位定期存單質押貸款管理規定」。根據以上兩個文件，外資銀行作為貸款人，在辦理定期存單質押貸款時，應當遵循以下的基本操作流程。

一、辦理個人定期存單質押貸款

個人定期存單質押貸款是指借款人以未到期的個人定期存單作質押，從商業銀行（以下簡稱貸款人）取得一定金額的人民幣貸款，到期由借款人償還本息的貸款業務。

1. 審核借款人資格及定期存單的內容。如果借款人是外國人、無國籍人以及港澳和台灣居民，應在中華人民共和國境內居住滿一年並有固定居所和職業。如果是以第三人存單做質押的，貸款人應制定嚴格的內部程序，認真審查存單的真實性、合法性和有效性，防止發生權利瑕疵的情形。

2. 辦理存單確認和登記止付手續。貸款人接受出質人的委託，向存款行（存單開具行）申請辦理存單確認和登記止付手續。

3. 在簽定質押合同前，應確認存單質押貸款期限不得超過質押存單的到期日。

4. 簽定質押合同或在借款合同中約定質押條款。辦理個人定期存單質押貸款，貸款人和出質人應當訂立書面質押合同，或者貸款人、借款人和出質人在借款合同中訂立符合該辦法規定的質押條款，具體應當載明以下條款：

(1) 出質人、借款人和質權人姓名（名稱）、住址或營業場所；

(2) 被擔保的貸款的種類、數額、期限、利率、貸款用途以及貸款合同號；

(3) 定期存單號碼及所載存款的種類、戶名、開立機構、數

額、期限、利率；

（4）質押擔保的範圍；

（5）定期存單確認情況；

（6）定期存單的保管責任；

（7）質權的實現方式；

（8）違約責任；

（9）爭議的解決方式；

（10）當事人認為需要約定的其他事項。

5. 貸款人應妥善管理質押存單及出質人提供的預留印簽或密碼。因保管不善造成丟失、損壞，貸款人應當及時以書面形式向存單開戶行申請掛失、補辦。

6. 質押權利的實現。有下列情形之一的，貸款人可依「個人定期存單質押貸款辦法」第16條的約定方式，或其他法定方式處分質押的定期存單：

（1）質押貸款合同期滿，借款人未按期歸還貸款本金和利息的；

（2）借款人或出質人違約，貸款人須依法提前收回貸款的；

（3）借款人或出質人被宣告破產的；

（4）借款人或出質人死亡而無繼承人履行合同的。

7. 存單的歸還。若借款人已經依據借款合同履行還款義務，貸款人應退還個人定期存單。

二、辦理單位定期存單質押貸款（與個人定期存單業務的主要區別點）

單位定期存單是指，借款人為辦理質押貸款而委託貸款人依據開戶證實書，向接受存款的金融機構（以下簡稱存款行）申請開具的人民幣定期存款權利憑證。

1. 借款人在申請存單質押貸款時，應當向貸款人提供借款人或第三人的開戶證明文件。

2. 由貸款行直接申請存款行出具定期存單和確認書。貸款人經審查同意借款人的貸款申請的，應將開戶證明文件和開具單位定期存單的委託書一併提交給存款行，向存款行申請開具單位定期存單和確認書。

3. 其他流程可以參照辦理個人定期存單質押貸款的規定。

【71】利用倉單向銀行質押融資的法律重點

倉單是指倉儲公司簽發給存儲人或貨物所有權人的記載倉儲貨物所有權的唯一合法的物權憑證，倉單持有人隨時可以憑倉單直接向倉儲方提取倉儲貨物。倉單上應當載明存貨人的名稱或姓名和住所，因此在性質上倉單為記名證券，具有文字性、無因性和流通性等特點。

倉單質押貸款是指貨主企業把貨物存儲在倉庫中，然後憑倉庫開具的貨物倉儲憑證——倉單向銀行申請貸款，銀行根據貨物的價值向貨主企業提供一定比例的貸款（通常控制在70%以下）。

倉單質押融資業務，包括交付貨物、開具倉單、簽署質押協定、倉單移交等流程，在這些過程中，應當特別注意以下幾個法律重點：

1. 倉儲企業應當和貸款企業簽定「倉儲協定」，明確貨物的入庫驗收和保管要求。貨主將貨物送往指定倉庫後，倉庫應開具有效的倉單。

有效的倉單應當記載如下事項：存貨人的名稱或者姓名和住所；倉儲物的品種、數量、品質、包裝、件數和標記；倉儲物的損耗標準；儲存場所；儲存期間；倉儲費；倉儲物已經辦理保險的，其保險金額、期間以及保險人的名稱；填發人、填發地和填發日期。

倉單沒有經過保管人簽字或者蓋章的，不能生效。

倉單必須要記載表明物品以及其所在場所的事項，因為只有這樣才能表明存貨人的基本權利。

2. 貸款企業和銀行應簽署「倉單質押貸款協定」，如有必要時，甚至還可以和倉庫簽署「倉單質押貸款三方合作協議書」，以便明確倉庫的責任，降低銀行風險。

（1）倉單質押貸款協定應當包括如下內容：

　　①被擔保債權的種類和數額；

　　②債務人履行債務的期限；

③質押倉單的信息；

④擔保的範圍。

（2）要儘量約定可以提前行使質權的情形，如：

①違反合同貸款用途，挪作他用；

②提供的情況、報表和各項資料不真實；

③倉單項下的貨物價格低於約定價位；

④質押人或借款人資不抵債的。

（3）要對貸款企業的權利進行限制，如禁止其向倉儲方進行倉單的掛失、註銷等。

3. 貸款企業要將倉單出質背書並通知倉庫後交銀行，倉單質押才真正生效。

背書，是權利質押特有的要件之一。所謂背書，就是在倉單上記載「質押」字樣，沒有背書的，不影響質押合同的效力，但不得對抗第三人，這個有點類似動產抵押登記對抗第三人的情形。

倉單背書後，還必須交付給銀行，質押權才真正生效，未經交付，質押權不生效。

4. 倉儲企業要同銀行簽定「協助銀行行使質押權保證書」，確定雙方在合作中各自履行的責任；倉單質押期間，由倉儲企業監管，倉儲企業只接收銀行的出庫指令。

這個步驟，並不是倉單質押的生效要件之一，而是動產質押才需要考慮的問題，但為了確保銀行的債權能夠得到徹底的保護，實踐中銀行經常會要求與倉儲公司簽署類似監管的協議，以便充分保障銀行的利益。

這個協議除了約定倉儲企業對倉單下貨物的驗收、保管義務外，還可以約定要求倉儲公司放棄留置權，這樣就可以有效保護銀行的利益。

【72】最高額抵押、質押合同的審核重點

隨著經濟的發展和融資途徑的增加，最高額抵押合同的使用也越來越廣泛，尤其是新「物權法」將最高額質押權也予以認可，使得實踐中最高額抵（質）押合同越來越多，但往往因為合同各方在簽署和履行合同中不夠謹慎，及法律法規規定的不夠明確，使得最高額抵押合同的糾紛也日益增多。

為了更有效地保障債權人的利益，如何簽署最高額抵（質）押合同就顯得尤為重要，合同各方尤其是債權人應該注意以下幾個方面：

1. 內容應與主合同相結合。最高額抵（質）押合同的性質是從合同，是依附於主合同而發生效力的，因此，最高額抵（質）押合同的諸多條款應該能夠和主合同銜接，尤其是涉及付款期限、債務累計期間等條款，只有這樣，才能使得最高額抵（質）押合同可有效保障主合同。

2. 最高額的額度需要確定。區別於普通的抵押和質押，最高額抵（質）押是以雙方約定的最高額度來擔保債權的實現，超過該額度的債權，即使超過部分的數額仍然低於抵（質）押物價值減除最高額後的餘額，債權人也不得就該餘額行使抵（質）押權，所以一定要明確最高額的額度。

3. 抵（質）押權的行使期間需要明確。最高額抵（質）押存在三個期間或期日計算行使抵（質）押權期間：一個是決算期，即最高額抵（質）押擔保的債權的確定之日，另一個是交易合同的存續期，即最高額抵（質）押合同中確定的連續債權的存續期間，還有一個是債務人履行債務的債務清償期。當事人約定了債務清償期時，抵（質）押權應當在清償期屆滿之日起計算的訴訟期間內行使；當事人沒有約定債務清償期而約定有交易合同的存續期的，抵（質）押權應當在交易合同的存續期屆滿之日起計算的訴訟期間內行使；以上兩個期間均

無約定的，抵（質）押權應當在決算期屆滿之日起計算的訴訟期間內行使。

4. 抵（質）押權的行使條件要約定清楚。對於最高額抵押合同來說，因為交易的長期性、連續性和債權總金額的不確定性，債務人一方容易發生違約的行為，如果不約定明確，很難保障債權人的利益，所以建議約定債務人不按期履行任何一次債務、債務人被申請破產或依法解散之時、債務人有權對抵（質）押物進行處分。

5. 抵押物或質物的日常監管和出現毀損滅失時的責任。對於保管在債務人或擔保人處的擔保物，很多債權人都會忽視日常的監管，往往出現問題時，發現這些擔保物根本不知去向，因此約定日常如何監管、對方如何配合及違約責任的條款非常重要，此外，如果出現毀損滅失，債務人或者擔保人如何重新提供擔保物、補充擔保及賠償損失、支付款項等條款都需要約定。

6. 除了以上較為特別的條款之外，最高額抵押合同畢竟也是普通抵押和質押合同的特殊類型，因此，對於普通抵押和質押合同中的依法辦理相應的登記或備案手續、違約責任、擔保的範圍等諸多條款都需要明確約定。尤其是對於需要辦理登記手續的最高額抵押合同，除了向相關部門對最高額抵（質）押進行登記外，債權人還應當就最高額抵（質）押合同約定的決算期之前的每次合同，均向最高額抵（質）押登記部門進行備案，以便將風險降至最低。

【73】倉單質押實現質權法律分析

倉單設定質押後，當出現債務人到期沒有還款，或者雖然還款期限還沒到，但發生了雙方約定的事由，銀行就可以行使質押權。

一、質押權的優先性

質押權的最大優勢，與抵押權一樣，在於其優先性，一般來說：設定質押的倉單所指向的貨物處分後的價款，銀行享有優先受償的權利，普通債權人只能就銀行受償後的剩餘價款受償，即使是在企業破產時，已經設定質押的倉單所指向的貨物，銀行也是優先於破產費用、職工工資等其他債權受償的。

二、行使質押權的方式

1. 協議實現：即與出質人協議以貨物折價或者拍賣、變賣該質押倉單下的貨物以所得價款優先受償。

2. 訴訟實現：如果出質人與銀行對質押事實沒有異議，只是無法就如何處分財產達成一致協定的，任何一方都可以請求人民法院拍賣、變賣質押財產。但目前法院尚無直接申請拍賣、變賣財物的民事訴訟程序規定，銀行只能向法院提起質押權糾紛的訴訟，銀行可以起訴出質人和出質債權的債務人，也可以單獨起訴出質債權的債務人。

三、行使質押權應當注意事項

1. 要及時行使質押權。雖然「物權法」並沒有對質權的行使限定時間，即在具備行使質權的條件時，銀行可以決定何時處分質物，但這個決定權必須以不損害出質人的權利為前提，如果因為怠於行使權利而造成質物損毀的（如新鮮貨品腐敗變質、貨物價格下降的），銀行須承擔賠償責任。另外，出質人也可以請求人民法院拍賣、變賣質押財產。

2. 質貨發生毀損、滅失時，銀行對毀損、滅失的部分就不再享有質押權，在此情況下，只能要求借款人提前清償貸款。具體包括：

（1）質押期間，經銀行同意質押財產轉讓他人的，轉讓所得的價款應提前清償債務或者提存。

（2）倉單項下貨物價值減少的，銀行有權要求恢復貨物的價值，或者要求提供與減少的價值相應的擔保，無法恢復價值或提供擔保的，銀行可以拍賣、變賣質押財產，並與出質人透過協議將拍賣、變賣所得的價款提前清償債務或者提存。

3. 要注意倉單的提貨日期。

如果倉單的提貨日期先於還款日期到期，銀行可以提貨，並與出質人協議將提取的貨物提前清償債務或者提存。至於提存產生的費用，以及提前清償債務應如何計算利息應事先約定明確，以免就此產生糾紛；倉單提貨日期後於還款日期的，銀行只能在提貨日期屆滿時提取貨物。

四、銀行須承擔責任的情況

雖然銀行擁有質權，但如果出現下列情形，銀行須承擔一定的賠償責任，因此需要特別注意：

1. 銀行在質權存續期間，未經出質人同意，擅自使用、處分質押財產，給出質人造成損害的，應當承擔賠償責任。

2. 銀行負有妥善保管質押財產的義務；因保管不善致使質押財產毀損、滅失的，應當承擔賠償責任。

3. 銀行在質權存續期間，未經出質人同意轉質，造成質押財產毀損、滅失的，應當向出質人承擔賠償責任。

【74】外資銀行辦理權利質押所涉及的 中國官方部門介紹

一、國家知識產權局專利局

國家知識產權局專利局負責專利權的質押合同登記。

國家知識產權局為國務院直屬機構，內設專利局負責專利事務。各地所設的知識產權局並沒有下設專利管理部門，而是由國家知識產權局在各地設立的專利代辦處受理專利申請。代辦處的主要業務包括受理專利申請、費用減緩申請、收繳專利費用、專利實施許可合同備案、辦理專利登記簿副本等。目前大部分省會城市以及直轄市均批准設立了代辦處，如北京、成都、重慶、南京、上海、杭州、廣州、武漢、天津代辦處等。2005年，國家知識產權局在深圳設立了首個計畫單列城市的專利代辦處。

但專利代辦處通常來說僅受理內地申請人面交或寄交的發明、實用新型、外觀設計專利申請文件，或受理港澳及台灣的個人委託內地專利代理機構面交或寄交的發明、實用新型、外觀設計專利申請文件。對於下列申請，必須將申請文件交至國家知識產權局專利局進行申請：

1. PCT申請文件；

2. 外國申請人及港澳、台灣法人提交的專利申請文件；

3. 分案申請文件；

4. 有要求優先權聲明的專利申請文件；

5. 專利申請被受理後提交的其他文件。

二、國家工商行政管理總局商標局

國家商標局是國家工商行政管理總局的機構之一，負責註冊商標專用權的質押登記。

國家工商行政管理總局商標局，是中國唯一有權受理商標註冊申

請的機構。而地方各級工商局設立的商標管理部門，只負責商標的監管工作。

申請商標註冊或申請註冊商標專用權的質押登記，可直接向國家工商行政管理局商標局辦理，但境外商標申請人應當委託國家工商行政管理局指定的商標代理組織辦理，不能直接辦理申請商標註冊和其他商標事宜。

三、國家版權局中國版權保護中心

中國版權保護中心負責著作權質押登記。

中國版權保護中心是國家版權局的直屬事業單位，而國家版權局是國務院直屬機構。

中國版權保護中心負責電腦軟體著作權登記、作品自願登記、涉外音像出版合同登記、著作權質押合同登記、重印外國期刊合同登記等事項。

地方版權局只負責複製境外音像製品合同登記、涉外軟體和電子出版物複製和發行合同登記、涉外圖書出版合同登記、涉外互聯網遊戲出版合同登記，目前還不能辦理著作權質押合同登記。

四、中國證券登記結算有限公司

中國證券登記結算有限公司為中國的證券登記結算機構，它由上海、深圳證券交易所共同出資設立，總部設在北京，下設上海、深圳兩個分公司，主要負責基金份額和上市公司股票、債券質押登記。中國證監會是中國證券登記結算有限公司的主管部門。

基金份額和上市公司股票、債券質押登記，應在其所上市的交易所所在地中國證券登記結算有限公司的分公司分別登記。

五、中國人民銀行徵信中心

中國人民銀行徵信中心主要負責應收帳款質押登記。

中國人民銀行是國務院的組成部門，徵信中心是中國人民銀行直屬的事業法人單位，註冊地為上海市浦東新區，目前在北京和上海兩

地辦公。其主要任務是依據國家的法律法規和人民銀行的規章，統一負責企業和個人徵信系統的建設、運行和管理。

　　目前徵信中心設立了應收帳款質押登記公示系統（http://ar.pbccrc.org.cn/），應收帳款的質押登記可以在網上進行操作。

第六章

幾種特殊擔保形式的處理

【75】最高額抵（質）押與普通抵（質）押的差異分析

最高額抵（質）押，是普通抵（質）押制度隨經濟發展而產生的一種特殊的抵（質）押制度，其滿足了長期繼續性交易或融資所生債權的擔保需要，使當事人不必逐次分別設定抵（質）押權。從銀行角度來說，對於長期的客戶，因為有著長期合作及不間斷的放貸還貸，為了保障銀行的債權，通常都會採取最高額抵（質）押的方式，因此，最高額抵（質）押目前已經成為了銀行最重要的債權保障方式之一。在此，我們將對最高額抵（質）押與普通抵（質）押的主要區別分析如下。

一、擔保的額度

普通抵（質）押是以抵（質）押物的全部價值擔保主合同債權的實現；而最高額抵（質）押是以雙方約定的最高額度來擔保債權的實現，超過該額度的債權，即使超過部分的數額仍然低於抵（質）押物價值減除最高額後的餘額，抵（質）押權人也不得就該餘額行使抵（質）押權。

二、抵（質）押權的設立

普通抵（質）押的設立均須基於主債權的成立而設立，即必須當事人之間已確立債權債務關係，為擔保該債權得以實現，方設立抵（質）押。而最高額抵（質）押的設立不但無須事先存在債權債務關係，反而，最高額抵（質）押設立的目的，正是為了為該抵（質）押設立之後一定期間發生的連續的債權提供擔保；另外，根據「物權

法」的規定，最高額抵（質）押合同雙方當事人還可以將最高額抵（質）押設立之前已經存在的債權納入最高額抵（質）押的擔保範圍之中。

三、抵（質）押權的消滅

普通抵（質）押的抵（質）押物所擔保的債權消滅時，普通抵（質）押權一併消滅；最高額抵（質）押情況下，抵（質）押擔保的數個債權中部分債權滅失的，最高額抵（質）押擔保仍會繼續存在，只有在最高額抵（質）押擔保的期間內發生的債權全部滅失時，最高額抵（質）押才會一併消滅。

四、抵（質）押的適用範圍

普通抵（質）押，都是用於對單一且特定的債權提供擔保；而最高額抵（質）押則是對發生在一定期間的不特定的數個債權提供擔保，擔保債權的不特定性，正是最高額抵（質）押的重要特徵。

五、抵（質）押權的行使期間

普通抵（質）押權的抵（質）押權人應當在主債權訴訟期間內行使抵（質）押權；而最高額抵（質）押存在三個期間或期日計算行使抵（質）押權期間：一個是決算期，即最高額抵（質）押擔保的債權的確定之日；另一個是交易合同的存續期，即最高額抵（質）押合同中確定的連續債權的存續期間；還有一個是債務人履行債務的債務清償期。當事人約定了債務清償期時，抵（質）押權應當在清償期屆滿之日起計算的訴訟期間內行使；當事人沒有約定債務清償期而約定有交易合同的存續期的，抵（質）押權應當在交易合同的存續期屆滿之日起計算的訴訟期間內行使；以上兩個期間均無約定的，抵（質）押權應當在決算期屆滿之日起計算的訴訟期間內行使。

六、有決算期作為實現抵（質）押權的要求

由於最高額抵（質）押是對發生在一定期間內的數個債權提供擔保這一特徵，因此最高額抵（質）押需要一個明確的決算期，以便將

所發生的不確定的數個債權加以確定。普通抵（質）押無此必要。

除此以外，在實務中，由於法律對最高額抵（質）押規定了法定決算期與約定決算期。因此，很有可能導致當事人雖然約定了決算期，但由於發生了法定決算期的事由，而使最高額抵（質）押擔保的債權提前確定，而抵（質）押權人尚不知情的情況，這樣將導致法定決算期後抵（質）押權人依舊依最高額抵（質）押合同向債務人提供貸款的可能，使抵（質）押權人風險大增。因此，除了向相關部門對最高額抵（質）押進行登記外，抵（質）押權人還應當就最高額抵（質）押合同約定的決算期之前的每次合同，均向最高額抵（質）押登記部門進行備案，以便將風險降至最低。至於普通抵（質）押，則沒有這個必要。就最高額質權來說，凡是以登記為成立要件的質權也都有這一必要。

【76】混合擔保的分類和責任承擔分析

所謂混合擔保，指對於同一債權，既有相對於債務人、債權人的第三人做保證，又有債務人或其他人提供的物作為擔保（即抵押、質押），就是人保和物保共存的狀況，並且物保和人保的範圍相同或重合。

物的擔保，即物保，是指債務人或第三人以特定的財產或財產權利作為債務人履行債務的保障，債務人不履行債務時，債權人有權對作為擔保物的特定財產進行處分，並使自己的債權優先受償的擔保形式。中國的物保方法有抵押、質押、留置三種。

人的擔保，即人保，實際是信用擔保，是指自然人、法人或者其他經濟組織以其自身的一般財產為他人的債務提供擔保。保證是一種重要的人保方式。

物保與人保並存時，「物權法」第176條規定：「被擔保的債權既有物的擔保又有人的擔保的，債務人不履行到期債務或者發生當事人約定的實現擔保物權的情形，債權人應當按照約定實現債權；沒有約定或者約定不明確，債務人自己提供物的擔保的，債權人應當先就該物的擔保實現債權；第三人提供物的擔保的，債權人可以就物的擔保實現債權，也可以要求保證人承擔保證責任。提供擔保的第三人承擔擔保責任後，有權向債務人追償。」該規定確立了三個層次的規則：其一，允許債權人按照約定的機制來處理物保與人保並存的問題，並且如有約定則必須按照約定實現債權；其二，未約定或約定不明的，債務人自己提供物保的，應先執行；其三，第三人提供物保的，則由債權人選擇。

銀行在適用前述規定處理人保、物保的關係時，應注意以下幾點：

1. 應盡可能在擔保合同中明確約定如何處理保證和擔保物的執行順序問題，防止引發糾紛。在發生約定不明或未約定的情形時，銀行應區別擔保物是由債務人提供還是第三人提供的情況，及時主張權利。

2. 銀行在實踐中要謹慎對待債務人提供擔保物的問題，因為法律規定對此應先執行。假如債務有大型集團公司、跨國公司等擔保能力強、聲譽佳的第三人作為保證人，而同時，債務人又自己提供擔保物的，銀行此時應關注債務人提供的擔保物的價值，以及執行擔保物的難易度，執行成本和收效等問題，債務人自己提供的擔保物如果價值不高又難以執行，反而引發其他擔保機制受損，實際上反而束縛了銀行實現債權。

3. 對銀行來說，並不是擔保方式越多越好，銀行應關注擔保物的價值和保證人的財產充足性和可執行性問題，透過方案的設計、合同條款的約定，使不同擔保方式之間相互協調，便於擔保債權的實現，最大化保護自己的利益，避免因不當的選擇導致銀行權利主張的被動。

【77】物保無效或未成立時保證人的保證責任範圍

　　隨著債權保障意識的增強，同一債權上設定多重擔保者不在少數，其中既要求主債務人（或第三人）提供物的擔保，又要求第三人提供保證擔保的，實踐中通常稱為「混合共同擔保」。混合共同擔保中，人的擔保是主債務人以外的第三人以其全部財產為主債務的履行提供的擔保，以保證擔保為其基本形式。保證關係中，「主債務人以外的第三人」又稱保證人。物的擔保是主債務人或第三人以其特定的動產、不動產或其他財產權利為主債務的履行提供的擔保，包括抵押擔保、質押擔保和留置擔保三種，但在解釋上，物的擔保不以上述三種方式為限，凡民法規定的具有優先受償性質的物的擔保，如船舶優先權、民用航空器優先權等，均在其列。

　　最高人民法院「關於適用『中華人民共和國擔保法』若干問題的解釋」第38條規定，同一債權既有保證又有物的擔保的，物的擔保被確認無效或者被撤銷的，保證人仍應當按照合同的約定或者法律的規定承擔保證責任。但是對於保證人如何承擔保證責任，以及對於物的擔保未生效時保證責任的承擔，並未做出明確的規定，對此，我們進行如下分析，以供各方具體明確責任。

一、物保無效、被撤銷時的保證責任承擔

　　在物的擔保被確認無效或被撤銷後，保證人的保證責任承擔應區別為不同的情況。根據「合同法」的規定，物的擔保合同一旦被認定無效或被撤銷，即產生了合同當事人的過錯賠償責任。如債權人對此有過錯的，擔保人的賠償責任最高原則上不能超過債務人不能清償部分的1/2，而債權人的其餘未受償債權應由債權人自行承擔。原則上此時按照擔保法司法解釋的規定，保證人應該承擔保證責任。但由於保證人的法定責任為物保之外部分的責任，現由於債權人本身的過錯導致物保不復存在，使得保證人的法定權利遭受了損害，債權人理應

對保證人的損害做出賠償。因此，當債權人要求保證人承擔保證責任時，保證人可以依據「合同法」第99條的規定，行使抵銷權抗辯，從而達到減輕或免除承擔保證責任的效果。

二、物保未生效時的保證責任承擔

中國「擔保法」及其司法解釋，並未對物的擔保未生效時保證責任的承擔做出規定。實踐中，物的擔保合同未生效，主要指的是物的擔保合同須履行法定的登記或轉移占有手續而未履行，進而使得該物的擔保合同沒有發生法律效力。

根據「合同法」的規定，合同應自雙方當事人簽字或蓋章之日起成立，因此，雖然物的擔保合同因未履行法定的登記、轉移手續而未能生效，但卻不能因此而否定合同的成立。最高人民法院「關於適用『中華人民共和國合同法』若干問題的解釋（一）」第9條規定：「依照合同法第四十四條第二款的規定，法律、行政法規規定合同應當辦理批准手續，或者辦理批准、登記等手續才生效，在一審法庭辯論終結前當事人仍未辦理批准手續的，或者仍未辦理批准、登記等手續的，人民法院應當認定該合同未生效；法律、行政法規規定合同應當辦理登記手續，但未規定登記後生效的，當事人未辦理登記手續不影響合同的效力，合同標的物所有權及其他物權不能轉移。」因此，物的擔保合同因未履行法定的登記、轉移手續的，物保未成立。在這種情況下，保證責任的承擔應與物的擔保未成立有所區別，即物保未成立，要分清導致物保合同未成立的責任方，如果責任方是債務人，則保證人要承擔全部責任，如果責任方是提供物保的第三人，則第三人仍應承擔物保責任，保證人在物保之外承擔責任。

【78】外資銀行用混合擔保放貸時的注意事項

所謂混合擔保，是指對於同一債權，既有人的擔保（即保證），又有物的擔保（即抵押、質押）的情形。簡單來說，就是人保和物保共存的狀況。「擔保法」第28條第1款規定，同一債權既有保證又有物的擔保的，保證人對物的擔保以外的債權承擔保證責任，「物權法」第176條對此做了進一步規定。由此可見，對於同一債權，外資銀行完全可以設定多種擔保方式，以最大程度地保障債權的實現。

外資銀行在利用混合擔保發放貸款時，即對於人保、物保混合在一起的擔保，應該注意不同擔保之間的關係和特性。在混合擔保的情況下，銀行應該使不同擔保方式之間相互協調，進而有效維護自己的利益，並在具體實施混合擔保貸款時，關注以下事項：

1. 在既有人保又有物保的情況下，如同時當事人又約定了擔保實現方式的，債務人不履行到期債務或者發生當事人約定的實現擔保權利的情形時，應依據當事人的約定實現擔保權利，而不能另外選擇。

2. 當債務人自身提供的物的擔保與第三人保證並存，且未約定擔保權利實現方式的，債務人不履行到期債務時，債權人應當先就該物的擔保實現債權，不足部分再以人的保證實現債權。值得注意的是：在此情形下，若擔保物因不可抗力的原因而滅失並沒有代位物的，保證人仍應承擔保證責任；若因債權人未及時行使擔保物權，致使擔保物價值減少或者毀損、滅失的，保證人在該損失的範圍內免除保證責任。

3. 當第三人提供的物的擔保與第三人保證並存，且未約定擔保權利的實現方式的，債務人不履行到期債務時，債權人可以就物的擔保實現債權，也可以要求保證人承擔保證責任。在這裡強調的是，物的擔保是第三人提供的，而非債務人自己提供的。由此，對於外資銀行來說，在無法事先約定擔保權利實現方式的情形下，為了更佳地確保

自己的債權，應儘量採用第三人設定的物的擔保與第三人提供的保證結合的混合擔保方式，這樣銀行作為債權人可以根據實際情況自由地選擇擔保權利的實現方式。

4. 銀行也應當充分認識到保證擔保的特性，即保證擔保是主合同債權人和債務人以外的第三人的行為，保證人作為擔保的擔保物是不特定的。所謂「不特定的財產」是指保證人只是以其一般財產作為擔保而不劃定擔保物的範圍，債權人只能就保證人的一般財產請求債權清償，無優先受償權。債權人可以要求保證人承擔保證責任，但是不能直接處分保證人的財產，只能通過法院或仲裁機關來實現擔保權利。

5. 最大限度地評估人保的優點，在不同的情況下，人保也有他自身的優越性。例如，如果保證人是一些大型集團公司、跨國公司，其擔保能力足夠強，會注重自己的信譽，從抵押資產評估費用、辦理抵押手續等角度，保證書的形式更為可取。特別是對於外資銀行，可以要求其母公司提供保證書，不過要注意辦理相應的政府手續。

【79】外資銀行用二次抵押放貸的注意事項

二次抵押是指抵押人在設定抵押權之後，就抵押物在擔保金額以外的剩餘價值部分再設定的抵押，也稱餘額抵押。如一座房產價值200萬元，借款人先用其抵押借款150萬元，就剩餘50萬元的價值部分，借款人還可以再次設定抵押。

二次抵押是法律明確規定的合法抵押行為，「擔保法」第35條規定，財產抵押後，該財產的價值大於所擔保債權的餘額部分，可以再次抵押，但不得超出其餘額部分。

雖然二次抵押在法律上是有效的，而且擔保的總金額不會超過擔保物的價值，風險相對重複抵押要小得多。但之前在實踐中運用的比較少，特別是房屋的按揭抵押貸款中，只有個別地區的銀行開放了二次抵押貸款的業務。銀行之所以如此謹慎，主要是出於對抵押權無法順利實現的擔憂。二次抵押的抵押權人並不相同，一方抵押權人先行使抵押權的情況下，如其不主動通知其他抵押權人，抵押物一旦處分完畢由實物變為現金，抵押人就可能任意處分，導致其他抵押權人利益受損。

隨著目前消費貸款行為的日益增加，加之銀行業競爭的加劇，二次抵押貸款也逐漸開始增多。為控制風險，銀行開展二次抵押貸款業務時，應當注意如下事項：

1. 二次抵押的業務儘量限於本銀行內操作，這樣就可避免因抵押權人不同而導致處分資訊不及時的風險。如果第一次抵押不是在本銀行辦理，銀行可建議抵押人將第一次抵押貸款轉為本銀行的抵押貸款，這有點類似於房產上的「轉按揭」，即由銀行替抵押人向前一個銀行還清貸款，然後由抵押人向本銀行辦理抵押貸款。但這種辦法手續煩瑣，流程較長，另外還需要第三方擔保公司的介入，費用較高。

2. 在抵押權人不同的情況下，如果銀行本身是前次抵押權人的，

為防止二次抵押債權先到期，可以在前次抵押合同中約定：抵押人不得就該抵押物再次設立任何擔保物權，一旦抵押人設定擔保物權的，銀行的貸款要提前清償；或者後抵押權人行使抵押權的時間必須在銀行之後；或者由抵押人支付違約金，賠償損失。

3. 設定二次抵押的，抵押物所擔保的總債權，不能超過抵押物自身的價值，否則就變成了重複抵押，則銀行的風險加大。所以銀行在簽定抵押合同之前應對抵押財產的價值做深入調查。

4. 設定二次抵押之前，還應審核抵押人簽定的前次抵押的抵押合同，如果前次抵押合同有約定必須徵得前次的抵押權人同意的，要儘量先取得前次抵押權人的同意。

5. 在沒有約定的情況下，前次抵押權消失，後次的抵押權並不自然遞補，也不自然擴延到整個抵押物。為了降低風險，銀行開展二次抵押，可以在合同中約定，一旦前次抵押權消失，則後次的銀行抵押權自動遞補，擴延到整個抵押物，即整個抵押物的價值為後次抵押權的抵押範圍，這樣就可以有效保障銀行的利益。

【80】外資銀行利用重複抵押放貸的法律風險分析

重複抵押是指借款人或第三人以自己所有的某項財產的價值除向債權人抵押外，還同時就該價值重複向其他銀行或其他債權人抵押，致使該抵押財產上有多個重疊抵押權負擔的抵押形式，在借款人不償還債務時，銀行等抵押權人均有權拍賣、變賣、折價抵押物以清償自己的債務。例如，借款人或者第三人以某幢價值100萬元的房屋和該房屋土地使用權，分別向兩個以上不同的債權人設定的抵押，就是重複抵押。但如果將該幢房屋分割，分別按照20萬元、30萬元、40萬元的價值，分別向三個不同的債權人設定的抵押，就不是重複抵押，而是二次抵押。

重複抵押在同一抵押物的各個抵押權人之間，如抵押設立、擔保範圍、抵押權次序等多方面產生與一般抵押權不同之特點。

重複抵押在「物權法」實施之前是無效的，按照「擔保法」第35條的規定：抵押人所擔保的債權不得超出其抵押物的價值。重複抵押經常會因擔保的債權超過抵押物的價值而無效。「物權法」實施後，設定重複抵押並不導致無效，只是在多個抵押權之間的效力上有區分。根據「物權法」第199條的規定：同一財產向兩個以上債權人抵押的，拍賣、變賣抵押財產所得的價款依照下列規定清償：

1. 抵押權已登記的，按照登記的先後順序清償；順序相同的，按照債權比例清償。

2. 抵押權已登記的先於未登記的受償。

3. 抵押權未登記的，按照債權比例清償。

「物權法」允許重複抵押，將導致或者增大銀行的受償風險。在借款人信譽較好的情況下，重複抵押並不必然損害銀行的利益，但一旦信譽不好，則銀行的受償範圍將有可能大大縮減：

第一種風險是，如果在銀行之前已經有其他抵押權人，且已經登記的，一旦前面的抵押權人先行使抵押權，導致抵押物剩餘價值小於所擔保的銀行債權總額的，則銀行的抵押目的就落空了。

第二種風險是，如果在銀行之後又抵押給別人，而後抵押的債權先到期，並且在未告知銀行的情況下，就先行使了抵押權，導致抵押物剩餘價值小於所擔保的銀行債權總額的，則銀行的抵押目的也會落空。

因此對於銀行而言，為了確保自身債權的更高安全係數，還是應當對重複抵押做出限制：

1. 在借款人或第三人提供抵押物時，應當到抵押物登記機構查閱相關登記資料，如果已經有抵押登記的，則應當要求另行提供抵押物或提供其他擔保；如果一定要用該抵押物抵押的，也應當減少借款金額。

2. 銀行對於自己的抵押行為，應當及時到對應的登記機構辦理抵押登記，防止因為沒有登記而導致受償順序排後。

3. 對於抵押人的後續處分進行約束，如在抵押合同中規定：抵押人不得就該抵押物再次設立任何擔保物權，一旦抵押人設定擔保物權的，銀行的貸款要提前清償；或者後抵押權人行使抵押權的時間必須在銀行之後；或者由抵押人支付違約金，賠償損失。

【81】外資銀行利用浮動抵押放貸的注意事項

浮動抵押是「物權法」新規定的一種抵押方式：經當事人書面協議，企業、個體工商戶、農業生產經營者可以將現有的以及將有的生產設備、原材料、半成品、產品抵押，債務人不履行到期債務或者發生當事人約定的實現抵押權的情形，債權人有權就實現抵押權時的動產優先受償。

浮動抵押和一般抵押主要有以下幾點區別：

1. 浮動抵押的抵押人只限定於企業、個體工商戶、農業生產經營者；而一般抵押的抵押人範圍要廣得多，還包括個人。

2. 浮動抵押的財產限於四類動產：生產設備、原材料、半成品、產品；而一般抵押的財產則是任何合法可以用於抵押的財產。

3. 一般抵押下的財產，必須是現存的、特定的財產；而浮動抵押的財產可以是未來才會獲得的財產，可以是不特定的。

4. 一般抵押下的財產，未經銀行同意，抵押人不得轉讓；而浮動抵押下，抵押人仍然可以自由轉讓、抵押已經抵押的財產。抵押物以合理價款轉讓出去後，不再列入抵押物範圍，但新取得的財產，自動成為抵押物。

浮動抵押的最大優勢在於可以將未來的財產納入抵押財產範圍內，進而使抵押的財產源源不斷，保障銀行的利益。但也正是這一點，會給銀行帶來潛在的風險，因為這些抵押的財產抵押人仍然可以轉讓和抵押，抵押的財產處於不確定狀態，將來實現抵押權時，難以釐清哪些財產歸入抵押範圍，哪些所有權已經轉移，或者再次抵押而使第三方取得優先受償權；特別是企業如果有惡意逃債行為的，風險更難控制。

因此，設定浮動抵押時，應當注意以下幾點：

1. 對現有的抵押財產，登記時仍然應當列明，同時對將來財產進行概述。

2. 加強監控，要求企業定期匯報財產，對變動較大的財產做變更登記。

3. 控制抵押財產的相關權利證書，抵押人處分的，應當優先償還貸款。

4. 約定不得無償轉讓或者以明顯不合理的低價轉讓、惡意逃債，否則貸款提前到期。判定交易是否屬於正常經營活動，主要是從市場行情、交易習慣、商業慣例等判斷。

5. 約定變更權：在浮動抵押合同履行期間，銀行有發現抵押人因經營不善或其他因市場競爭將出現衰落（即非抵押人主觀惡意導致的原因），經營前景不佳時，銀行可以變浮動抵押為一般抵押。

6. 在合同中約定限制性條款：貸款償還前，不得在抵押財產範圍或收入上設定任何擔保物權，一經發現，貸款提前到期。有關於限制性條款，可以具體表述為：未經銀行事先書面同意，抵押人不得在浮動擔保財產上以任何方式或形式設立任何抵押權、質權、留置權或其他擔保物權，也不得允許這些擔保物權繼續存在，不管這些擔保物權是和銀行債權平等受償的，還是優先於或次於銀行債權受償的；也不得設定所有權保留、債務抵銷及限定流動資產帳戶等。抵押人有上述行為的，銀行貸款提前到期，或者可以提前行使抵押權。

但需要注意的是，當抵押人違反限制性條款將抵押財產再次抵押的，銀行不能據此享有優先於有擔保的第三人獲得債務清償的權利，即使第三人知道有限制性條款的存在。銀行只能根據限制性條款要求借款人承擔違約責任，或者對第三人提起侵權之訴。

第四篇

以中國法律為準據法
準備銀行授信業務文件
的重點及注意事項

第一章

以中國法律為準據法
簽署借貸合同的注意事項

【82】中國商業銀行貸款業務的分類

商業銀行貸款是指商業銀行按一定利率和必須歸還等條件出借貨幣資金的一種信用活動形式。根據不同的劃分標準，銀行貸款可分為不同的類型。而且，在不同的國家和一個國家的不同發展時期，按各種標準劃分出的貸款類型也有差異。

以下介紹中國商業銀行貸款幾種主要的劃分標準：

一、按償還期不同劃分

1. 短期貸款，是指貸款期限在一年以內（含一年）的貸款。

2. 中期貸款，是指貸款期限在一年以上（不含一年）五年以下（含五年）的貸款。

3. 長期貸款，是指貸款期限在五年（不含五年）以上的貸款。

二、按擔保方式劃分

1. 信用貸款，是指以借款人的信譽發放的貸款。依照法律規定，商業銀行貸款，借款人應當提供擔保。經商業銀行審查、評估，確認借款人資信良好，確能償還貸款的，可以不提供擔保。

2. 擔保貸款，是指保證貸款、抵押貸款、質押貸款。以下借款人向銀行借款必須提供擔保：商業銀行的董事、監事、管理人員、信貸業務人員及其近親屬，前述人員投資或者擔任高級管理職務的公司、企業和其他經濟組織。另外，向關係人發放擔保貸款的條件不得優於

其他借款人同類貸款的條件。

(1) 保證貸款，是指按「擔保法」規定的保證方式以第三人承諾在借款人不能償還貸款時，由其按約定承擔一般保證責任或者連帶責任而發放的貸款。

(2) 抵押貸款，是指按「擔保法」、「物權法」規定的抵押方式以借款人或第三人的財產作為抵押物發放的貸款。

(3) 質押貸款，是指按「擔保法」、「物權法」規定的質押方式以借款人或第三人的動產或權利作為質物發放的貸款。

3. 票據貼現，是指貸款人以購買借款人未到期商業票據的方式發放的貸款。

三、按貸款標的劃分

1. 人民幣貸款：以人民幣發放的貸款。

2. 外匯貸款：以外匯發放的貸款。所謂外匯就是以外幣表示的用於國際結算的一種支付手段，包括外幣和外幣表示的信用工具。凡是具有法人資格，在中國由工商部門登記註冊、經國家外匯局批准的三資企業，擁有進出口自主權的國有、集體及股份制企業，均可向銀行申請外匯貸款。未經中國人民銀行批准，不得對中國居民發放外幣幣種的貸款，外籍人士在貸款幣種上則既可選擇外幣也可選擇人民幣。

3. 外匯擔保項下人民幣貸款：由境外金融機構或境內外資金融機構提供信用保證（含備用信用證）或由境內外商投資企業提供外匯質押，由銀行向境內外商投資企業發放的人民幣貸款。

四、按貸款風險劃分

1. 自營貸款：指貸款人以合法方式籌集的資金自主發放的貸款，其風險由貸款人承擔，並由貸款人收回本金和利息。

2. 委託貸款：指由政府部門、企事業單位及個人等委託人提供資金，由貸款人（即受託人）根據委託人確定的貸款對象、用途、金額、期限、利率等代為發放、監督使用並協助收回的貸款。貸款人

（受託人）只收取手續費，不承擔貸款風險。

3. 特定貸款：指經國務院批准並對貸款可能造成的損失採取相應補救措施後，責成國有獨資商業銀行發放的貸款。

另外，按貸款用途或對象不同，商業銀行貸款還可分為工商業貸款、農業貸款、消費者貸款等；按貸款金額大小不同，可分為批發貸款和零售貸款；按利率約定方式不同，可分為固定利率貸款和浮動利率貸款等。

【83】外資銀行放貸對象分析

　　根據「外資銀行管理條例」規定，外商獨資銀行、中外合資銀行、外國銀行分行按照國務院銀行業監督管理機構批准的業務範圍，可以經營「發放短期、中期和長期貸款」之業務。作為商業銀行，貸款業務無疑是外資銀行最重要的業務之一。

　　外資銀行的放貸對象，根據現行「中華人民共和國貸款通則」（以下簡稱「貸款通則」）的規定：「借款人應當是經工商行政管理機關（或主管機關）核准登記的企（事）業法人、其他經濟組織、個體工商戶或具有中華人民共和國國籍的具有完全民事行為能力的自然人。」

　　1.「企業法人」包括公司、非公司制企業法人，企業法人應具有符合國家法律規定的資金數額、企業名稱、組織章程、組織機構、住所等法定條件，能夠獨立承擔民事責任，經主管機關核准登記取得法人資格的社會經濟組織，其主要包括：全民所有制企業、集體所有制企業、有限責任公司、股份有限公司，以及在中華人民共和國領域內設立的中外合資經營企業、中外合作經營企業和外資企業。

　　2.「事業法人」指的是科學、教育、文藝、廣播電視、資訊服務、衛生、體育等科學文化性事業單位和氣象、水利、地震、環保、計畫生育等公益性事業單位。

　　3.「其他經濟組織」指的是合夥企業、個人獨資企業、法人依法設立的分支機構等。合夥企業分普通合夥企業、有限合夥企業，依照「合夥企業法」在中國境內設立。個人獨資企業由一個自然人投資，投資人對企業債務承擔無限責任，依照「個人獨資企業法」在中國境內設立。法人依法設立的分支機構沒有自己獨立的財產，不能獨立對外承擔民事責任。

　　4.「個體工商戶」是個人或家庭以其所有財產對外承擔債務的

組織形式。個體工商戶可以個人經營，也可以家庭經營，沒有註冊資金的限制，但是對債務要承擔無限責任，在日常經營中不需要建立帳簿。

儘管「貸款通則」排除了具有外國國籍的外國人和無國籍人作為國內銀行的借款對象，但實務中，具有「有效居留身分」、能提供「有效居留證件」且符合其他條件的有完全民事行為能力的外籍個人，若在中國購買不動產，可獲得中國境內銀行貸款，涵蓋了具有有效居留身分的港澳及台灣居民、外國公民和無國籍人。

同時，根據「貸款通則」的規定，如果借款人的生產經營或投資項目未取得環境保護部門許可，或生產、經營或投資國家明文禁止的產品、項目，或建設項目按國家規定應當報有關部門批准而未取得批准文件，或違反國家外匯管理規定，或有嚴重違法經營行為，或經工商部門核准登記後未通過工商部門年檢，或作為公司其對外股本權益性投資累計額超過其淨資產總額的50%（除國務院另有規定外），銀行不得向其發放貸款。

現行「貸款通則」於1996年由中國人民銀行頒布實施，是規範商業銀行借貸行為的指南性規章，但隨著中國金融改革的變遷，很多規則條款不僅與商業銀行目前的實際操作不符，也與近年來監管當局頒布的各類風險指引相衝突。中國銀行業監督管理委員會、中國人民銀行等相關部門已經在研究廢止「貸款通則」事宜，若「貸款通則」廢止，各類貸款具體管理辦法將可能陸續實施。

【84】作為借款人的企業法人、事業法人、 其他經濟組織、個體工商戶的差異分析

企（事）業法人、其他經濟組織、個體工商戶中較為特殊的是事業法人，事業法人不以營利為目的，其資金來源主要包括三部分：一是財政撥款，包括人員費用和專項費用等；二是事業收費（如學費、醫療收入等）；三是其他資金來源（如銀行貸款、上級單位補助、下級單位繳款和外部捐贈等）。在考慮將事業單位作為借款人時，銀行應有以下幾點認識：

1. 事業單位主要收入來源於不屬經常性資金流入的財政撥款和財政補助，且因對市場認識不足，規模相對較小，依靠自身事業發展實現經濟利潤的能力有限，加之財務管理制度相對落後，資金利用效率相對較低，所以經常會出現資金短缺的情況。

2. 事業單位由於其服務的公益性，財產屬「擔保法」禁止抵押的財產，而非公益目的的財產較少，不足以為其貸款提供擔保。另外，學校、醫院和有線電視等收費權的質押還存在一定的法律障礙，因此在很多情況下，事業單位並不能提供符合法律要求的有效擔保。

3. 事業單位實行以收付實現制為基礎的會計原則，各項報表本身列報的項目和內容不科學、不完整，會計信息披露不充分，與商業銀行的財務信息需求不一致。

所以，將事業單位作為放款對象，應充分考慮以上因素，並重點關注政府對其是否有撥款計畫，以及貸款項目是否納入國家投資計畫。

企業法人、其他經濟組織、個體工商戶均以營利為目的。企業法人包括公司法人和非公司法人，公司法人包括有限責任公司和股份有限公司，非公司法人多為尚未轉制的國有企業、集體企業。商業銀行開展的對公授信，主要包括公司制企業、合夥企業、個人獨資企業，

針對中小企業融資難、銀行放貸風險高等問題，銀監會經常從授信額度、企業資產總額、企業銷售額等方面就中小企業授信發布一些指導意見。另外，因個體工商戶和其經營者在貸款的償還責任方面是一致的，且個體工商戶從業人員很少、經營規模很小、財務運作不規範，對照現有的企業貸款管理制度，很難做到符合規定的貸款管理，所以對該類貸款銀行通常將其作為個人貸款。

根據WTO協定，2006年以後，中國取消了對外資銀行的所有權、經營權的設立形式，包括所有制的限制，允許外資銀行向中國客戶提供人民幣業務服務，給予外資行國民待遇。但同時，按照中國「商業銀行法」的規定，商業銀行的貸款比例不能超過存款的75%，單一客戶貸款額度不能超過淨資產的10%。外資銀行設立之初，存款數量較低，所以一開始往往以個人業務為主，例如，花旗中國的貸款公司（花旗公安貸款有限公司、花旗赤壁貸款有限公司）針對的對象是個人、個體工商戶和農戶，貸款公司的客戶往往是微型企業，貸款金額從幾萬塊錢開始，可做抵押和無抵押貸款。

【85】中國法律對企業貸款的用途限制

　　貸款用途是指貸款的使用範圍。借款人應該按照借貸合同約定的用途使用貸款，不能用於非法目的。「貸款通則」還規定了以下對貸款用途的限制：借款人不得用貸款從事股本權益性投資，國家另有規定的除外；借款人不得用貸款在有價證券、期貨等方面從事投機經營；除依法取得房地產資格的借款人以外，不得用貸款經營房地產業務；依法取得經營房地產資格的借款人，不得用貸款從事房地產投機；借款人不得套取貸款用於借貸牟取非法收入。另外，貸款應用於借貸合同約定的用途，借款人取得貸款後不能擅自改變用途。針對「貸款通則」對貸款用途的限制規定，以及借貸合同對貸款用途的約定，本文主要分析以下三個問題：

一、貸款用於股本權益性投資的突破

　　「貸款通則」規定借款人不能用貸款進行股本權益性投資，但隨著中國並購市場的發展，中國銀監會於2008年年底發布了「商業銀行並購貸款風險管理指引」（銀監發〔2008〕84號），允許符合條件的商業銀行開辦並購貸款業務。所謂並購貸款是指銀行針對企業並購提供的專項貸款。「指引」的發布，是對「貸款通則」限制將貸款用於股本權益性投資的突破。

二、改變貸款用途的情況及認定

　　改變貸款用途的情況比較複雜，通常有幾種情況：

　　1. 攜款潛逃或用於揮霍；

　　2. 將貸款用於非法活動；

　　3. 將貸款投入到證券、期貨、房地產、股本權益性投資等「貸款通則」限制的高風險行業；

　　4. 因商業風險變化的原因，原約定用途的行業盈利預期減小，不得不將貸款轉到其他行業投資；

5. 部分投入約定用途，而將另外部分改作他用的；

6. 貸款後由於情勢變遷而改變貸款用途的。

根據中國人民銀行的有關規定，貸款主要分為流動資金貸款與固定資產貸款。因此，對於是否改變貸款用途的認定，應當注意以下幾點：首先，應看借貸合同中是否對貸款的具體用途進行約定，如果約定了具體的貸款用途，則借貸雙方均應嚴格按照約定的貸款用途履行合同，否則應認定為改變貸款用途；其次，如果借貸合同中未約定款項的具體用途，僅籠統地表述為流動資金貸款，則不能僅因企業從事了日常資金周轉以外的其他類型經營活動，就認定其改變貸款用途。

三、改變貸款用途的法律後果

如果借款人將貸款用於非法活動，例如販毒、賭博等，在借貸雙方對此都知情的情況下，將因為違反法律法規規定，而導致借貸合同無效。如果借款人僅是改變貸款用途，並未將貸款用於非法活動，則借款人屬於違約行為，貸款人可以根據「貸款通則」的規定，將「不按合同規定用途使用貸款」作為提前收回貸款和停止支付貸款的法定事由。

為了防止企業獲得貸款後挪作他用，2009年7月23日，中國銀監會頒布了「固定資產貸款管理暫行辦法」，從貸款業務流程規範的角度出發，要求加強對固定資產貸款的全流程管理，強化貸款用途監督，以改變銀行「重貸前、輕貸後」的過往弊端。辦法中明確規定，單筆金額超過項目總投資5%或超過500萬元人民幣的貸款，銀行可將貸款資金通過借款人帳戶，直接支付給借款人的交易對手。2010年2月12日，中國銀監會發布了「流動資金貸款管理暫行辦法」，要求對流動資金貸款進行需求測算，在此基礎上審慎確定借款人的流動資金貸款的授信總額及具體貸款的額度，對流動資金貸款支付和貸後管理也提出了要求。前述兩個辦法與同時期頒布的「個人貸款管理暫行辦法」、「項目融資業務指引」並稱「三個辦法一個指引」，初步構建和完善了中國銀行業金融機構的貸款業務法規框架。

【86】港澳及台灣、外國人在中國貸款的法律分析

「個人住房貸款管理辦法」將具有「有效居留身分」、能提供「有效居留證件」且符合其他條件的有完全民事行為能力的自然人納入貸款對象，涵蓋了具有有效居留身分的港澳及台灣居民、外國公民和無國籍人（以下統稱境外人士）。

境外人士在中國購買房屋、汽車等，可以在中國的內資或外資銀行辦理貸款，且所享受的相關政策與中國居民基本相同。但因為受身分、國籍等因素限制，境外人士在中國申請貸款時，需要提供更多的資料：

1. 身分證明：護照、中國有效居留證原件及影本。

2. 婚姻狀況證明：婚姻證明原件及影本。且該證明需經當地公證機關公證，並經中國駐該國使、領館認證（包括本人無配偶的證明），如為英文版本的，應附外事辦出具的中文翻譯件。

3. 委託手續：申請人若不能親自到銀行辦理貸款手續，可出具「授權委託書」委託中國的他人（律師或親朋）代為辦理，該「授權委託書」的公認證手續及要求同婚姻狀況證明。已婚人士，夫妻雙方不能同時到場的，不能到場的一方可簽署「授權委託書」委託其配偶辦理，要求同上。

實務中，境外人士在中國辦理較多的一般為住房貸款，其貸款比例與中國居民一樣，新建住房為房屋評估價或交易總價低者之80%，二手住房可為70%；境外人士貸款利率享受與中國居民相同的待遇，按照中國人民銀行規定的個人住房貸款利率執行。境外人士與中國居民在中國置產並辦理貸款，不同之處主要有：

一、購房種類及套數的限制

近年來隨著中國房市的不斷升溫，中央及各地均推出一系列限制購房的政策進行調控。根據建房〔2010〕186號「關於進一步規範境

外機構和個人購房管理的通知」的規定，境外人士在中國境內只能購買一套用於自住的住房。早前在2008年國家建設部、商務部等聯合發布實施的「關於規範房地產市場外資准入和管理的意見」也有相類似的規定，即境外人士無法以個人名義在中國境內購買辦公樓，而只能購買一套用於自住的住房，如果一定要購買辦公樓的，則必須透過在中國設立公司的方式進行購買。上海和北京等城市，允許外商投資企業購買多套辦公用房不受限制。

二、買賣合同必須公證

境外人士在中國簽定的購房合同，必須辦理公證手續。雙方當事人須至當地房地產交易中心認可的公證機關，在公證員面前簽定買賣合同，如購房者本人不能親自前往，還應出具相應的「授權委託書」，當然「授權委託書」也須辦理相關的公認證手續。

三、貸款幣種可以選擇

中國居民辦理貸款僅限人民幣，而境外人士辦理銀行貸款，幣種上既可選擇外幣也可選擇人民幣，但因為在中國買賣住房，最終的交易幣種為人民幣，建議境外人士選擇人民幣貸款，可避免匯率變動損失。

【87】人民銀行對商業銀行從事存貸款業務的利率規定

　　目前中國實行的是利率管制制度，由市場決定的利率較少（同業拆借利率、國債招標發行利率等由市場決定）。中國人民銀行根據貨幣政策實施的需要，適時地運用利率工具，對利率水準和利率結構進行調整，目前，中國人民銀行採用的利率工具主要有：

一、調整中央銀行基準利率

　　中央銀行基準利率包括：再貸款利率，指中國人民銀行向金融機構發放再貸款所採用的利率；再貼現利率，指金融機構將所持有的已貼現票據向中國人民銀行辦理再貼現所採用的利率；存款準備金利率，指中國人民銀行對金融機構交存的法定存款準備金支付的利率；超額存款準備金利率，指中央銀行對金融機構交存的準備金中，超過法定存款準備金水準的部分支付的利率。

二、調整金融機構法定存貸款利率

　　法定存貸款利率是指經國務院批准和國務院授權中國人民銀行制定的各種存貸款利率。法定存貸款利率一經確定，任何單位和個人均無權變動。法定存貸款利率的公布、實施均由中國人民銀行負責。

三、制定金融機構存貸款利率的浮動範圍

　　浮動利率是指金融機構在人民銀行總行規定的浮動範圍內，以法定貸款利率為基礎自行確定的貸款利率，現行的利率管制政策是「貸款利率管下限，存款利率管上限」，即貸款利率規定浮動的下限，對存款利率則規定浮動的上限，利率上浮和下浮的限度由中國人民銀行總行規定。2012年6月，央行公布存款利率的上限為基準利率的1.1倍，貸款利率的下限為基準利率的0.8倍。另外，對於按照國家經濟政策必須特別扶持的貸款項目，以及對因客觀條件較差，急需發展而收益較低的一些企業，政策還允許給予比一般同檔次普通利率要低於一到兩個百分點的優惠利率。

四、制定相關政策對各類利率結構和檔次進行調整等

在中國，根據不同利率結構劃分，可將利率分為：

1. 按存、貸款劃分，有存款利率和貸款利率。存款利率包括企事業單位定活期存款利率、城鄉居民定活期儲蓄利率，包括整存整取、零存整取、存本取息、整存零取、定活兩便和華僑人民幣；貸款利率主要有流動資金貸款利率、固定資產貸款利率和特種貸款利率。

2. 按對利率的管制程度劃分，有法定利率、基準利率、優惠利率、差別利率、同業拆借利率、各種有價證券利率和民間借貸利率。

3. 按借貸主體劃分，有銀行利率、非銀行金融機構利率、有價證券利率。

目前法定存款利率期限檔次分為三個月、半年、一年、二年、三年、五年；法定貸款利率期限檔次為半年、一年、一至三年、三至五年、五年以上。中國人民銀行還將進一步簡化利率檔次，從存款利率來講，可能只制定活期存款和一年期存款利率，作為市場和金融機構短期存款和中長期存款利率的定價參考，其他期限檔次的存款利率在此基礎上由市場主體確定。

近年來，中國人民銀行加強了對利率工具的運用，利率調整逐年頻繁，隨著利率市場化改革的逐步推進，中國將不斷擴大金融機構的利率定價自主權，對利率的直接調控將向間接調控轉化。

【88】民事行為能力對借貸合同效力的影響

依據「民法通則」規定，民事法律行為應當具備的條件之一，是行為人具有相應的民事行為能力。無民事行為能力人實施的及限制民事行為能力人依法不能獨立實施的民事行為，為無效民事行為。因此，不論自然人還是法人，只有在其具有相應的民事行為能力的情形下所實施的民事行為，才是有效的，其中就包括訂立合同。

作為企業經營活動的一部分，企業法人為融資與銀行簽定的借貸合同，通常符合「民法通則」關於法人民事行為能力的規定，因此是合法、有效的。根據「民法通則」，法人是具有民事權利能力和民事行為能力，依法獨立享有民事權利和承擔民事義務的組織。法人的民事權利能力和民事行為能力，從法人成立時產生，到法人終止時消滅。企業法人（公司、全民所有制企業、集體所有制企業、三資企業）應當在核准登記的經營範圍內從事經營。這一規定說明，企業法人的民事行為能力範圍，受其核准登記的經營範圍的限制，但在司法實踐中，企業法人超越經營範圍所實施的民事行為並不當然無效。

與法人的民事行為能力規定不同，「民法通則」從年齡及意志控制力兩個方面，將自然人的民事行為能力分為三種情況：

一、無民事行為能力人

不滿10足歲的未成年人，以及不能辨認自己行為的精神病人，為無民事行為能力人，無民事行為能力人訂立的借貸合同無效。

二、限制民事行為能力人

已滿10足歲、未滿18足歲的未成年人，以及不能完全辨認自己行為的精神病人，為限制民事行為能力人。「合同法」規定，限制民事行為能力人可以獨立訂立純獲得利益的合同和與其年齡、智力、精神健康狀況相適應的合同，限制民事行為能力人訂立的其他合同，須經其法定代理人追認後才有效，且合同相對方可以在法定代理人追認前

撤銷合同。

　　最高人民法院「關於適用『中華人民共和國民事訴訟法』若干問題的意見」規定：「在訴訟中，當事人的利害關係人提出該當事人患有精神病，要求宣告該當事人為無民事行為能力或限制民事行為能力的，應由利害關係人向人民法院提出申請，由受訴人民法院按照特別程序立案審理，原訴訟中止。」因此，主張某人為無民事行為能力或限制民事行為能力的精神病人，須經特別程序進行審理，反之，未經特別程序審理，任何人無權剝奪公民的民事行為能力，否則社會交易風險增大，不穩定因素增多。

三、完全民事行為能力人

　　已滿18足歲的成年人，以及滿16足歲不滿18足歲以自己的勞動收入為主要生活來源的人，為完全民事行為能力人。最高人民法院的司法解釋對「以自己的勞動收入為主要生活來源」的認定做出了以下具體規定：已滿16足歲、不滿18足歲的公民，能夠以自己的勞動取得收入，並能維持當地群眾一般生活水準的，可以認定為以自己的勞動收入為主要生活來源的完全民事行為能力人。完全民事行為能力人可依法訂立合同，獨立享受民事權利和承擔民事義務。

　　因此，對於就讀於國內小學、中學、大學或已批准在境外就讀中學、大學的未成年人，向國內的商業銀行提出教育助學貸款申請的，銀行應分為兩種情況處理：年滿18足歲的受教育者可由本人申請或由其直系親屬、監護人代理申請；未年滿18足歲的須由其直系親屬、監護人代理申請。如若是其他目的的銀行貸款，就須結合其貸款用途及當事人的意志控制力等因素，來判斷借貸合同的效力。

【89】如何透過審查營業執照與批准證書 確定借款人主體資格

　　營業執照既是確立經營者法律地位的合法依據，也是經營者從事生產經營活動的合法證件。因此，一般的營利性機構，無論內、外資，均須至工商行政管理部門領取營業執照。

　　與營業執照不同，僅外商投資企業需要在辦理營業執照之前，向商務主管部門提出申請。獲准後，商務主管部門將頒發批准證書。

　　營業執照對於銀行放貸至少在以下兩個方面提供重要資訊：

一、判斷借款人的組織類型

　　目前，中國頒發給境內營業機構的營業執照主要分為以下四類：

　　1. 依據「公司法」、「公司登記管理條例」頒發給有限責任公司、股份有限公司的「企業法人營業執照」及其分支機構的「營業執照」。

　　2. 依據「個人獨資企業法」、「個人獨資企業登記管理辦法」頒發給個人獨資企業及其分支機構的「個人獨資企業營業執照」、「個人獨資企業分支機構營業執照」。

　　3. 依據「合夥企業法」、「合夥企業登記管理辦法」、「外商投資合夥企業管理辦法」頒發給合夥企業及其分支機構的「合夥企業營業執照」、「合夥企業分支機構營業執照」。

　　4. 依據「城鄉個體工商戶管理暫行條例」頒發給個體工商戶的「個體工商戶營業執照」。

　　因此，通過借款人營業執照的名稱，基本上即可判斷借款人的組織類型，僅對於持有「企業法人營業執照」的借款人須判斷其是公司制法人，還是非公司制法人，這一點可以從「企業法人營業執照」的企業類型一欄判斷。

二、在一定程度上說明借款人的簽約資格和償債能力

借款人無論持有哪類營業執照，均具備與銀行簽署借貸合同的資格，但其償債能力則會有所差別：

1. 合夥企業、個人獨資企業因資產較小、償債能力有限，銀行放貸風險較高，即使合夥人、獨資個人對企業債務承擔無限責任，在執行個人財產抵償企業債務時，仍須受限於必須先保證其個人及家庭的基本生活需求的限制。

2. 分支機構不能獨立承擔民事責任，其債務由總公司承擔連帶清償責任，所以貸款給分支機構，其總公司的資信狀況非常重要。

3. 個體工商戶和其經營者在貸款的償還責任方面是一致的，且個體工商戶從業人員很少、經營規模很小、財務運作不規範，對照現有的企業貸款管理制度，很難做到符合規定的貸款管理，所以對該類貸款銀行通常將其作為個人貸款。

4. 對於公司制法人，則可以從註冊資本以及實收資本等方面，判斷其公司規模、償債能力以及抗風險的程度等。

另外，從外商投資企業的批准證書記載的內容中，我們可以看到該經營者的股東狀況、投資總額，進而判斷該經營者大致的經營規模。

【90】銀行簽署借貸合同前應審查的章程重點及注意事項

公司章程是確定公司各項權利及義務最基本的法律文件，也是內部營運的主要依據所在，公司設立時，諸如股東的權利義務、公司權力機構、經營管理機構的設置、職權範圍、議事程序等重要事項，均經由公司設立初期，股東簽署的公司章程所決定。

銀行在簽署借貸合同時，公司章程的重要性主要表現在以下幾個方面：

一、確定公司最高權力機構

中國的「公司法」在2005年年底進行了一次較大範圍的修定，並於2006年1月1日起施行。新的「公司法」規定，公司的最高權力機構為股東會（大會），對於一人有限公司，股東會的職權由股東行使。

新「公司法」實施以前，依據「中外合資經營企業法」及其「實施條例」規定，中外合資經營企業的最高權力機構是董事會（執行董事），「外資企業法」及其「實施細則」未規定權力機構的設置，實務中均參照中外合資經營企業，將董事會（執行董事）作為最高權力機構。新的「公司法」實施以後，按照「公司法」的規定，除了外商投資企業法律、法規另有規定以外，外商投資企業也應適用「公司法」。因「外資企業法」及其「實施細則」未對權力機構的設置做出規定，所以新的「公司法」實施後，一些地方的商務主管部門、工商管理部門要求外資企業修改章程，將公司最高權力機構由董事會（執行董事）變更為股東會（股東大會）。

銀行在與公司簽署借貸合同前，應要求借款人提供經工商管理部門備案的最新的公司章程（載有章程日期及蓋工商管理部門的檔案保管章），根據章程確定公司最高權力機構。

二、公司權力機構的借貸決策

「公司法」並未規定，公司向銀行借貸必須經過公司股東會（大

會）或董事會（執行董事）決議同意後方可實施，但公司章程可以自行對公司借貸事項做出規定。另外，「公司法」規定，董事、高級管理人員不得違反公司章程的規定，未經股東會、股東大會或者董事會同意，將公司資金借貸給他人或者以公司財產為他人提供擔保。因此，銀行作為貸款人，為核實公司借款的真實用途、避免高級管理人員利用職務之便違法借貸，同時也是為了降低銀行的借貸風險，應審查公司章程是否對借貸事項有相應規定，即使公司章程沒有規定借貸事項需要公司權力機構決策，也應要求借款人提供公司權力機構做出的同意向銀行借款的決議，且為了安全起見，此時應要求借款人出具股東會（大會）決議，而不是董事會決議。另外，對於權力機構的決議，其決議程序是否符合章程的規定，也應注意予以審查。

三、確定法定代表人

按照新「公司法」的規定，公司的法定代表人由公司章程決定，由董事長、執行董事或者經理擔任。對銀行而言，應注意審查公司章程和營業執照，掌握誰才是公司的法定代表人。法定代表人是代表公司行使職權的人，無須公司特別授權，可直接代表公司進行民事活動，其行為視為公司的行為，由此產生的民事權利和義務由公司承擔。根據中國「合同法」的規定，當事人採用合同書形式訂立合同的，自雙方當事人簽字或蓋章時合同生效成立。此處的簽字應指法定代表人的簽字，由法定代表人授權簽字的代表人在許可權範圍內也可簽字，但須在簽字前審查其出示的「授權委託書」。

總之，商業銀行在放貸時，為降低放貸的風險，應充分重視借款人的章程，認真研究章程條款，加強借款決策文件的審查和管理。

【91】銀行簽署借貸合同前審查決議性文件的
　　　重點及注意事項

　　「公司法」第149條規定，董事、高級管理人員不得違反公司章程的規定，未經股東會、股東大會或者董事會同意，將公司資金借貸給他人或者以公司財產為他人提供擔保。因此，為避免因缺乏公司決議文件或公司決議文件存在法律瑕疵，進而影響信貸資產的安全，銀行在審貸時，一般均會要求借款人提供公司的董事會決議或其他有權機構的授權，並在借貸合同中由借款人做出保證，其簽定和履行借貸合同已獲得董事會或任何其他有權機構的充分授權。

　　如果借款人章程規定，借款人進行借貸達到某個金額，必須經董事會或股東（大）會事先同意，而借款人的董事或某個高級管理人員違反公司章程的規定，在未經公司董事會或股東（大）會同意的情況下，用公司的公章或以公司法定代表人的身分與銀行簽定了借貸合同，進行融資，此借貸合同是否有效？答案應當是肯定的，但須以合同相對人即銀行的不知情為前提，這說明銀行的善意不會因借款人內部的程序欠缺而導致借貸合同的無效。但即便如此，銀行仍應注意審查借款人的決議文件，因為借款人決議文件的缺失，或者借款人提供虛假的決議文件，或者決議文件形成的程序、內容有瑕疵，借款人內部因此發生爭議，必將影響銀行信貸資產的安全。

　　董事會或股東（大）會程序或內容瑕疵，可能導致董事會或股東（大）會決議無效或可撤銷。董事會或股東（大）會決議無效，是基於其內容違反法律、行政法規的內容瑕疵；董事會或股東（大）會決議可撤銷則是基於召集程序、表決方式違反法律、行政法規和公司章程的程序瑕疵，或者決議內容違反章程的內容瑕疵。公司股東可以提起訴訟，要求確認董事會或股東（大）會決議無效或要求予以撤銷，起訴時，起訴人應當持有公司股權，保持股東資格的適格性。無效和

可撤銷在行為性質和法律後果上是有所差別的。決議無效之訴在實體法上屬於形成權，在程序法上屬於確認之訴，因其違法性強及可能對股東權益損害嚴重，公司法對於該訴權沒有時間上的限制。可撤銷之訴則因其違法性較弱，出於維護公司意思連續性和穩定性的考慮，法律規定了較短的起訴期間，要求股東在有關決議做出之日起60日內，請求法院撤銷。

因此，銀行在簽署借貸合同時，應加強對借款人決議文件的審查，就是檢查、分析、核對有關情況。就銀行放貸而言，對決議文件的審查主要是形式審查，即審查決議文件「是否齊全、是否符合法定形式」，銀行無須、也沒有可能對借款人提交的文件、證件的真實性、有效性和合法性進行審查。形式審查主要審查決議文件的格式、表述形式，是否具備形式上所須會議時間、會議地點、決議內容、簽字人等要件，是否使用A4規格的紙張，是否使用鋼筆、毛筆或簽字筆工整地簽字等。決議文件簽字人的簽字筆跡問題，銀行無法鑑定是與非，可以避而不審，但應當由借款人簽署提交資料真實的承諾函。

【92】何謂貸款卡及其申領、使用注意事項

　　貸款卡是指中國人民銀行分支行發給借款人或擔保人用於企業徵信系統的磁條卡，是借款人向銀行、信用合作社、信託投資公司、財務公司、金融租賃公司等金融機構申請辦理貸款、承兌匯票、信用證、保函、擔保等所有本外幣信貸業務（以下統稱貸款）的資格證明。貸款卡記錄了貸款卡編碼及密碼，是金融機構登錄「企業徵信系統」查詢客戶資信信息的憑證。企（事）業法人、其他經濟組織及自然人向金融機構申請貸款用於生產經營的，均須在辦理貸款前先向註冊地或戶籍所在地中國人民銀行各城市中心支行或所屬縣支行申請領取貸款卡，但取得貸款卡並不意味著一定能獲得銀行的貸款，關鍵還須看持卡人的資信狀況是否滿足貸款銀行的要求。

　　一個借款人只可申領一張貸款卡，貸款卡編碼是唯一的。申領貸款卡，須持主體資格證明、財務報告等資料至當地人民銀行辦理。貸款卡實行集中年審制。凡逾期未參加貸款卡年審，或貸款卡年審不合格的持卡人，各金融機構不予受理各類信貸業務。因故未能參加集中年審的持卡人，可在非集中年審期間向當地人民銀行申請補年審，且須補齊未審年度中變更的資訊和財務資料。持卡人變更名稱、法定代表人、住址、組織形式、註冊資本、出資人等任意一項或多項內容，須向發卡地人民銀行申請辦理變更登記。若為跨行政區域變更住址的，則直接向新住址所在地人民銀行申請辦理變更登記。

　　借款人持貸款卡向金融機構申請辦理信貸業務，金融機構憑貸款卡登錄「企業徵信系統」查詢借款人的資信情況，作為審貸的重要依據，並按人民銀行的統一要求，將其對借款人辦理信貸業務過程中產生的各種資訊（包括本外幣貸款、銀行承兌匯票、信用證、保函、擔保，借款人在國內任何地方發生的所有信貸業務，都將記錄在「企業徵信系統」系統中，另外還包括借款人的基本概況、財務狀況和欠

息、逃廢債、經濟糾紛等情況）進行登錄，及時通過電腦網路，傳輸到所在地的人民銀行資料庫中。

「企業徵信系統」是在原有銀行信貸登記諮詢系統基礎上升級改造的。截至2006年4月底，銀行信貸登記諮詢系統收錄了借款人462萬戶，人民幣貸款餘額為16.3兆元，占全國金融機構人民幣貸款餘額的88.34%（剔除個人消費貸款），基本涵蓋了全部企業貸款。目前，「企業徵信系統」已經實現全國所有金融機構在全國範圍內資訊共用，系統的資料獲取項也由原來的300多項擴展到800多項。人民銀行還擬透過改進支付工具，為採集企業之間的商業信用資訊創造條件；透過採集尚未與銀行發生信貸關係的中小企業信用資訊，推動建立中小企業信用體系；通過與相關政府部門的積極協調，採集稅務、法院、環保等資訊。同時，還擬擴大企業信用資訊基礎資料庫的服務範圍，為企業之間的商業交易、金融監管、宏觀調控、相關政府部門履行監管職責等提供服務。

【93】銀行提供個人貸款前應審查哪些資料

個人貸款，也就是個人消費信貸，是指銀行或其他金融機構採取信用、抵押、質押擔保或保證方式，向個人消費者提供的信貸，它以消費者未來的購買力為放款基礎，旨在透過信貸方式預支遠期消費能力，來刺激或滿足個人及其消費需求。目前，中國商業銀行個人消費信貸處於起步階段，種類還不是很多，主要有：

一、個人短期信用貸款

指銀行向個人發放的無須提供擔保的人民幣信用貸款，金額小、期限短，貸款利率會在央行規定的同期同檔次基準利率上再上浮10%至20%。

二、個人綜合消費貸款

不限定具體消費用途，貸款期限一般在一至五年，最長不超過五年（中國工商銀行對貸款用途為醫療和留學的此類貸款，貸款期限最長可為八年），貸款利率按照中國人民銀行規定的同期同檔次貸款利率執行，一般沒有利率優惠。

三、個人旅遊貸款

用於支付旅遊費用，期限一般在六個月至二年，貸款金額不得超過旅遊公司規定的旅遊費用總額的70%。

四、國家助學貸款

分為一般助學貸款和特困生貸款，是貸款人向全日制高等學校中經濟困難的本、專科在校學生發放的用於支付學費和生活費並由教育部門設立「助學貸款專戶資金」給予貼息的人民幣專項貸款。

五、個人汽車貸款

是貸款人向在特約經銷商處購買汽車的借款人發放的用於購買汽車，借款金額最高為車款的70%，期限最長不超過五年的專項人民幣貸款。

六、個人住房貸款

是貸款人向借款人發放的用於購買自用普通住房或者城鎮居民修房、自建住房，借款金額最高為房款的80%，期限最長為30年的人民幣專項貸款。

除此之外，還有個人小額貸款、個人耐用消費品貸款、個人住房裝修貸款、結婚貸款、勞務費信貸以及以上貸款派生出的各種專項貸款。個人消費信貸作為商業銀行貸款種類之一，其操作也必須符合「商業銀行法」、「貸款通則」等相關法律法規的規定，必須經過貸前調查、貸時審查和貸後檢查三個基本環節。由於個人消費信貸作為貸款主體的自然人流動性很大，不易控制，所以，商業銀行更應著重於貸前調查和貸時審查兩個關鍵環節，重點審查借款人的資信情況，包括借款人的年齡、職業、收入、家庭情況、抵（質）押品、工資發放情況等。其中主要有：

一、身分證明

借款人合法有效身分證件（包括居民身分證、戶口名簿、軍人證、武裝警察身分證、港澳居民往來內地通行證、護照、邊民出入境通行證）。已婚者應當提供配偶的上述資料，所有資料均須提供原件和影本。

二、收入證明

借款人及保證人夫妻的收入證明，收入證明應該蓋單位公章或單位財務章；代發工資銀行紀錄；租賃收入證明（提供出租房產證、出租協議）；個人收入完稅憑證等。

三、用途證明

例如，耐用消費品貸款，應要求借款人提交購買協議、首付款（定金）發票或收據，貸後還應要求借款人按規定補交全額發票、收款收據。住房裝修貸款須用於借款人或配偶名下住房裝修，應要求借款人提交擬裝修的房產證、裝修合同（合同須對裝修標的、裝修時

間、裝修標的總金額等要素有明確約定）、經裝修雙方簽字蓋章確認的裝修概預算明細、已先期支付的裝修首付款（定金）發票（收據），貸後還應要求借款人按規定補交全額發票、轉帳憑證、收款收據。個人住房貸款須用於借款人（或配偶）本人名下自用住房購置，應要求借款人提交房屋買賣合同或認購協議、首付款（定金）發票（收據）等。

【94】銀行借貸合同的主要條款及其注意事項

現實中，貸款合同可分為很多種，外資銀行應根據不同的貸款合同的特點設置其合同條款，使其更符合合同雙方的實際需要，不過，無論哪種貸款合同，有關貸款的幣種及數額、貸款用途、貸款利率、貸款期限及還款方式、當事人的權利義務條款、違約責任等，都是不可或缺的條款，而一般情況下，從規範操作及合同完備性考慮，外資銀行業可以就上述內容製作貸款基本合同的制式文本，再輔以補充合同、擔保合同等對其他貸款事項予以明確。

一、關於貸款幣種及數額條款

雙方只要就貸款的幣種及數額約定清楚即可，不過，根據「商業銀行法」的相關規定，對同一借款人的貸款餘額與商業銀行資本餘額的比例不得超過10%。外資銀行在發放貸款時，應注意不要超過法定的上限。

二、關於貸款用途條款

借款用途是指借款人使用借款的特定範圍，是外資銀行決定是否向貸款申請人發放貸款及貸款數額、期限長短、利率高低的重要依據。借款人只能按照借款合同約定的借款用途使用借款，不能移做他用。借款用途主要分為固定資產借款合同和流動資金借款合同。需要注意的是，根據相關法律規定，就銀行發放的貸款，借款人不得用貸款從事股本權益性投資；不得用貸款在有價證券、期貨等方面從事投機經營；除依法取得經營房地產資格的借款人以外，也不得用貸款經營房地產業務；依法取得經營房地產資格的借款人，不得用貸款從事房地產投機。因此，從外資銀行的角度，應在貸款合同中明確借款人不得將貸款用於上述用途，否則外資銀行有權收回貸款並追究借款人的違約責任。另外，外資銀行在審查貸款申請時，還須注意借款人的借款用途是否與其經營範圍相符合，是否有將貸款用於生產、經營或

投資國家明文禁止的產品、項目的可能。

三、關於貸款利率

　　根據相關規定，外資銀行須按照中國人民銀行確定的法定利率確定貸款的利率，且根據中國人民銀行「關於印發『人民幣利率管理規定』的通知」、「中國人民銀行關於人民幣貸款利率有關問題的通知」等，對逾期還款等情況，外資銀行可依法向違約的借款人收取複利。

四、關於貸款期限及還款方式

　　貸款期限是指借貸雙方依照有關規定，在合同中約定的借款的使用期限。借款期限應根據借款種類、借款性質、借款用途來確定。同時，外資銀行應注意約定貸款到期後借款人的還款方式，並可根據不同的情況，約定借款人還款的資金來源。最後，外資銀行還應就借款人提前還貸的情況做出約定。

五、當事人的權利義務

　　一般情況下，貸款人的主要權利包括：按照國家規定的利率或者按照與借款人約定的利率收取利息；有權按照約定檢查、監督借款的使用情況，要求借款人定期提供有關財務會計報表等資料；借款人無力歸還貸款時，貸款人有權依法處理貸款人作為貸款擔保的抵押物或者質押物，並優先受償。貸款人的主要義務包括：按合同約定的日期、數額提供借款；對政策性貸款的使用情況進行監督檢查。

　　借款人的主要權利包括：有權按照約定的日期、數額取得貸款；有權按照約定的借款用途使用借款，並依法取得收益。借款人的主要義務包括：按照貸款人的要求提供與借款有關的業務活動和財務狀況的真實情況；按照約定的日期、數額提取借款；借款人未按時提款，應當支付逾期提款的利息；按照約定的借款用途使用借款；借款人如將借款挪作他用，貸款人可以停止發放借款、提前收回借款或者解除合同；按照約定的期限返還借款、支付利息。

六、違約責任

借款合同依法成立便具有法律約束力。違反合同者應當承擔一定的法律責任,因此,借款合同必須明確規定違約責任條款。

【95】銀行借貸合同成立與生效要件分析

「合同法」第25條規定：「承諾生效時合同成立。」第21條規定：「承諾是受要約人同意要約的意思表示。」第14條規定：「要約是希望和他人訂立合同的意思表示，該意思表示應當符合下列規定：（一）內容具體確定；（二）表明經受要約人承諾，要約人即受該意思表示約束。」因此，一個借貸合同是否成立，應看銀行和借款人之間的要約和承諾是否達成了一致，如果借貸雙方因為借貸事宜發生爭議，在法庭上一方主張合同不成立，則其應舉證證明合同為何不成立，例如，實務中當事人可舉證，借貸合同約定，「合同自雙方法定代表人簽字，並且蓋上雙方公章後方成立」，但合同只經法定代表人簽字，沒有蓋章，所以不成立。

對於借貸合同約定成立條件的，還應注意「合同法」第36條規定：「法律、行政法規規定或者當事人約定採用書面形式訂立合同，當事人未採用書面形式但一方已經履行主要義務，對方接受的，該合同成立。」及第37條規定：「採用合同書形式訂立合同，在簽字或者蓋章之前，當事人一方已經履行主要義務，對方接受的，該合同成立。」即使借貸合同約定的成立條件未成就，借貸雙方仍可透過自己的行為使合同成立。對於借貸合同沒有約定成立條件的，合同只有法定代表人的簽字，或者只蓋了公章，均可認為合同成立。

合同成立與否，看的是有沒有要約承諾達成一致的事實證據，而合同是否生效屬於法律判斷。「合同法」第44條規定：「依法成立的合同，自成立時生效。法律、行政法規規定應當辦理批准、登記等手續生效的，依照其規定。」第45條規定：「當事人對合同的效力可以約定附條件。附生效條件的合同，自條件成就時生效。……」第46條規定：「當事人對合同的效力可以約定附期限。附生效期限的合同，自期限屆至時生效……」

借貸合同最常見的附條件生效情況是借貸合同明確約定，借貸合同自辦妥抵押物登記（或其他擔保手續）之日起生效，此類附生效條件借貸合同，銀行應特別注意，如果銀行雖與保證人簽定了相應的擔保合同，卻並沒有去辦理抵押登記，或沒有完成借貸合同約定作為生效條件的相關擔保手續，而把款項貸出的，將給銀行帶來很大的風險。

如前所述，借貸合同當事人可以透過自己的行為改變借貸合同的成立條件，借貸合同當事人約定了合同生效的條件，但是又以自己的實際行為改變了合同生效條件，即在合同生效前，銀行貸出了款項，借款人也使用了這些款項，同樣可認為借貸合同當事人以行為變更了合同的生效條款，沒有辦理抵押物登記對借貸雙方繼續履行借貸合同沒有影響。但「擔保法」第24條規定：「債權人與債務人協議變更主合同的，應當取得保證人書面同意，未經保證人書面同意的，保證人不再承擔保證責任。保證合同另有約定的，按照約定。」借貸合同作為擔保合同的主合同，雙方當事人變更主合同內容的，應當徵得保證人的同意，而且是書面同意，反之，保證人有權免除保證責任。

銀行作為貸款人，應認識到，借貸合同的成立、生效條款可以因當事人的行為發生變更，而且還可能涉及第三方，也就是保證人的權利義務，所以應充分認識到成立、生效條款的重要性。

【96】銀行借貸合同被認定為格式合同有何不利

　　格式條款合同簡稱格式合同，是指當事人為了重複使用而預先擬定，並在訂立合同時未與對方協商的合同。如保險合同、拍賣成交確認書等通常都是格式合同。

　　銀行的借貸合同是否屬於格式合同，可以從以下幾方面進行判斷：首先，格式合同一定是書面形式的合同，該合同由銀行在不與借款人協商的情況下預先擬定，合同的內容和式樣是標準的、統一的，在一定期限內經多次使用。訂立借貸合同時，貸款銀行向借款人提供經印製的合同文本，相同種類的信貸業務，不同的借款人所使用的合同文本是相同的，差異僅在於借款人姓名（名稱）的改變和借款金額上的不同，借款人只能接受或者拒絕簽定借貸合同，銀行不接受借款人對合同條款的協商。

　　從以上分析可見，大部分的消費信貸合同都屬於格式合同，但並不能說銀行的借貸合同就是格式合同，銀行的借貸合同是否是格式合同，應具體情況具體分析。通常，銀行製作的借貸合同不允許借款人做修改，但遇到實力比較強的借款人，銀行為了把款項貸出去，一般都會與借款人協商借貸合同具體條款，此時，就不能認為雙方簽定的是格式合同。

　　格式合同提高了銀行的放貸效率，給銀行放貸提供了一定的風險保障，因此，格式合同對於銀行開展業務是必需的，只是應注意到，借貸雙方因借貸合同發生爭議時，借款人主張合同條款為格式條款的，銀行在以下方面將處於不利地位：

一、條款的解釋可能不利於銀行

　　「合同法」第41條規定：「對格式條款的理解發生爭議的，應當按通常理解予以解釋。對格式條款有兩種以上解釋的，應當做出不利於提供格式條款一方的解釋。格式條款和非格條款不一致的，應當採

用非格式條款。」

因此，對於格式借貸合同，更應清楚地約定雙方的權利、義務，無須法官對合同條款做進一步解釋，這樣就可以避免在發生爭議時，做出不利於銀行的解釋。

二、條款可能被判定無效

「合同法」第40條規定：「格式條款具有本法第52條和第53條規定情形的，或者提供格式條款一方免除其責任、加重對方責任、排除對方主要權利的，該條款無效。」但「合同法」第39條同時規定：「用格式條款訂立合同的，提供格式條款的一方應當遵循公平原則確定當事人之間的權利和義務，並採取合理的方式提請對方注意免除或者限制其責任的條款，按照對方的要求，對該條款予以說明。」

從以上規定看，除了一些法定的權利、義務以外，銀行預先製作的借貸合同，可以約定免除或限制銀行責任，也可以約定對借款人的權利進行一定的排除，但前提條件是該條款符合公平原則，並依法履行了提示和說明義務。

另外，對於和借款人協商確定的借貸合同，應在合同中明確，合同是經當事人友好協商，在自願和平等互利的基礎上訂立的，合同的內容是當事人一致形成的意思表示，且該等意思表示系屬真實的、有效的，並非任何一方當事人單獨提供的格式合同或條款。如此，可以在一定程度上有利於銀行主張該合同非格式合同。

【97】銀行借貸合同被判無效和部分無效的幾種情形分析

實務中，銀行所簽定的借貸合同出現無效的情況並不多見，本文主要介紹幾種曾被法院判決無效或部分無效的銀行借貸合同。「合同法」規定，以下合同為無效合同：一方以欺詐、脅迫的手段訂立合同，損害國家利益；惡意串通，損害國家、集體或者第三人利益；以合法形式掩蓋非法目的；損害社會公共利益；違反法律、行政法規的強制性規定。另外，造成對方人身傷害，因故意或者重大過失造成對方財產損失，因此所約定的免責條款無效。借貸合同被判無效，大多數情形是因為借貸合同違反了「商業銀行法」的規定，因違反法律、行政法規的強制性規定被判無效或部分條款無效。

一、違反「商業銀行法」第43條被判無效

「商業銀行法」第43條規定：「商業銀行在中華人民共和國境內不得從事信託投資和證券經營業務，不得向非自用不動產投資或者向非銀行金融機構和企業投資，但國家另有規定的除外。」「信託投資業務」具體內容指什麼，商業銀行法並沒有作具體解釋。中國人民銀行於2000年4月發布「關於商業銀行開辦委託貸款業務有關問題的通知」，從該通知可以看出，中國允許商業銀行開展委託貸款業務。委託貸款是指由政府部門、企事業單位及個人等委託人提供資金，由商業銀行（即受託人）根據委託人確定的貸款對象、用途、金額、期限、利率等代為發放、監督使用並協助收回的貸款。商業銀行開辦委託貸款業務，只收取手續費，不得承擔任何形式的貸款風險。依照該通知，委託貸款並不屬於「商業銀行法」禁止商業銀行從事的信託投資業務。但如果一方將資金交給銀行，銀行開具存單，然後銀行再把資金貸給商量好的第三方，此時因為銀行承擔了風險，應認為屬「商業銀行法」禁止商業銀行從事的信託投資業務，所以，商業銀行在金融產品創新中須謹慎對待「商業銀行法」第43條的禁止性規定。

二、違反「商業銀行法」第39、40條被判無效

商業銀行法第39條第4項規定，對同一借款人的貸款餘額與商業銀行資本餘額的比例不得超過10%。第40條規定，商業銀行不得向關係人發放信用貸款，向關係人發放擔保貸款的條件不得優於其他借款人同類貸款的條件。關係人是指金融機構的董事、監事、管理人員、信貸業務人員及其近親屬，以及他們投資或者擔任高級管理職務的公司、企業和其他經濟組織。如果遇到上述違反「商業銀行法」的情況，法院可以判定借貸合同無效。

三、未履行法定審批手續

嚴格來說，未履行法定審批手續的借貸合同應屬於未生效合同。根據中國外匯管理規定，未經批准，違法進行跨境借貸、違法提供對外擔保，均屬於無效行為。

四、較常見的部分條款無效的情形

1. 借貸合同約定利息預先在本金中扣除的條款無效，依法應以實際貸出的本金數額計算本金，扣除的利息不能作為本金計算。

2. 借貸合同在人民銀行規定的幾種情形以外約定複利、滯納金的條款無效。人民銀行「關於印發『人民幣利率管理規定』的通知」、「關於人民幣貸款利率有關問題的通知」均對銀行計收複利進行了規定。最高人民法院「關於審理借款合同糾紛案件若干問題的規定」（徵求意見稿）第17條規定：「在金融信貸合同、資金拆借合同、委託貸款合同、信託貸款合同中，除根據行政規章可以計收複利的之外，複利不予計算。」

【98】銀行應如何處理效力待定合同

我們經常會遇到合同的效力問題，合同的效力情形一般可以分為生效合同、未生效合同、無效合同、可撤銷合同和效力待定合同。效力待定合同首先要求合同已經成立，如果合同沒有成立，就談不上合同效力，所以效力待定合同必須是成立的合同。

如果合同完全符合生效要件，即合同主體資格合法、當事人合意、合同內容合法、合同形式合法等，則合同屬於有效合同。效力待定合同不完全符合合同生效要件的規定，其是否能生效尚未確定，對當事人是否具有約束力無法確認。要件缺陷主要是因為合同簽定主體存在瑕疵，包括有關當事人缺乏締約能力、處分能力、代訂合同資格三種情況。

第一種情況，比較典型的例子是助學貸款。助學貸款是幫助高等學校全日制在校學生解決就學經濟困難的貸款，包括國家助學貸款和商業性助學貸款，貸款對象有可能是未滿18足歲的未成年人，屬於限制民事行為能力人，其所簽定的借貸合同，因借款人缺乏締約能力，屬於效力待定合同，需要經其法定代理人追認後方才有效，銀行對此有以下操作方法：由未成年人作為借款人，並由其法定監護人出具同意其借款的書面證明；由未成年人的直系親屬或法定監護人作為借款主體，此時要注意借款人的償債能力；未成年人及其直系親屬或法定監護人共同作為借款人。

第二種情況，銀行則要注意，因當事人缺乏處分能力而簽定的合同，並不都是效力待定合同，有些合同因為當事人無處分權或無完整的處分權從一開始就當然無效，例如，「民法通則」第18條規定「除為被監護人的利益外，不得處理被監護人的財產」。借款人申請貸款時，提供所有權人登記為未成年子女的房產作為抵押擔保，銀行則應視不同情況來確定是否接受該抵押。如果所申請的貸款純粹是為支付

購買該房產的價款,那麼該抵押顯然屬於「民法通則」所規定的「為被監護人的利益處理被監護人的財產」,此種情況下應視為抵押有效;如果所申請的貸款是為子女治病或者為子女出國念書,則抵押行為也應當屬於「為被監護人的利益處理被監護人的財產」;若為其他用途,則銀行應審慎考慮,一般不應該接受該種抵押,否則會面臨抵押無效的風險。

第三種情況,為避免當事人缺乏代訂合同資格而導致合同效力待定,銀行應在簽署借貸合同時,審查簽署人的身分,如果簽署人為借款企業的法定代表人,則享有當然的權力代表企業簽署借貸合同,如果是其他人,應審查其代理許可權,由借款企業的法定代表人出具授權書,明確授權範圍、授權期限,謹防代理人沒有代理權、超越代理權或代理權終止後未經被代理人追認,而導致借貸合同無效。

效力待定合同一般須經有權人承認或追認後才能生效,一般情況下,追認權的行使時間以追認權人知道或應當知道效力待定合同存在時開始。在相對人催告的情況下,追認權在催告後的合理期限屆滿時消失。在相對人沒有催告的情況下,追認權何時消滅,「合同法」沒有規定。合同被追認前,善意相對人有撤銷的權利,撤銷應當以通知的方式做出。效力待定合同經追認權人同意後,其效力溯及於合同成立之時。效力待定合同經追認權人拒絕後,自始無效。

【99】銀行應如何處理可撤銷合同

可撤銷的借貸合同可能發生在欺詐、脅迫、重大誤解、顯失公平四種情況下，雖然實務中發生銀行借貸合同被撤銷的情形較少，但外資銀行仍有必要對中國可撤銷合同相關規定以及實務處理進行了解，減少此方面的風險。

「合同法」第199條規定，借款人提供虛假的財務狀況、業務活動，構成對貸款人的欺詐。「商業銀行法」第41條規定，任何單位和個人不得強令商業銀行發放貸款。如果強令銀行發放貸款，構成脅迫。按照「合同法」第52、54條規定，因欺詐成立的合同損害國家利益的無效，不損害國家利益的，按照可撤銷合同對待。

可撤銷的借貸合同在性質上屬於可撤銷的民事行為，可撤銷的民事行為，也稱做相對無效的民事行為，是指行為人在並非真正自願的狀態下所進行的民事行為。對於可撤銷的借貸合同，撤銷權人可以向人民法院或仲裁機構請求變更或撤銷，當事人請求變更的，人民法院和仲裁機構不能撤銷。撤銷權人必須在規定的時間內行使撤銷權，「合同法」第55條規定，有下列情形之一的，撤銷權消滅：

1. 具有撤銷權的當事人自知道或者應當知道撤銷事由之日起一年內沒有行使撤銷權；

2. 具有撤銷權的當事人知道撤銷事由後明確表示或者以自己的行為放棄撤銷權。銀行作為可撤銷權人的可撤銷借貸合同，銀行未在規定的時間內行使撤銷權或請求變更的，則借貸合同對雙方當事人產生法律約束力。

可撤銷借貸合同的一個焦點問題是，當銀行作為可撤銷權利人，銀行撤銷借貸合同到底是一個權利還是權利義務相結合。如果銀行因受借款人欺詐，與借款人簽定了借貸合同，他人為借款人提供了擔保。銀行放貸後，發現借款人在與銀行簽署借貸合同時存在欺詐行

為，擔保人此時向銀行提出撤銷借貸合同的要求。因借貸合同撤銷以後，擔保人只需要承擔部分賠償責任，但銀行因其債務已得到充分擔保，並不願意行使撤銷權，不久借款人發生嚴重經濟困難無法還款，擔保人主張因為銀行沒有行使撤銷權，所以導致損失擴大，要求銀行自行承擔擴大部分的損失，擔保人的主張是否能得到支持？一般而言，因撤銷權屬於形成權，銀行不行使撤銷權，人民法院或仲裁機構不會因此判定擔保人免責，但如果發生在分期貸款合同中，銀行在放出第一筆款項後，發現借款人提供了虛假的財務狀況、業務活動，擔保人要求銀行停止發放第二筆貸款，此時銀行如果繼續放貸，擔保人可以依據「合同法」關於擴大損失自行承擔的規定，免除其做出欺詐提示後，銀行新產生的損失。

借貸合同被依法撤銷後，沒有過錯的貸款銀行可以要求獲得法定利息補償的，還可以要求借款人賠償其受到的損失，其損失指的是受法律保護的利息損失，此時，有擔保人的，擔保人應負連帶責任。

第二章

以中國法律為準據法
簽署擔保合同的注意事項

【100】哪些人不能為他人債務擔保

　　擔保是為保證債務實現採取的法律措施，一般指特定的以當事人的一定財產為基礎，監督債務人履行債務、實現債權的方法。從法律上講，權利人享有的擔保權（如抵押權、質權等）屬於物權的範疇，擔保物權生效後，如果債務人無法如約履行債權，債權人可以用抵押或質押物實現債權或要求保證人履行債權。

　　根據「擔保法」的相關規定，具有代為清償債務能力的法人、其他組織或者公民，都可以用其自身的財產或信譽為他人提供擔保。不過，鑑於擔保行為系需要擔保人做出明確意思表示的民事法律行為，所以具備相應的民事行為能力，是擔保人為他人提供擔保的前提條件。法人的民事權利能力與民事行為能力從法人成立時產生，終止時消滅。除法律明確限制或禁止提供擔保的法人主體外，一般法人都應具備擔保人的民事行為能力。

　　按照中國的規定，自然人則分為完全民事行為能力人、限制行為能力人和無民事行為能力人，其中，18足歲以上的公民是成年人，具有完全民事行為能力，可以獨立進行民事活動，是完全民事行為能力人；16足歲以上、不滿18足歲的公民，以自己的勞動收入為主要生活來源的，同樣可視為完全民事行為能力人；10足歲以上的未成年人是限制民事行為能力人，可以進行與他的年齡、智力相適應的民事

活動；其他民事活動由他的法定監護人代理，或者徵得他的法定監護人的同意。不滿10足歲的未成年人是無民事行為能力人，由他的法定監護人代理民事活動。同時，不能辨認自己行為的精神病人是無民事行為能力人；不能完全辨認自己行為的精神病人是限制民事行為能力人，可以進行與他的精神健康狀況相適應的民事活動；其他民事活動由他的法定監護人代理，或者徵得他的法定監護人的同意。另外，按中國的法律，對限制民事行為能力人和無民事行為能力人的代理人，代理人應當保護被代理人的人身、財產及其他合法權益，除為被代理人的利益外，不得處理被代理人的財產。所以一般情況下，代理人不能在被代理人的財產上設置擔保，限制民事行為能力人和無民事行為能力人，也不具備透過自己的意思表示為他人提供擔保的能力。

但根據相關法律規定，一些具有特殊身分或地位的自然人、法人，也不能為他人提供擔保，具體可以分為如下幾類：

一、國家機關

國家機關不得作為保證人為他人提供擔保，不過，經國務院批准為使用外國政府或者國際經濟組織貸款進行轉貸的情況除外。

二、以公益為目的的事業單位、社會團體

一般來講，如公立的學校、幼稚園、醫院等享受國家或地方財政撥款的事業單位，不得為他人提供擔保，不過，在實踐中，學校、幼稚園、醫院等以公益為目的的事業單位、社會團體，以其教育設施、醫療衛生設施和其他社會公益設施以外的財產為自身債務設定抵押的，人民法院可以認定抵押有效。

三、企業法人的分支機構、職能部門

企業法人的分支機構、職能部門不得為保證人。不過，企業法人的分支機構由法人書面授權的，可以在授權範圍內提供保證。

【101】銀行接受企業為股東擔保應注意的事項

「公司法」第16條規定：「公司向其他企業投資或者為他人提供擔保，依照公司章程的規定，由董事會或者股東會、股東大會決議；公司章程對投資或者擔保的總額及單項投資或者擔保的數額有限額規定的，不得超過規定的限額。公司為公司股東或者實際控制人提供擔保的，必須經股東會或者股東大會決議。前款規定的股東或者受前款規定的實際控制人支配的股東，不得參加前款規定事項的表決。該項表決由出席會議的其他股東所持表決權的過半數通過。」第149條規定：「董事、高級管理人員不得有下列行為：……（三）違反公司章程的規定，未經股東會、股東大會或者董事會同意，將公司資金借貸給他人或者以公司財產為他人提供擔保；……」

「公司法」上述規定直接決定公司為股東提供擔保的效力，即只有通過股東會（大會）決議，公司才可以為股東債務提供擔保，如果公司違背法律規定為股東提供擔保，依據「合同法」第52條「有下列情形之一的，合同無效：……（五）違反法律、行政法規的強制性規定；……」之規定，擔保合同為無效合同。如果相關當事人因擔保合同發生爭議，訴至法院或提交仲裁機構裁決，對銀行將帶來不利影響。

「公司法」的上述規定看似全面，但在實務中仍會遇到不明確的情形發生，當A公司是一人公司時，為其股東B公司提供擔保，就會出現沒有股東可以為此事做出決議的情形，如此是否意味著一人公司不能為其股東提供擔保？或者意味著一人公司為股東提供擔保，因沒有股東（大）會，所以經股東個人同意即可？均有待進一步明確。

針對「公司法」、「合同法」以上有關規定，銀行在接受公司為股東提供擔保時，應採取以下風險防範措施：

1. 應按「公司法」的規定，為原先的擔保補辦股東（大）會決議

手續；

2. 在接受A公司為B公司擔保時，應審核A公司、B公司的營業執照，要求A公司、B公司提交工商檔案證明其股東的身分、股東的法定代表人身分（股東為公司時適用）、股東及其法定代表人簽章字樣、A公司、B公司現行有效的公司章程等資料，另外，還應要求A公司、B公司對實際控制人的情況提供書面資料；

3. 除了為股東擔保的情況必須經股東（大）會決議以外，為了安全起見，原則上均應要求擔保人出具股東（大）會決議，而非僅僅出具董事會決議，決議（或會議紀錄）應要求蓋公司公章留存。

總之，為避免因缺乏擔保決策文件或者擔保決策文件存在法律瑕疵，可能導致的擔保合同無效，進而影響信貸資產的安全，銀行工作人員應結合擔保人或借款人提供的資料，認真審查擔保的授權、擔保的最高限額、提供擔保的公司的資產總額、表決權、表決程序的內容，加強擔保決策文件的審查和管理，並辦理相關擔保手續。

【102】銀行接受上市公司為他人擔保應注意事項

上市公司的資信狀況通常會優於普通的有限責任公司，所以上市公司為借款人提供擔保，更有利於保障銀行債權的實現。但因中國政府對上市公司的決議程序、規範運作、信息披露等方面監管較為嚴格，外資銀行審查上市公司擔保主體資格的責任也更重大。2005年年底頒布的「關於規範上市公司對外擔保行為的通知」（以下簡稱「通知」）中明確規定，銀行業金融機構須規範上市公司貸款擔保審批行為，有效防範銀行業金融機構發放由上市公司提供擔保的貸款風險。

外資銀行在接受上市公司提供擔保的貸款申請時，應注意從以下幾個方面進行審查：

一、上市公司對外擔保履行董事會或股東大會審批程序的情況

上市公司對外擔保須獲得其內部決策機構（股東大會或董事會）的認可，且在程序上須符合法律規定。一般上市公司的章程中，都會對公司對外擔保的額度及相應的決策機關做明確的規定，某些公司的章程中還會規定不得對外擔保的情況，因此外資銀行在審查擔保文件時，除了要上市公司提供相應的決議文件外，還應該看到該公司的章程全文。

另外，根據「通知」規定，以下情況的對外擔保必須經過公司股東大會決議：

1. 上市公司及其控股子公司的對外擔保總額，超過最近一期經審計淨資產50%以後提供的任何擔保；

2. 為資產負債率超過70%的擔保對象提供的擔保；

3. 單筆擔保額超過最近一期經審計淨資產10%的擔保；

4. 對股東、實際控制人及其關聯方提供的擔保。

最後，外資銀行還須注意「公司法」中規定的股東迴避制度，即公司為公司股東或者實際控制人提供擔保的，必須經股東會或者股東

大會決議，且作為被擔保人的股東或受前述規定的實際控制人支配的股東，不得參加前款規定事項的表決。該項表決由出席會議的其他股東所持表決權的過半數通過。

二、對關聯方擔保的特別審查

「通知」中規定，上市公司對股東、實際控制人及其關聯方的擔保須經股東大會決議通過，從立法目的上看，是為了遏制大股東濫用優勢地位損害中小股東的利益，因此實踐中司法機關對關聯企業的認定不僅包括「公司法」第217條規定的被控制企業與控制方之間的關係，還包括同一控股股東或實際控制人控制下的公司之間的關係。企業的股權結構往往錯綜複雜，單純從其提供的文件中難以準確認定被擔保的公司是否屬於上市公司的關聯公司，進而無法確定對外擔保的有效決策機構，這有可能導致因決策程序不合法而造成擔保合同無效的潛在風險。所以外資銀行應詳細審查其年度報告中披露的實際控制人或關聯企業資訊，準確判斷上市公司關聯公司的範圍，另外，在借款和保證合同中，外資銀行應注意添加「陳述和保證」條款，由借款人和保證人承諾其相互之間不存在關聯關係、實際控制關係，也沒有共同受控於其他第三方的情形。而對於借款人、保證人提交給貸款銀行用於審查的文件資料，則盡可能辦理律師見證或公證手續，文件上要加蓋借款人、保證人的公章，由法定代表人簽名，並注明上述文件用於貸款銀行審查，從形式上保證擔保申請文件的合法性。

【103】哪些情況下擔保不能對抗第三人

「物權法」第187條規定：「以本法第180條第1款第1項至第3項規定的財產或者第5項規定的正在建造的建築物抵押的，應當辦理抵押登記。抵押權自登記時設立。」第188條規定：「以本法第180條第1款第4項、第6項規定的財產或者第5項規定的正在建造的船舶、航空器抵押的，抵押權自抵押合同生效時設立；未經登記，不得對抗善意第三人。」第212條規定：「質權自出質人交付質押財產時設立。」第224條規定：「以匯票、支票、本票、債券、存款單、倉單、提單出質的，當事人應當訂立書面合同。質權自權利憑證交付質權人時設立；沒有權利憑證的，質權自有關部門辦理出質登記時設立。」從以上規定可見，「物權法」對於擔保物權（抵押、質押）做出了「登記生效」、「登記對抗」和「交付生效」三種規定。在抵押權問題上，對於不動產採取的是「登記生效」，對於動產採取的是「登記對抗」。在質權問題上，不管是動產質押，還是權利質押，採取的都是「交付生效」，只是對於沒有權利憑證的權利質押，採取的是「登記生效」的方法，比如股票、股份質押。

動產抵押之「登記對抗」規定，也即動產的抵押權從抵押合同生效之日就產生了效力，只是未經登記，不能對抗善意第三人。

一、第三人的範圍

假設，企業一台估價為1,000萬元人民幣的機器上，被設定了若干個抵押權，先後抵押給A銀行（300萬元）、B銀行（500萬元）、C銀行（400萬元），其中僅B銀行辦理了抵押登記，另外，企業還有普通債務人D（100萬元）。結合「物權法」第199條之規定，登記的抵押權優於先未登記的抵押權，先登記的抵押權優先於後登記的抵押權，未登記的抵押權按照債權比例清償，所以B銀行的500萬元，優先於A銀行和C銀行受償，剩餘部分500萬元由A銀行和C銀行按照債權比例受償，即A銀

行可受償500萬元的3/7，C銀行可受償500萬元的4/7。現在問題是，A銀行和C銀行都沒有辦理抵押登記，能否對抗普通債權人D？目前的分析觀點比較傾向於認為，未登記的抵押合同不能對抗的第三人應包括抵押人的普通債權人。

二、如何理解善意

所謂惡意與善意的區分，就是知道和不知道，但無論善意與否，還是要堅持登記的優於未登記的，不管後面辦理抵押登記的抵押權人是知道還是不知道。

三、銀行風險防範

為了保證信貸資金安全，無論抵押權是否經過登記才設定，銀行都應要求辦理抵押登記，且應依照法律規定的登記機關辦理登記手續，對於質押，則應結合「物權法」有關動產交付的規則，全面把握質押財產「交付」的涵義，尤其是「物權法」第27條的規定，有助於動產質押機制的靈活化運用，該條規定「動產物權轉讓時，雙方又約定由出讓人繼續占有該動產的，物權自該約定生效時發生效力」，這意味著質押財產的交付並不一定移交於質權人占有。

【104】銀行簽署擔保合同應注意事項

根據「擔保法」的相關規定，保證人與債務人應當以書面形式訂立擔保合同，外資銀行在審查擔保合同時，應注意如下事項：

一、注意確保擔保合同的法律效力

擔保合同作為一種民事行為，須具備一定的法定生效要件，特定的法律要件缺失，會致使擔保合同不成立或無效，擔保合同無效的主要情形包括主合同無效導致擔保合同無效的情況，以及主合同有效、擔保合同無效兩種。外資銀行在簽署擔保合同時，首先要注意擔保合同的效力問題，確保與擔保合同對應的主合同（主債權）明確、有效，並要求擔保人在擔保合同中明確，其提供給擔保的意思表示真實，未有任何被欺詐、被脅迫等的情形。

二、注意考察擔保人及合同簽署代表的主體資格

簽署擔保合同時，外資銀行應首先考察擔保人的主體資格，例如不動產抵押人應為不動產的權利人，抵押人與產權證明上登記的權利人不一致的情況下，抵押人須提供其有權對抵押房地產進行處置的證明；擔保人為法人的，代表企業簽字的應為企業的法定代表人。

三、應明確擔保物（抵押物或質押物等）的價值

鑑於中國法律法規規定，債權人實現擔保物權時，通常不能直接以擔保物抵債，而須經招標、拍賣等方式將擔保物處置後，以處置所得償還債務，且處置抵押物的所得中，還要先扣除處置抵押物所產生的費用（如委託拍賣的服務費、相關稅費等）。所以，通常簽署擔保合同時，擔保物的實際價值並不能確定，建議外資銀行在簽署擔保合同時，應儘量保證抵押的債權總額小於抵押物的價值，以避免抵押物的處置所得無法足額償還債務的情況。同時，擔保合同中還應約定清楚，抵押物處置所得不能足額償還債務的，抵押人及債務人須以其他財產清償主債權。

四、擔保範圍

具體擔保的範圍應由合同雙方在擔保合同中予以明確，根據相關法規的規定，擔保範圍可包括主債權及利息、違約金、損害賠償金和實現債權的費用等。所以簽署擔保合同時，應儘量按照上述原則將擔保範圍進行明確，以保護抵押權人的利益。

五、須約定擔保物的保管義務及意外滅失的風險承擔

為防止擔保物意外損壞、滅失致使擔保物權無法順利實現，擔保合同中應對擔保物的占用管理人、占用管理方式、占用管理責任予以明確約定，並約定占有人違反上述約定時應承擔的違約責任。為保證擔保物權的實現，擔保合同中還應約定擔保物意外損毀、滅失後，抵押人有義務另行提供抵押物以保證主債權的實現。

六、最高額抵押（質押）的特別規定

所謂最高額抵押（質押），是指雙方當事人協議，在最高債權限額內，以抵押（質押）物對一定期間內連續發生的債權做擔保。由於最高額抵押（質押）所擔保的未來債權是不特定的，因此在簽署最高額抵押（質押）合同時，應注意對最高額的額度及行使期間作明確約定。同時，外資銀行應尤其注意合同中抵（質）押權的行使條件要約定清楚，因為交易的長期性、連續性和債權總金額的不確定性，債務人一方容易發生違約的行為，如果不約定明確行使條件，很難保障債權人的利益，建議約定債務人不按期履行任何一次債務、債務人被申請破產或依法解散之時、債務人有對抵押物或質物進行處分等。

最後，擔保合同中還應對合同生效、違約責任、法律適用及爭議解決方式等內容進行詳細約定，這裡不再一一贅述。

【105】保證合同未成立導致保證人免責的情形分析

保證合同是須以主合同的存在為前提始能成立的合同，同時，保證合同作為一種民事行為，須具備法定要件，否則，保證合同不成立，保證人免除承擔保證之責任。保證合同未成立的情形主要包括：

一、主合同尚未成立

保證合同的從屬性，決定了於其存續中附從於主合同，如主合同未成立（指主合同當事人未就主合同的主要條款達成合意或主合同尚未經過承諾），保證合同作為從合同也就不成立，進而談不上承擔保證責任。

二、主合同成立，但保證合同不成立

主合同成立，但保證合同不成立，又可分為以下幾種情形：

1. 「擔保法」第13條規定，保證人與債務人應當以書面形式訂立保證合同，這表明法律上的保證合同為要式合同。當然，將書面形式作為保證合同成立的要件，並非完全排除口頭保證和其他形式的保證：（1）依「擔保法解釋」第22條，若保證人單獨出具保證書，債權人接受且未提出異議的，或者保證人在未設有保證條款的主合同上以保證人身分簽字蓋章的，保證合同也成立；（2）依「合同法」第36條之規定，如果保證人已履行保證之主要義務，債權人接受的，即使雙方沒有以規定的書面形式訂立保證合同，合同同樣是成立的。除此（1）、（2）兩種情形外，凡保證合同未採用書面形式訂立的，皆視為保證合同未成立。

2. 主從合同之間沒有保證的關聯性。從合同存在形式和內容兩個方面都與主合同存在直接的依附關係，即以主合同為保證對象。以主合同的內容為保證內容，以主合同的義務為保證責任。如果作為從合同的保證合同從保證的內容等方面，均無法體現出對主合同中債務的擔保，而是完全獨立，則不能視為保證合同成立。

3. 保證人關於願意為主合同債務提供擔保的意思表示不真實。保證合同是雙方法律行為，當事人的意思表示真實是法律行為成立的必要條件，由於保證合同單務無償的性質，強調保證人的意思表示真實尤其重要。保證人意思表示真實，才承擔保證責任。

因此，下列情況下保證人無須承擔保證責任：

（1）因主合同當事人雙方惡意串通，騙取保證人提供保證的。

（2）因主合同債權人或債務人採取欺詐、脅迫等手段，使保證人在違背真實意思情況下所做的保證。

（3）因無權代理人所作的保證，又未經本人追認的。

（4）因重大誤解所作的保證，保證人無過錯的。保證人因對行為的性質、主合同的主要內容等的錯誤認識，使保證行為的後果與自己的意思相悖，並造成較大損失的，可以認定為重大誤解，保證可以撤銷和變更。

（5）因受不正當干預而致保證人的意思表示不真實，該保證合同無效。如「擔保法」第11條規定：任何單位和個人不得強令銀行等金融機構或者企業為他人提供保證。

在此，需要提醒的是，儘管因為保證合同不成立而使得保證人可以免除承擔保證責任，但這並不意味著保證人無須承擔其他任何責任，因為如果是因保證人的過失使保證合同不成立，保證人則應根據締約過失責任原則，賠償另一方所遭受的利益損失。但此損失的賠償責任在性質上有別於保證責任，即無須對主合同中的債權承擔全部的清償責任，通常只須對無過錯合同一方當事人因合同不成立而遭受的實際損失進行彌補，具體來講，應包括訂立合同談判所支出的費用，以及對方因此失去與第三人訂立合同的機會損失。至於如果合同成立可能產生的利益，即預期履行利益，則不予賠償，因為預期履行利益是從主合同債權人角度設定的，在主債務人不履行、不完全履行時，由保證人履行保證合同義務，使主債權人依擔保合同而獲得的利益，

其不屬於可信賴利益。而債權人因信賴擔保人喪失與第三人訂約的機會損失，不論擔保合同是否有效，債權人都會失去機會利益，只不過機會利益損失在主合同履行後能以合同的履行利益補償，倘若合同未獲得履行，則需通過締約過失責任來補償。

【106】保證違反禁止性規定導致保證人免責的情形分析

為了維護國家、社會和保證人的合法權益，法律規定了禁止保證的條款，若違反這些禁止性的條款，則保證責任不具有約束力，保證人不承擔保證責任。目前，明確禁止的情形有：

一、國家機關所提供的保證

「擔保法」總結了以往國家機關為企事業單位提供擔保的深刻教訓，根據國務院和最高人民法院禁止國家機關充當保證人的一貫態度，於第8條明確規定，國家機關不得做保證人（但經國務院批准為使用外國政府或者國際經濟組織貸款進行轉貸的除外）。

這裡頗值研究的問題是，黨的機關和各級政協組織是否也被視為國家機關而適用上述規定？我們認為，雖然「憲法」中只有國家權力機關、行政機關、審判機關、檢察機關和軍事機關的表述，但從中國的政體和和國情來看，黨的機關和各級政協組織畢竟在國家的政治、經濟、文化和社會生活領域中發揮著領導和重要的作用，其職能類似於國家機關，且既無作為保證人應有的清償能力，也不具備保證人的職責，因而，黨的機關和各級政協組織應視為國家機關，也不宜充當保證人。

二、以公益為目的的事業單位、社會團體所提供的保證

所謂以公益為目的的事業單位、社會團體，是指主要向社會提供公共利益服務的事業單位、社會團體，比如學校、醫院、幼稚園、福利院等，「擔保法」第9條規定這類單位不得做保證人，其立法的本意是為了保障社會公共利益的穩定與安全，既然立法禁止這類公益性的單位作保證人，就產生了可免除保證責任的法律效果。

三、企業法人的分支機構未經法人授權或超越授權範圍所提供的保證

對於企業法人的分支機構未經法人授權所提供的保證，「擔保法」第29條與以往有關規定的精神是一致的，均持否定意見。立法上

之所以禁止企業法人的分支機構未經法人授權不得提供保證，主要是考慮到保證活動並非企業法人分支機構的日常經營活動。這裡需要注意，「擔保法」第29條和「擔保法解釋」第17條均將「書面授權」作為要件加以規定，似乎沒有企業法人書面授權，保證人就不承擔保證責任。我們以為，不能拘泥於字面的理解，如果企業法人對其分支機構的保證行為明確予以承認或以其行為表示接受，沒有以書面形式授權也應認定為保證合同有效。

　　企業法人的分支機構超越授權範圍所提供的保證是否有效？「擔保法」第29條做出了正面回答──超出授權範圍的部分無效。可見，此種保證合同並不概然無效，保證人免除的僅僅是超出企業法人授權範圍的那部分保證責任，對於授權範圍內的這部分保證責任，仍應該承擔。

四、企業法人的職能部門所提供的保證

　　企業法人的職能部門是指企業法人為實現自己的目的，履行自己的職能所設的內部機構，如工廠的車間、班組，公司的處、科、室等部門，並不具備像企業法人的分支機構般能單獨領取營業執照的資格，因而不能以自己的名義對外提供保證。最高人民法院曾在「保證若干規定」第18條中指出，法人的內部職能部門未經法人同意，為他人提供保證的，保證合同無效，保證人不承擔保證責任。「擔保法」第10條對該條司法解釋做了修定，取消了未經法人同意的提法，換言之，企業法人的職能部門無論是否經過法人的同意，均不得為保證人，自然地，作為保證人的該企業法人的職能部門，也就不承擔有效保證合同的保證責任。

五、公司為股東或其他個人債務所提供的保證

　　根據「公司法」第16條的規定，公司為其他人提供擔保的，應當根據公司章程的規定，經股東會、股東大會或董事會表決，且不得超過公司章程規定的限額（若有）；特別地，「公司法」進一步規定，

公司為股東或實際控制人提供擔保，必須經股東會或股東大會決議，且被擔保的股東或實際控制人不得參與表決。「擔保法解釋」第4條則規定：董事、經理違反「公司法」第60條的規定，以公司資產為本公司的股東或者其他個人債務提供擔保的，擔保合同無效。除債權人知道或者應當知道的外，債務人、擔保人應當對債權人的損失承擔連帶賠償責任。此處「公司法」第60條的規定係「公司法」修定前的以下規定：董事、經理不得以公司資產為本公司的股東或者其他個人債務提供擔保。

【107】保證期間屆滿導致保證人免責的情形分析

在各種擔保方式中，保證是唯一由法律規定了保證期間的擔保制度。銀行在貸款業務中涉及保證這一擔保方式的，一定要對保證期間倍加關注。一方面，銀行需要在訂立合同時對保證期間進行明確約定；另一方面，銀行在債務人未能依約履行合同償還債務時要對保證期間保持警惕。

保證期間，是指由當事人約定或特殊情形下法律規定的一個期限，在該期限內，如果債權人沒有按照法律規定採取行動，則會失去要求保證人承擔保證責任的權利。

對於此處「按照法律規定採取行動」需要分為一般保證與連帶責任的保證兩種情形。對於一般保證，是指在保證期間內，債權人必須對債務人提起訴訟或者申請仲裁；對於連帶責任的保證，是指在保證期間內，債權人必須要求保證人承擔保證責任。所以，銀行必須注意保證人承擔的是一般保證還是連帶責任保證，如果是一般保證，銀行必須在保證期間向債務人提起訴訟或仲裁；如果是連帶責任的保證，銀行只須要求保證人承擔責任即可，而不必一定要向保證人提起訴訟或仲裁。

對於保證期間，首先應當注意的是保證期間的期限。「擔保法」第25、26條及擔保法司法解釋第32條的規定，當事人可以對保證期間的期限做出約定，但在兩種情況下，適用法律規定的期限：（1）當事人沒有約定保證期間的期限，則保證期間為6個月；（2）如果當事人約定，保證人承擔保證責任直至主債務本息還清時為止之類的內容，此約定將被法律視為不明，保證期間的期限為主債務履行期屆滿之日起兩年。所以，銀行在簽定保證合同時，不僅一定要約定保證期間的期限，而且還要注意保證期間的期限要寫的具體，並且足夠保證自己的債權的實現，尤其要考慮到法律規定的對債務人的訴訟時效一

般是兩年，保證期間一般不應短於訴訟時效的問題。

其次是保證期間的起點與終點。保證期間的起點可以由當事人約定，但不得早於或等於主債務的履行期限。更重要的是，如果當事人約定的保證期間的終點也早於或等於主債務的履行期限，將被法律視為沒有約定保證期間，而適用六個月的保證期間的規定。例如，銀行簽定的保證合同的主債務履行屆滿期限為2009年8月1日，而約定的保證期間起點是2009年7月30日或更早，則起點還是從2009年8月1日起算；如果約定的保證期間的終點是2009年8月1日，則該保證期間的約定無效。

由於保證期限與保證的訴訟時效容易混淆，本處也略做說明。在一般保證中，如果債權人在保證期限內向債務人提起訴訟，則從判決或者仲裁裁決生效之日起，保證合同的訴訟時效即開始計算；在連帶責任的保證中，只要債權人在保證期間內向保證人提出承擔保證責任的要求，保證合同的訴訟時效就開始計算，比如銀行與連帶責任的保證人約定的有效保證期間為2009年1月1日至2010年1月1日，但銀行在2009年3月1日便要求保證人承擔保證責任，那麼保證合同的訴訟時效自2009年3月1日起便開始計算，而非2010年1月1日。所以，保證合同的訴訟時效絕不是保證期間屆滿後才開始計算的，這一點需要銀行特別注意。

【108】保證人可主張免責的其他情形分析

　　關於保證人主張免責的情形，前文已經對保證合同未成立導致保證人免責、保證違反禁止性規定導致保證人免責，以及保證期間屆滿導致保證人免責等重要情形做了專門的分析。除此之外，「擔保法」及擔保法司法解釋還規定了一些其他的保證人免責的情形。

　　第一、無效免責。保證合同及其所擔保的主合同無效的一般情形包括：

1. 一方以欺詐、脅迫的手段訂立合同，損害國家利益；

2. 惡意串通，損害國家、集體或者第三人利益；

3. 以合法形式掩蓋非法目的；

4. 損害社會公共利益；

5. 違反法律、行政法規的強制性規定。

　　比如主合同當事人雙方串通，騙取保證人提供保證；以及主合同債權人採取欺詐、脅迫等手段，使保證人在違背真實意思的情況下提供保證的，保證人均可以主張保證合同無效而免責。另外，如果由於主合同無效而導致保證合同無效，並且保證人對主合同的無效沒有過錯，保證人也可以主張免責。但應注意的是，主合同無效並不當然導致保證合同無效，保證合同有相反約定的，且該保證合同不是擔保物權類的從屬合同，則按照保證合同的約定，保證合同可以單獨生效。

　　第二、在保證期間，與主債權債務變更相關的免責情形有：

1. 債務的轉讓：如果債權人許可債務人轉讓債務，而該轉讓沒有保證人的書面同意，保證人對於轉讓的債務便不再承擔保證責任。但如果債務人只是轉讓了部分債務的，保證人對於債務人沒有轉讓的債務還是要承擔保證責任的。

2. 債權的轉讓：一般情況下，債權轉讓時保證人是不能免除保證責任的。但如果債權人與保證人約定，保證人僅對特定債權人承擔保

證責任，或禁止債權轉讓的，如果債權人將債權轉讓給他人，保證人不再承擔保證責任。

3. 主合同內容的變更：如果債權人與債務人對主合同數量、價款、幣種、利率等內容做了變動且未經保證人同意，而且變動後的主合同加重了債務人的債務，保證人對於加重的債務不承擔保證責任。

第三、物的擔保與保證並存時保證人免責的情形。如果同一債權上既有物的擔保又有保證，債權人放棄物的擔保，保證人可免除被放棄的物的擔保相應金額的保證責任。如果債權人在主合同履行期屆滿以後，不行使或不及時行使擔保物權，而後擔保物的價值減少或者毀損、滅失的，則保證人可免除擔保物價值減少相應金額的保證責任。

第四、在一般保證情況下，如果主債權履行期屆滿，保證人向債權人提供了債務人可供執行的財產的真實情況，而債權人沒有向法院申請執行該財產，而後該財產被轉移或滅失而導致不能再執行，保證人可以透過向法院提出請求的方式，要求免除前述不能再執行的財產的價值相應金額的保證責任。

第五，法律專門針對借新貸還舊貸規定，如果主合同雙方以協議的方式同意以新貸還舊貸，新貸保證人不是原舊貸的保證人，且保證人對借新還舊並不知情，則保證人有權主張免責。

第六，債務人破產情形下的特定情況。即債權人已經知道債務人已經破產，或根據債務人發布的公告等方面可以推知債權人應當知道債務人破產，而債權人既不申報債權，又不告知保證人，由此導致保證人未能事先向債務人追償，此時保證人可以主張免責，但免責的範圍只能限於其所保證的債權在債務人在破產程序中可能受償的範圍。

【109】實務中導致抵押無效的情形分析

對包括銀行在內的債權人而言，抵押是擔保債權得以實現的最重要的方式之一，抵押是否有效，也決定了債權人的風險大小。「物權法」、「擔保法」及其司法解釋以及其他法律法規在抵押制度方面做了一些禁止性的規定，在此我們尤其要注意的是，實務中可能導致抵押無效的情形如下：

一、未訂立抵押合同

根據「物權法」第185條的規定，當事人設立抵押權應當訂立抵押合同。由於「物權法」對於土地使用權等抵押物規定了登記生效的制度，只要當事人依法進行了登記，即使沒有訂立抵押合同也可以認定抵押權成立。但對於規定抵押合同生效後無須登記即可生效的抵押物，如果當事人不簽定抵押合同又沒有登記，那麼即使雙方約定設立抵押，抵押也不能生效。

二、抵押合同約定不清

根據擔保法司法解釋的規定，如果抵押合同對抵押財產，以及擔保的主債權種類沒有約定或者約定不明確，並且主合同和抵押合同不能對這些不清進行補正或者無法推定，則抵押不成立。

三、主合同無效

這裡指設立抵押權所要擔保的合同債權。根據「物權法」第172條的規定，如果主債權債務的合同無效，則抵押合同也無效，不允許當事人另外約定。但這裡法律做了例外規定，即如果法律另有規定的，則從其規定。該條是為了適應將來經濟發展的需要而預留的空間，就目前而言尚無具體的例外規定。

四、主體違法

擔保法司法解釋規定，國家機關和以公益為目的的事業單位、社會團體違反法律規定提供擔保的，擔保合同無效。這和下述抵押物違反

規定中第2項的區別在於，側重於提供擔保的主體，即使提供抵押的主體沒有以社會公益設施進行抵押，但如果違反了其他的法律規定提供擔保，同樣導致抵押合同無效。

五、抵押物違反法律規定

對於有些財物，如果當事人以之設定抵押權，法律明確規定抵押無效。包括：

1. 土地所有權；

2. 學校、幼稚園、醫院等以公益為目的的事業單位、社會團體的教育設施、醫療衛生設施和其他社會公益設施；

3. 所有權、使用權不明或者有爭議的財產；

4. 依法被查封、扣押、監管的財產；

5. 耕地、宅基地、自留地、自留山等集體所有的土地使用權，但法律規定可以抵押的除外；

6. 法律、行政法規規定不得抵押的財產。

六、流押

就是指在債務履行期屆滿以前，抵押權人與抵押人約定，如果債務人不履行到期債務，則抵押的財產歸債權人所有。流押由於嚴重違背公平原則，並很有可能導致實際上的脅迫，因此為法律所禁止。

七、特殊情形的無效

擔保法司法解釋專門規定了四項抵押無效的情形，包括：

1. 以依照法定程序確認為違法、違章的建築物進行抵押；

2. 以農作物和與其尚未分離的土地使用權同時抵押時，土地使用權部分的抵押無效；

3. 以法律、法規禁止流通的財產或者不可轉讓的財產設定抵押，如槍支等；

4. 共同共有人以其共有財產設定抵押，未經其他共有人的同意，抵押無效。

八、對外抵押合同中，有下列情形之一者，擔保無效

1. 未經國家有關主管部門批准提供對外擔保的；

2. 未經國家有關主管部門批准，為境外債務人向境內債權人提供擔保的；

3. 為外商投資企業註冊資本、外商投資企業中的外方投資部分的對外債務提供擔保的；

4. 無權經營外匯擔保業務的金融機構提供外匯擔保的；

5. 主合同變更或者債權人將對外擔保合同項下的權利轉讓，未經擔保人同意和國家有關主管部門批准的，擔保人不再承擔擔保責任。但法律、法規另有規定的除外。

【110】實務中導致質押無效的情形分析

對包括銀行在內的債權人而言，質押是擔保債權得以實現的最重要的方式之一。相比於抵押，由於質押主要適用於以動產以及權利擔保債權的實現，因此比抵押所主要適用的不動產在法律限制上少很多，因此除同為擔保而受到擔保法律法規的一般限制外，專門針對質押的法律規定要少於抵押。在實務中，會導致質押無效的主要包括以下情形：

一、主債權合同無效

這一規定來源於擔保合同的從屬性，沒有主債權債務合同就不會設立擔保合同。根據「物權法」的規定，如果主債權債務的合同無效，則質押合同也無效，完全排除當事人另外約定。但這裡法律做了例外規定，即如果法律另有規定的，則從其規定。該條是為了適應將來經濟發展的需要而預留的空間，就目前而言尚無具體的例外規定。

二、主體違法

擔保法司法解釋規定，國家機關和以公益為目的的事業單位、社會團體違反法律規定提供擔保的，擔保合同無效。這裡的法律主要考慮為保護公共利益機構為公眾提供公共服務的能力。

三、流質

就是指在債務履行期屆滿以前，質權人與出質人約定，如果債務人不履行到期債務，則質押的財產歸債權人所有。由於質押與抵押不同，是由質權人直接占有質物，因此流質比流押更容易氾濫。流質由於嚴重違背公平原則，並很有可能導致實際上的脅迫，因此為法律所禁止，導致流質條款無效。

四、質物本身違法

對動產質押而言，法律、行政法規禁止轉讓的動產不得出質。

五、公司接受本公司的股票作為質押權標的的，質押無效

　　新「公司法」第143條規定，公司不得接受本公司的股票作為質押權的標的。這是因為「公司法」對公司回購股票有著嚴格的限制，如果許可公司以自己的股票作為質押權的標的，將導致公司極可能透過質押權而持有自己的股票。因此「公司法」禁止公司接受本公司的股票作為質押權標的。

六、合同無效的一般情形

　　除了以上針對抵押權做出的專門規定，如果抵押合同滿足了「合同法」關於無效合同的一般情形的規定，即使抵押合同並不違反前述幾項抵押無效的規定，仍然會被認定為無效而導致抵押無效。根據「合同法」，合同無效的一般情形包括：

1. 一方以欺詐、脅迫的手段訂立合同，損害國家利益；
2. 惡意串通，損害國家、集體或者第三人利益；
3. 以合法形式掩蓋非法目的；
4. 損害社會公共利益；
5. 違反法律、行政法規的強制性規定。

除此之外，還有以下幾個問題值得注意：

　　一、新「公司法」實施之前，法律禁止董事、經理以公司資產為本公司的股東或其他個人債務提供擔保；新「公司法」已經許可在召開股東大會並經過嚴格的表決程序後，可以為公司提供擔保，包括質押。

　　二、由於新的「物權法」將應收帳款列入可以出質的權利範圍，不僅包括最普通的貨物買賣雙方的應收貨款，還可以包括基礎設施建設項目的收費權，及一些公益機構如醫院的醫療費用等應收帳款。對於應收帳款的質押，目前中國人民銀行已經通過「應收帳款質押登記辦法」在進行操作，儘管實務操作上存在一定的複雜性，但已經是一

個良好的開端。

　　三、由於權利質押與動產質押的標的物流動性更強，因此實務中十分容易出現出質人為無權處分人的現象，在此種情況下，質權人如果為善意取得質權，則質押有效；如果質權人非善意取得，則質押是否有效，由質物所有人決定。因此，作為質權人，應當對出質人對質物是否擁有處分的權利進行審慎的檢查。

第三章

管轄地及訴訟和仲裁的約定

【111】中國法院體系及民事訴訟管轄制度介紹

　　民事訴訟中的管轄權制度，是要解決第一審民事案件究竟由何級別法院及同一級別的何地法院受理的問題。該制度是在發生爭議時，銀行確定向哪一法院起訴的依據，如果對此不了解，不免「狀告無門」之尷尬境地，徒增訴訟之成本。

　　根據中國「民事訴訟法」，民事訴訟管轄可分為級別管轄和地域管轄。地域管轄又可分為一般地域管轄、特殊地域管轄，以下分述之。

　　級別管轄是劃分不同級別的法院之間管轄第一審民事案件的分工，並不直接涉及某一具體法院。

　　在中國，法院至上而下分為四個層級，即最高人民法院、高級人民法院、中級人民法院、基層人民法院，除最高人民法院外，其餘三個級別的法院按行政區劃設立可統稱「地方人民法院」（中國還在特定部門或地區設立了審理特定案件的法院，例如軍事法院、海事法院等專門人民法院），具體為：

基層人民法院	中級人民法院	高級人民法院
縣人民法院和市人民法院 自治縣人民法院 市轄區人民法院	省、自治區內按地區設立的中級人民法院 直轄市的中級人民法院 省、自治區轄市的中級人民法院 自治州中級人民法院	省高級人民法院 自治區高級人民法院 直轄市高級人民法院

不同級別法院之間管轄權的劃分，主要是根據案件的繁簡和性質、案件的影響及訴訟金額的大小。如中級人民法院管轄的第一審民商事案件為：

1. 重大涉外案件；

2. 在本轄區有重大影響的案件；

3. 最高人民法院確定由中級人民法院管轄的案件，如專利糾紛。

值得一提的是，鑑於全國各地案件數量、經濟發展水準等狀況各不相同，即便同一級別的法院受理案件（主要是財產案件）的標準也是有區別的，例如：

地區	高級法院一審管轄標準	中級法院一審管轄標準
上海	1. 2億元人民幣以上； 2. 1億元人民幣以上，且當事人一方住所地不在本轄區或者涉外、涉港澳台的	1. 5千萬元人民幣以上； 2. 2千萬元人民幣以上，且當事人一方住所地不在本轄區或者涉外、涉港澳台的
江蘇	1. 2億元人民幣以上； 2. 1億元人民幣以上，且當事人一方住所地不在本轄區或者涉外、涉港澳台的	1. 3千萬元人民幣以上； 2. 1千萬元人民幣以上，且當事人一方住所地不在本轄區或者涉外、涉港澳台的（南京、蘇州、無錫適用）

地域管轄是確定同級人民法院之間在各自區域內受理第一審民事案件的分工和許可權，是確定法院級別後對管轄權的進一步劃分。在中國地域管轄確定的依據是，法院轄區和當事人的住所地、訴訟標的或訴訟標的物的關聯關係。因此，地域管轄又可分為一般地域管轄和特殊地域管轄。

一般地域管轄，是以當事人所在地與法院轄區的關係來確定法院的管轄。通常來說，是由被告的所在地的法院進行管轄。對於自然人來說，其所在地是指戶籍所在地，若戶籍所在地與經常居住地不一致的，由經常居住地法院管轄。對於公司來說，所在地是指主要營業地或辦事機構所在地。

特殊地域管轄，是以訴訟標的物或民事法律事實所在地（如侵權行為的發生地）來確定法院的管轄。在最為常見的合同糾紛中，就可依合同履行地的來確定管轄。實務中對於合同履行地確認較為複雜，但根據最高人民法院的司法解釋可知，一般認定標準為：

1. 買賣合同
（1）在合同中明確約定履行地點的，以約定的履行地點為合同履行地。
（2）當事人在合同中未明確約定履行地點的，以約定的交貨地點為合同履行地。
（3）實際履行地點與合同中約定的交貨地點不一致的，以實際履行地點為合同履行地。
（4）依上述方法對買賣合同的履行地點尚不能確定的，則履行地點不明確；給付貨幣的，在接受貨幣一方所在地履行；交付不動產的，在不動產所在地履行；其他標的，在履行義務一方所在地履行。
2. 承攬合同履行地為承攬方所在地。
3. 租賃合同、融資租賃合同以租賃物使用地為合同履行地。
4. 補償貿易合同，以接受投資方主要義務履行地為合同履行地。
5. 證券回購糾紛合同履行地
（1）凡在交易場所內進行的證券回購業務，交易場所所在地應為合同履行地。
（2）在上述交易場所之外進行的證券回購業務，最初付款一方（返售方）所在地應為合同履行地。

例外情況：如果合同沒有實際履行，當事人雙方住所地又都不在合同約定的履行地的，或者口頭合同糾紛不能根據合同履行地原則確認管轄權。

【112】銀行業務糾紛所涉及的法院管轄地分析（上）

外資銀行在日常業務中難免會面臨訴訟糾紛，發生糾紛特別是涉外糾紛後，訴訟法院管轄地的確定，對於糾紛的處理後果來說至關重要，所以外資銀行應清楚了解各國關於國際民事訴訟的法院管轄確定原則。

綜觀各國的立法和司法實踐，在國際民事訴訟法領域主要依據以下幾個原則確定國際民事案件的管轄權。

一、屬地管轄原則

屬地管轄原則主張一國法院基於領土主權的原則，對其所屬國境內的一切人、物，以及法律事件和法律行為享有管轄權。在具體案件中，有關當事人特別是被告的住所地、慣常居住地，訴訟標的物所在地，被告財產所在地，有關的法律事實發生地，如合同簽定地、合同履行地、侵權行為發生地等，都是屬地管轄權的依據。德國、日本、奧地利等國採納屬地管轄的原則。

二、屬人管轄原則

屬人管轄原則主張一國法院對於涉及本國國民的涉外民事案件都享有管轄權。法國和其他仿效法國法的國家，以屬人管轄原則作為確定國際民事案件管轄權的基本原則。這些國家的國內法都明確規定內國法院對有關內國國民的訴訟具有管轄權，而不管內國國民在訴訟中是原告還是被告。

三、專屬管轄原則

專屬管轄原則強調一國法院對於那些與國家利益有關的民事案件（如有關國家公共政策或重大的政治經濟問題）享有專屬管轄權。無論是中國法系國家還是英美法系國家，都在本國民事訴訟法中將某些領域的民事案件規定為國家的專屬管轄權。

　　中國「民事訴訟法」第4編第25章專門針對涉外民事訴訟程序中的管轄權問題做出了規定。另外，最高人民法院的相關司法解釋和中國參加的部分國際條約，也是中國決定涉外案件管轄權的依據和標準。

　　首先，在一般案件的管轄方面，中國法律也以屬地管轄為基本原則，即以被告所在地作為確定管轄權的標準。被告如為自然人，其在境內的住所地或經常居住地人民法院具有管轄權；被告如為法人，其住所地人民法院具有管轄權。在簽定借款合同前，銀行應當充分了解借款人的住所，從而能夠合理預見發生糾紛時的管轄法院，並做出合理的應對。

　　其次，中國法律也對一些特殊案件的管轄做出了規定。因合同糾紛和其他財產糾紛，對在境內沒有住所的被告提起訴訟，如果合同在境內簽定或履行，或者標的物在境內，或者被告在境內有可供扣押的財產，或者被告在境內設有代表機構，可以由合同簽定地、合同履行地、訴訟標的物所在地、可供扣押財產所在地、侵權行為地或者代表機構所在地管轄。在因票據糾紛提起的訴訟中，可以由票據支付地人民法院管轄。

　　最後，中國對於涉外民事案件的管轄方式採納推定管轄的做法。當涉外案件中一方當事人向法院提起訴訟，而另一方當事人進行實體答辯，並沒有就法院的管轄權提出異議的，推定雙方當事人承認，特別是被告承認中國法院有管轄權，由此推定中國法院對該案享有管轄權；另外，對於與銀行業務密切相關的信用證糾紛案件，統一集中到省會所在的市、直轄市、計畫單列市等部分中級人民法院管轄。這有助於克服審判過程中的地方保護主義和提高審判品質。

【113】銀行業務糾紛所涉及的法院管轄地分析（下）

前文論述的只是在合同雙方沒有約定的情況下的法院管轄適用原則，但在實務操作中，外資銀行通常會根據所涉業務的特殊性，以書面協定的方式約定管轄法院。所謂協議管轄，又稱合意管轄或者約定管轄，是指雙方當事人在合同糾紛發生之前或發生之後，以協定方式選擇解決當事人之間糾紛的管轄法院。

根據「民事訴訟法」第25條、第242條等相關規定，協議管轄必須具備以下要件方能成立：

1. 協議管轄只能就第一審案件的法院進行協議。需要指出的是，這裡協議的法院是只涉及地域管轄中的法院，而不能對級別管轄中的法院進行協議管轄。

2. 只能就合同糾紛協議管轄。訂立合同過程中遵循當事人意思自治的原則，只要不違反「合同法」等法律文件中的禁止性規定，法律一般都認定該約定有效，並予以保護。但是，對合同以外其他民事糾紛，例如侵權行為等，則不適用協議管轄。

3. 協議管轄必須以書面形式達成，中國不承認口頭方式約定的管轄地。

4. 必須在法律規定的範圍內協議選擇管轄。依據世界各國的通行做法，法定範圍內的法院多半與合同本身有實際聯繫。如合同簽定地、合同履行地、訴訟標的物所在地、原告或者被告住所地等情況。

5. 不能違反「民事訴訟法」有關專屬管轄的規定。所謂專屬管轄，是指中國法律強制規定只能由中國法院管轄的案件，排除其他國家法院的管轄權，更不允許協議變更。如外資銀行接受客戶以在中國的不動產作為擔保的，則若未來就行使該不動產擔保權利發生爭議，就必須接受中國法院的管轄。

　　在銀行業務所涉及的合同案件中，例如簽署借款合同、擔保合同、信用證協議、委託貸款協定等法律文件，都應當從證據的獲取、財產保全的便利性、勝訴後財產的有效執行等多個方面考慮，選擇合理的管轄法院，最終保障銀行的合法權益。

一、約定銀行所在地的法院有管轄權

　　作為債權人的銀行，如果約定由銀行所在地的法院有管轄權，則可降低訴訟成本（如律師費、交通費），更重要的是在本地進行訴訟，因熟悉當地有關實體及程序的法律規定，能夠採取對銀行最為有利的策略。但缺點是在涉外訴訟後的財產執行過程中，並非所有外國法院都承認中國法院的判決，因此可能增加訴訟風險。

二、約定債務人或擔保人所在地法院有管轄權

　　約定債務人所在地法院有管轄權，一般都是考慮到債務人的主要資產不在銀行所在地，法院跨區域進行財產保全或執行並不方便。實務中，外資銀行提供貸款時，往往會與借款人的母公司簽署擔保協議，而擔保協議中一般都約定由母公司所在國的法院進行管轄，不過這種選擇會增加訴訟的成本、降低勝訴的概率。

　　總之，在約定管轄法院時，應當充分考慮選擇不同管轄法院在訴訟成本、訴訟證據、訴訟執行等方面的利弊，做出合理的選擇。

【114】中國仲裁制度介紹

仲裁是解決爭議的另一種重要方式，中國的仲裁制度雖基本上採用國際上通行的基本原則和做法，但與其他國家的仲裁制度相比，仍有其特殊地方，現簡單介紹如下：

一、仲裁機構的設置

仲裁機構即「仲裁委員會」一般在直轄市，省、自治區人民政府所在地的市設立，例如上海仲裁委員會，也可以根據需要在其他設區的市設立，不按行政區劃層層設立。例如，在北京除有北京仲裁委員會外，還有中國國際經濟貿易仲裁委員會。

仲裁委員會獨立於行政機關、司法機關，與行政機關、司法機關沒有隸屬關係。仲裁委員會之間也沒有隸屬關係和上下級關係。

二、仲裁的範圍

在中國除有關婚姻、收養、監護、扶養、繼承等涉及人身關係的糾紛不屬於仲裁的範圍外，一般的民商事糾紛都可以透過仲裁的方式解決。

但值得一提的是，在中國解決公司與員工之間爭議的「勞動仲裁」，和通常意義上「仲裁」是有實質性區別的，應當予以注意。

三、仲裁協議

仲裁協議是排除法院管轄的基礎，仲裁協議可以透過在合同中訂立仲裁條款的方式訂立，也可以用書面方式在糾紛發生前或者發生後達成仲裁協議。

無論哪種方式，仲裁協議都應當明確表達當事人願意以仲裁的方式解決爭議，明確提交仲裁的爭議事項，同時應當明確具體的仲裁委員會，否則將導致仲裁協議無效，不僅無法進行仲裁，即便進行了仲裁，也存在被法院撤銷或不予執行的風險。

須提醒注意的是，由於在中國一個地方可能存在兩個以上的仲

裁委員會，因此在選定仲裁委員會時，不可使用諸如「在上海進行仲裁」的表述方式，這也是實務中最易導致仲裁無效的形式之一。

四、仲裁裁決的執行

仲裁裁決生效後，若一方當事人不予履行，則另一方必須在規定的時間內向法院主動提出執行申請，該裁決方能被切實履行。

在中國，提出執行申請的時間是：仲裁裁決生效後的兩年。可以申請執行的法院為：被執行人住所地或者被執行的財產所在地法院。接受申請的法院級別必須是中級人民法院。

倘若仲裁裁決須至外國執行，則由於中國已經加入「紐約公約」，因此絕大多數的國家都能承認並執行中國的仲裁裁決。

五、仲裁裁決的撤銷與不予執行

無論是仲裁裁決的撤銷還是不予執行，其實質上都是法院對仲裁活動的監督。一般來說，可能導致仲裁裁決被撤銷與不予執行的情形主要有：

1. 沒有仲裁協議。
2. 不屬仲裁範圍。
3. 仲裁庭的組成或者仲裁的程序違法。
4. 認定事實的主要證據不足。
5. 適用法律確有錯誤。
6. 仲裁員有貪污受賄，徇私舞弊，枉法裁決行為。

前述情形中的第5點及第6點是中國仲裁制度中比較特別的地方，因為這意味著中國法院可能對仲裁裁決進行實質性的審理，這與國際上通行的形式審理，即只審查程序上是否存在問題，是完全不同的。

為限制法院濫用此權力、保障仲裁裁決的有效性，最高人民法院規定，在決定撤銷或不予執行仲裁裁決之前，須首先通過高級人民法院上報最高人民法院，等最高人民法院批覆後，方能做出。實務中，因第5點及第6點而被撤銷或不予執行的仲裁裁決並不多。

【115】訴訟與仲裁的比較分析

　　訴訟和仲裁是解決民商事爭議的兩種主要法律方式。一般認為，訴訟是指國家司法機關根據當事人的請求而進行的保護其民事權益的程序；而仲裁是當事人合意自願將爭議交由獨立的第三方進行審理，並且服從該第三方所做出的裁決的爭議解決方式。外資銀行在簽定合同時，究竟是在合同中選擇訴訟還是選擇仲裁呢？以下通過對該兩種解決爭議方式進行比較分析，或許可以找到答案。

一、本質區別

　　訴訟作為國家主權內容之一，是一種體現國家意志的國家法律制度。因此司法性是訴訟最為本質的屬性。

　　而仲裁是以當事人意思自治原則為基礎，並以該原則統帥這個程序進行的爭議解決方式，也就是說，仲裁是當事人排除司法方式而自己處理彼此之間爭議的具有相對自治性的糾紛處理機制。因此，契約性是仲裁的本質屬性。

二、受理機構不同

　　根據中國「憲法」的規定，審判權由人民法院行使，因此人民法院是受理訴訟案件的機構。在中國，人民法院由國家按照行政區劃層層設立，上級法院對下級法院可以進行監督。此外，法院的法官由國家任命，當事人不能自行選定審理案件的具體法官。

　　而仲裁由仲裁委員會受理。根據「仲裁法」，仲裁委員會屬於民間團體，不按行政區劃設立，有些地區甚至存在兩個仲裁委員會，如在上海就有上海仲裁委員會和中國國際經濟貿易仲裁委員會上海分會兩個。仲裁委員會之間無高低之分，無上下級之分，相互之間沒有隸屬關係，相互獨立。仲裁員在法學專家、經濟專家和技術人員中選聘，當事人可以自行選擇仲裁機構和仲裁員。

三、受理依據不同

人民法院受理訴訟的依據為：有明確的原、被告，具體的訴訟請求，事實與理由，屬該法院管轄，不受雙方當事人協商一致這一前提的限制，任何一方當事都有權向人民法院提起訴訟。

仲裁委員會受理仲裁的依據為：仲裁協議或仲裁條款。即發生糾紛的雙方當事人應在糾紛發生之前或之後達成仲裁協議，或在系爭合同中存在仲裁條款。如果沒有這種書面的仲裁協議，仲裁委員會就無權受理案件。

四、受理範圍不同

仲裁只解決平等主體的自然人、法人的其他組織之間發生的合同爭議和其他財產權益爭議，不解決具有人身關係的爭議，例如婚姻、收養、監護、撫養、繼承等爭議；而民事訴訟則解決平等主體之間所有基於財產關係和人事關係發生的爭議。

五、審級不同

在中國訴訟實行兩審終審制，即當事人不服一審法院的裁判，可以向一審法院的上一級法院提起上訴。

但仲裁實行一裁終局制。即仲裁委員會一經做出仲裁裁決，隨即發生法律效力，雙方當事人不得就同一糾紛再申請仲裁或向人民法院提起訴訟。

六、審理原則不同

訴訟以公開審理為原則，而仲裁一般不公開進行。

仲裁的程序可以由當事人選擇；訴訟只能由法院按照民事訴訟的規定進行，當事人不得約定。

仲裁強調在合法的基礎上公平合理。在仲裁中所適用的法律對有關爭議的處理未做明確規定時，可以參照採用在經濟貿易活動中被人們普遍接受的做法，即經濟貿易慣例或者行業慣例來判別責任。而訴訟一般只依據法律進行裁判。

　　從上述幾點對比可以看出，仲裁相對於訴訟來講，其優勢主要體現在能更多體現當事人的自主性，程序比較快捷、方便，而訴訟的優勢主要體現在程序更完善、判決更權威等方面。總而言之，仲裁與訴訟這兩種並存的制度各有利弊，相互補充，在選擇時，應當根據每個案件的不同情況，綜合進行判斷。

第五篇

外資銀行
如何在中國外匯管理框架下
從事有關涉外業務

第一章
中國外匯操作實務

【116】何謂外匯指定銀行

外匯指定銀行，是指經國家外匯局或其分局批准經營外匯業務的銀行。外匯指定銀行可以經營下列部分或者全部外匯業務：

1. 外匯存款；

2. 外匯貸款；

3. 外匯匯款；

4. 外幣兌換；

5. 國際結算；

6. 同業外匯拆借；

7. 外匯票據的承兌和貼現；

8. 外匯借款；

9. 外匯擔保；

10. 結匯、售匯；

11. 發行或者代理發行股票以外的外幣有價證券；

12. 買賣或者代理買賣股票以外的外幣有價證券；

13. 自營外匯買賣或者代客外匯買賣；

14. 外匯信用卡的發行和代理國外信用卡的發行及付款；

15. 資信調查、諮詢、見證業務；

16. 國家外匯局批准的其他外匯業務。

銀行總行經營外匯業務應當遵守比例或指標管理的規定，包括：

1. 外匯負債總額與外匯擔保餘額之和不得超過其自有外匯資金

（包括實收外匯資本金、各項外匯準備金、未分配外匯利潤）的20倍；

2. 外匯流動資產占外匯流動負債的比例不得低於60%；

3. 外匯存貸款比例不得高於85%；

4. 外匯逾期貸款餘額與各項外匯貸款餘額的比例不得高於8%；

5. 外匯呆滯貸款餘額與各項外匯貸款餘額的比例不得高於5%；

6. 外匯呆帳貸款餘額與各項外匯貸款餘額的比例不得高於2%；

7. 存放同業外匯款項和庫存外幣現金之和與各項外匯存款餘額比例（備付金比例）不得低於5%；

8. 境外外匯資金運用比例（境外貸款、境外投資、存放境外等資金運用期末餘額與外匯資產期末餘額之比）不得高於30%；

9. 國際商業借款指標〔自借國際商業借款（含出口信貸）和境外發行債券（不含地方、部門委託）與資本淨額之比〕不得高於50%；

10. 中長期外匯貸款比例〔餘期一年以上（不含一年期）中長期外匯貸款期末餘額與各項外匯貸款期末餘額之比〕不得高於60%；

11. 國家外匯局規定的其他比例或者指標。

除了對總行的指標管理，外匯局還對銀行進行外匯業務的監督管理：銀行在按照規定領取或者換領經營許可證後，六個月內或者連續六個月不經營外匯業務的，應當在六個月後的五個工作日內，主動向外匯局報告。無正當理由的，外匯局可以取消其經營外匯業務資格。外匯局認為必要時，可以要求銀行辦理某些外匯業務時逐筆報批、事前通知或者事後備案。須逐筆報批、事前通知或者事後備案的外匯業務，由國家外匯局規定和調整。外匯局認為必要時，可以對銀行在境外建立代理行和開立境外帳戶進行特別限制。

外匯局可以自行或者指定會計師事務所對銀行外匯業務進行現場專項檢查和非現場檢查。外匯局可以根據需要確定檢查內容和時間，被檢查銀行應當接受並配合檢查。

外匯局對銀行經營外匯業務狀況實行年度考核制度。考核合格

的，由外匯局出具文件。銀行憑此文件到中國人民銀行辦理經營許可證外匯業務年檢登記。

銀行應當按照有關規定建立健全外匯財務、會計制度，實行外幣分帳制。

除了接受指標管理和業務監督，銀行在境內不得向非銀行金融機構、企業進行直接外匯投資，不得投資於非自用不動產項目。

【117】外商投資企業在中國所涉及的外匯業務介紹

外匯管理部門對外商投資企業外匯方面的管理，主要是從經常項目和資本項目兩方面進行的。

經常項目主要包括貨物貿易和服務貿易，服務貿易包括運輸、旅遊、通信、建築、安裝及勞務承包、保險、金融服務、電腦和資訊服務、專有權利使用費和特許費、體育文化和娛樂服務、其他商業服務等。

資本項目主要涉及：

1. 外商投資企業資本金結匯。外商投資企業設立後，應按照章程規定出資到位，而外國投資者選擇的主要出資方式一般為現匯出資。按照中國有關規定，現匯結匯使用應根據需要辦理，目前資本金結匯均授權銀行審核辦理，銀行尤其注重審核資本金結匯的真實性和合規性，結匯時企業須提供外匯IC卡、驗資報告、本次結匯資金用途證明文件及支付命令函、前一筆結匯所得人民幣資金的使用情況明細清單及對外支付的相關憑證和發票原件，另須提供稅務部門網路發票真偽查詢結果列印件，或稅務機關出具的發票真偽鑑別證明資料。

2. 外商投資企業將儲備基金（或盈餘公積金）、發展基金、未分配利潤等轉增本企業資本。外商投資企業的儲備基金或盈餘公積金相當於公司法的法定盈餘公積，發展基金相當於公司法的任意盈餘公積。2008年新「企業所得稅法」實施之前，儲備基金、發展基金或者未分配利潤轉增資本，可以申請再投資退稅，但隨著新「企業所得稅法」的頒布實施，這一優惠已經被取消。

3. 外國投資者從其已投資的外商投資企業中因先行回收投資、清算、股權轉讓、減資等所得的財產在境內再投資。為實現資金最大化利用，以及提高投資效率，外國投資者先行收回的投資、清算後資金、股權轉讓收回的股款、減資應匯出的款項，均可申請外匯局核准再投資於已經設立的其他企業或者新設立企業。

4. 外國投資者以從外商投資企業取得的人民幣利潤再投資。經外匯局核准，外國投資者從外商投資企業取得人民幣利潤可以用於境內再投資設立新的企業，在新企業所得稅法實施之前可以享受退稅，新企業所得稅法頒布實施後，此稅收優惠已經被取消，對於已經享受退稅優惠的外國投資者，五年內不得轉股的限定則仍然有效。

5. 境內機構收購外商投資企業外方股份購付匯手續的辦理。辦理此外匯事項，須注意兩個重點，購買股權的境內機構，需要就外國投資者的股權轉讓收益代扣代繳所得稅後，才能匯出股權轉讓款；被收購企業應先辦理外匯登記變更手續，再辦理後續的購付匯手續，收購後，如果被收購企業不再屬外商投資企業，最後還應辦理外匯登記註銷手續。

6. 外國投資者購買境內居民或企業股權，轉股收匯外資外匯登記手續。辦理此外匯事項，須注意外國投資者應在新的營業執照頒發之日起三個月內向轉讓股權的股東支付全部對價，特殊情況經審批，可延長為六個月內支付全部對價的60%以上，一年內付清全部對價；另外，股權購買對價分期支付的，每到位一期應辦理一次轉股收匯外資外匯登記。

7. 辦理清算結餘資金匯出。清算企業應完稅，並且債權債務清理完畢，資金到帳，經外匯局核准後方可匯出。

8. 外商投資企業減資外匯手續。減資是資金撤出的一種方式，但也可利用減資調減帳面虧損，或者調減未出資到位部分的註冊資本。

9. 外資企業在投注差額度內借用外債，需要在外匯局辦理登記手續，外債結匯及償還均須得到外匯局的核准。

【118】經常項目下貨物貿易外匯政策及實務

中國外匯局、稅務總局、海關總署於2011年9月9日聯合發布「關於貨物貿易外匯管理制度改革試點的公告」（以下簡稱2號公告），自2011年12月1日起，在江蘇、山東、湖北、浙江（不含寧波）、福建（不含廈門）、大連、青島等省（市）進行貨物貿易外匯管理制度試點，試點地區的所有企業、個人貿易外匯收支皆適用該公告。

一、進行企業分類管理

企業將實施動態分類管理，根據貿易外匯收支合規性，由所在地外管局視情況分為A、B、C三類，企業分類採取動態管理，並動態調整分類結果。

對A類企業貿易外匯收支，適用便利化的管理措施，即進口付匯單證簡化，可憑進口報關單、合同或發票等任何一種能夠證明交易真實性的單證在銀行直接辦理付匯，銀行辦理收付匯審核手續相應簡化；出口收匯無須聯網核查。

對B、C類企業在貿易外匯收支單證審核、業務類型、結算方式等方面實施嚴格監管。B類企業貿易外匯收支由銀行實施電子資料核查，C類企業貿易外匯收支須經外管局逐筆登記後辦理。

如果A類企業違反外匯管理法規將被降級為B類或C類，B、C類企業在分類監管期內守法合規經營期滿可升級為A類，監管有效期為一年，在實務中一企業多被先暫定為A類。

二、實施企業名錄管理

新設企業取得進出口經營權後，須持「貿易外匯收支企業名錄登記申請書」、法定代表人簽字並加蓋企業公章的「貨物貿易外匯收支業務辦理確認書」及相關資料辦理名錄登記手續。已取得進口經營權的老企業、保稅監管區域內的企業可僅憑「貨物貿易外匯收支業務辦理確認書」及相關資料，向外管局辦理「貿易外匯收支企業名錄」登

記手續。

若企業未向外管局辦理「貿易外匯收支企業名錄」登記手續,則無法辦理貿易外匯收支業務。

三、改革外匯監管方式

企業出口收匯後,無須辦理出口收匯核銷手續。外管局對企業的貿易外匯管理方式由現場逐筆核銷改變為非現場總量核查,透過貨物貿易外匯監測系統,全面採集企業貨物進出口和貿易外匯收支逐筆資料,定期比對、評估企業貨物流與資金流總體匹配情況,便利合規企業貿易外匯收支;對存在異常的企業進行重點監測,必要時實施現場核查。

四、簡化出口退稅憑證

由於取消出口收匯核銷手續,意味著企業辦理出口退稅時無須提供「出口收匯核銷單」,進一步簡化了國稅函〔2005〕1051號、國稅發〔2006〕188號、國稅發〔2008〕26號規定的出口企業申報出口退稅免於提供紙質出口收匯核銷單,稅務機關使用出口收匯核銷單電子資料審核出口退稅的流程,稅務機關將參考外管局提供的企業出口收匯資訊和分類情況,即可依據相關規定審核企業出口退稅,不需要在外管局進行收匯核銷後,以外匯核銷資訊作為稅務機關審核出口退(免)稅的依據。

五、調整出口報關流程

試點期間,企業出口報關仍須提供「出口收匯核銷單」。待該制度改革全國推廣後,海關總署與國家外匯局將調整出口報關流程,最終將取消「出口收匯核銷單」。

值得注意的是,2號公告也指出,「涉及有關外匯管理、出口退稅、出口報關等具體事宜,由相關部門另行規定」。因此,對於改革試點後,出口退(免)稅申報與審核方面的具體規定,還須進一步關注國家稅務總局今後實施的相關政策。

【119】經常項目下企業有關服務貿易的付匯實務

　　服務貿易，包括運輸、旅遊、通信、建築安裝及勞務承包、保險服務、金融服務、電腦和資訊服務、專有權利使用和特許、體育文化和娛樂服務、其他商業服務、政府服務等交易行為。

　　對外商投資企業來說，主要涉及境外向境內提供的勞務（如電腦和資訊服務、設計服務等）、專有權利使用和特許等方面，外商一般稱其為勞務費和權利金。勞務費和權利金購匯付出之前，售付匯銀行對支付境外勞務費用需要審核的資料有：合同、境外發票。根據規定，單筆支付等值3萬美元（不含）以上的服務貿易等，須提交「服務貿易、收益、經常轉移和部分資本項目對外支付稅務證明」後方可支付；反之則無須提供，但公司仍須向稅務機關進行申報並完稅，此處涉及營業稅和所得稅兩個稅種。

一、營業稅

　　自2009年1月1日起實施的「營業稅暫行條例」確立了境內應稅行為確定的原則——只要提供或者接受勞務的單位或者個人位於中國境內，則該項勞務必須繳納營業稅。例外的情形是「關於個人金融商品買賣等營業稅若干免稅政策的通知」（財稅[2009]111號）的規定，對境外單位或者個人在境外向境內單位或者個人提供以下特定勞務的，不徵收營業稅：文化體育業（除播映）、娛樂業、旅店業、飲食業、倉儲業、其他服務業中的沐浴、理髮、洗染、裱畫、謄寫、鐫刻、影印、打包勞務。

二、企業所得稅

　　企業所得稅稅務處理首先應判斷是否屬於來源於中國境內的勞務所得，根據「企業所得稅法實施條例」規定，判斷是否屬於來源於中國境內的勞務所得，按照勞務發生地確定。

（一）勞務發生在境外

1、境外企業屬於「企業所得稅法」規定的在境內未設立機構、場所的，或者雖設立機構、場所但取得的所得與其沒有實際聯繫的，則不屬於來源於中國境內的所得。境內企業無須為其代扣代繳企業所得稅，但在對外支付時，還要遵從中國的稅收管理，即向稅務機關申請免稅證明。

2、境外企業在境外為中國境內客戶提供勞務取得的收入，稅務機關對其境內外收入劃分的合理性和真實性有疑義的，可以要求境外企業提供真實有效的證明，並根據工作量、工作時間、成本費用等因素合理劃分其境內外收入；實務中，如境外企業不能提供真實有效的證明，稅務機關可視同其提供的服務全部發生在中國境內，徵收企業所得稅。

（二）勞務發生在境內

1、設立機構場所

境外企業在中國境內設立機構、場所的，應當就其所設機構、場所取得的來源於中國境內的所得繳納企業所得稅，適用稅率為25%。

2、未在境內設立機構、場所，但派遣雇員到境內提供勞務

（1）未簽定稅收協定

與中國沒有簽定稅收協定的國家和地區的企業派遣雇員到境內提供諮詢勞務，通常構成企業所得稅法意義上的機構、場所，應對歸屬於該機構、場所的所得繳納企業所得稅，不再區分是否構成常設機構，以全部收入按照核定利潤率折算為應稅所得，適用25%稅率。

境外企業的核定利潤率為：從事承包工程作業、設計和諮詢勞務的，利潤率為15%-30%；從事管理服務的，利潤率為30%-50%；從事其他勞務或勞務以外經營活動的，利潤率不低於15%。稅務機關有根據認為境外企業的實際利潤率明顯高於上述標準的，可以按照比上述標準更高的利潤率核定其應納稅所得額。

（2）簽定稅收協定

　　外國企業在中國境內未設立機構場所，僅派其雇員到中國境內為有關項目提供勞務，在中國境內實際工作時間在任何十二個月中連續或累計超過六個月時，則可判定該外國企業在中國境內構成常設機構，應就其源自境內勞務的利潤徵收企業所得稅，適用稅率為25%。反之，對實際工作時間未超過六個月時其服務費不徵稅。

　　境外企業需要享受稅收協定待遇的，應辦理備案手續並提交「非居民享受稅收協定待遇備案報告表」。凡未辦理的，不得享受有關稅收協定待遇。

【120】非居民個人如何辦理結匯手續

隨著中國對外開放規模越來越大，在中國境內的境外個人進行結匯，並利用結匯所得資金進行房產購置、資本投資等活動日漸增多。但由於中國一直奉行外匯管制的原則，而關於境外個人結匯的法規及行政性文件較為混亂，程序煩瑣，這對境外個人辦理結匯手續帶來很大不便。本文將簡要介紹中國對於境外個人辦理結匯手續的相關規定，理清中國對於該等結匯手續紛繁複雜的程序要求。

一、非居民個人（境外個人）的界定

在外匯結匯的程序規定中，中國一開始將辦理結匯的個人主體分為居民個人和非居民個人。但2007年2月1日頒布實施的「個人外匯管理辦法」（以下簡稱管理辦法），將辦理結匯的個人主體分為境內個人和境外個人。根據管理辦法的規定，「境外個人」是指：持護照、港澳居民來往內地通行證、台灣居民來往大陸通行證的外國公民（包括無國籍人）以及港澳台居民，也稱「非居民個人」。需要說明的是，持中華人民共和國護照但已取得境外永久居留權的中國國籍的自然人，在辦理結匯手續時，視同「境外個人」。

二、非居民個人（境外個人）辦理經常項目結匯的基本流程及所需資料

1. 審查外資資金來源

非居民個人辦理結匯時，應如實向銀行說明外匯資金結匯用途，填寫「非居民個人外匯收支情況表」。由外匯指定銀行對非居民個人填寫的內容與非居民個人提供的資料進行認真核對。

2. 外匯帳戶結匯

「個人外匯管理辦法實施細則」規定，非居民個人從外匯帳戶中結匯時，每人每年結匯金額在等值5萬美元以下的，直接在銀行辦理；每人每年累積結匯金額超過等值5萬美元的，應憑本人有效身分證明及相關證明資料（合規用途包括個人用於貿易結算、購買不動產

及購買汽車等大宗耐用消費品等用途）到銀行辦理。從境外匯入的外匯直接結匯時，除按照上述規定辦理外，還須向銀行或外匯局提供本人真實身分證明。

　　根據2009年國家外匯局「關於進一步完善個人結售匯業務管理的通知」，針對下列個人以分拆等方式規避限額監管的行為，銀行可不予辦理：

（1）境外同一個人或機構同日、隔日或連續多日將外匯匯給境內五個以上（含，下同）不同個人，收款人分別結匯；

（2）五個以上不同個人同日、隔日或連續多日分別購匯後，將外匯匯給境外同一個人或機構；

（3）五個以上不同個人同日、隔日或連續多日分別結匯後，將人民幣資金存入或匯入同一個人或機構的人民幣帳戶；

（4）個人在七日內從同一外匯儲蓄帳戶五次以上（含）提取接近等值1萬美元外幣現鈔，或者五個以上個人同一日內，共同在同一銀行網點，每人辦理接近等值5,000美元現鈔結匯；

（5.）同一個人將其外匯儲蓄帳戶內存款劃轉至五個以上直系親屬，直系親屬分別在年度總額內結匯，或者同一個人的五個以上直系親屬分別在年度總額內購匯後，將所購外匯劃轉至該個人外匯儲蓄帳戶；

（6）其他透過多人次、多頻次規避限額管理的個人分拆結售匯行為。

3. 現鈔存入帳戶（結匯還是50,000萬美元的標準）

　　非居民個人將持有的外幣現鈔存入帳戶時，每人每次等值5,000美元以下的，憑本人真實身分證明直接辦理；每人每次等值5,000美元以上的，憑本人真實身分證明、本人入境申報單原件或原銀行外幣現鈔提取單據的原件辦理。

三、非居民個人（境外個人）辦理資本項目結匯的基本流程及所需資料

如果境外個人作為投資者，在中國境內因資本項目的需要開立了外國投資者專用帳戶，那麼在對該等外國投資者專用帳戶內的資金進行結匯時，外國投資者本人或其委託人必須持下列資料向當地外匯局申請：

1. 加蓋申請單位公章的業務申請表（說明有關帳戶開戶行、帳號、到資情況、結匯幣種、結匯用途、金額等）；

2. 帳戶開戶核准件的企業聯（驗後返還）；

3. 申請之日外國投資者專用帳戶的銀行對帳單（影本留底）；

4. 帳戶（費用類帳戶除外）結匯所得人民幣資金用途的支付證明（如工程合同、財產購買合同、發票等）（驗原件或蓋有原章的影本，影本留底）；

5. 視情況要求補充的其他資料。

在資料審核無誤後，外匯局將為申請企業開立相應的資本項目外匯核准件，申請企業持該核准件到外匯指定銀行辦理結匯。

【121】非居民個人攜帶外幣現鈔出入境所須注意的要點

　　近年來，隨著中國地區對外開放進程的加快，境內非居民個人外匯業務的規模不斷增長，中國的外匯管理機關在參考國外經驗及遵循國際慣例的基礎上，於2003年頒布了「攜帶外幣現鈔出入境管理暫行辦法」（以下簡稱辦法），並於2004年頒布了「攜帶外幣現鈔出入境管理操作規程」（以下簡稱規程）。

　　現就上述規定中的若干重點問題進行介紹如下：

一、何為「非居民個人」

　　根據國家外匯局「關於規範銀行外幣卡管理的通知」的規定，「非居民個人」是指外國自然人（包括無國籍人）、港澳及台灣居民和持中華人民共和國護照但已取得境外永久居留權的中國自然人。

二、非居民個人攜帶外幣現金出境須辦理手續的流程

　　1. 單次出境且沒有最近一次入境申報外幣現鈔數額紀錄的：

　　首先，總額在5,000美元以上10,000美元以下的，非居民個人須提交如下審核資料：

　　（1）護照或往來港澳通行證、往來台灣通行證，及有效簽證或簽注；

　　（2）存款證明或相關購匯憑證；

　　（3）如從直系親屬外匯存款中提取外幣現鈔的，還應提供親屬關係證明。

　　其次，總額在10,000美元以上的，非居民個人須提交如下審核資料：

　　（1）書面申請；

　　（2）護照或往來港澳通行證、往來台灣通行證，及有效簽證或簽注；

　　（3）存款證明或相關購匯憑證；

（4）確須攜帶超過等值10,000美元外幣現鈔出境的證明資料。

2. 單次出境且有最近一次入境申報外幣現鈔數額紀錄的：

首先，攜帶外幣現鈔金額不超過其入境申報數額的，非居民個人須提交的審核資料為最近一次入境時的海關申報紀錄；

其次，攜帶外幣現鈔金額超過其入境申報數額的，對於超過部分，非居民個人須按照上述單次出境且沒有最近一次入境申報外幣現鈔數額紀錄的規定，提交審核資料。

3. 當天多次出境和短期內（15天內）多次出境、且沒有最近一次入境申報外幣現鈔數額紀錄的：

非居民個人須提交的審核資料為海關出入境紀錄。

需要說明的是，當天多次往返的出境人員，當天內第二次及以上出境時，可攜帶金額不超過500美元的外幣現鈔出境。短期內多次往返的出入境人員15天內第二次及以上出境時，可攜帶金額不超過1000美元的外幣現鈔出境。

4. 當天多次出境和短期內（15天內）多次出境、且有最近一次入境申報外幣現鈔數額紀錄的：

非居民個人須提交的審核資料為海關申報紀錄。

三、非居民個人攜帶外幣現鈔入境所須辦理的手續

1. 單次入境的：

入境人員攜帶總金額不超過等值5,000美元的，無須申報。而在等值5,000～10,000美元的，必須向海關書面申報。

2. 當天多次入境和短期內（15天內）多次入境者，屬於首次入境的，按照前述單次入境攜帶外幣現鈔的標準辦理申報手續；如屬於當天或短期內第二次或以上入境者，則不論攜帶外幣現鈔金額大小，均須向海關書面申報。

【122】外商投資企業人民幣利潤再投資外匯管理

在中國境內的外商投資企業，其人民幣利潤的利用，除匯出境外，還有其他的利用方式。例如，用做經常項目下的流動資金，用做資本項目下的投資。早在1985年，國家外匯局就頒布了「關於外商投資企業中外方所獲人民幣利潤的使用規定」（匯管條字〔1985〕第723號）。根據該規定，中外合資企業的外方人民幣利潤，經外匯管理部門批准，可對其他的三資企業進行再投資。

之後，隨著中國經濟的發展以及外匯管制的限制，中國相關主管機關頒發了「結匯、售匯及付匯管理規定」。根據該規定第31條，外商投資企業註冊資本的增加、轉讓或者以其他方式處置，經外匯局批准，可依法使用已分配的人民幣利潤。

其中，「以其他方式處置」是指：凡是外商投資企業的外方，均可在相同的條件下，對中國的企業進行投資，或者在中國設立公司。該等投資方式，我們稱為「外商投資企業人民幣利潤再投資」。

一、人民幣利潤投資的步驟

1. 年終匯算清繳後，進行股東會或董事會決議，將利潤分配；

2. 外方股東通過本身的董事會決議，透過已分配利潤進行投資的決議；

3. 經外匯局批准；

4. 進行投資。

二、向外管局提交的資料

1. 加蓋申請單位公章的業務申請表（投資方基本情況、產生利潤企業的基本情況、利潤分配情況、投資方對分得利潤的處置方案、擬被投資企業的股權結構等）；

2. 企業董事會利潤分配決議正本（影本留底），投資方董事會有關利潤處置方案的決議正本（影本留底）；

3. 與再投資利潤數額有關的、產生利潤企業獲利年度的財務審計報告（驗原件或蓋有原章的影本，影本留底）；

4. 與再投資利潤有關的所得稅完稅憑證（驗原件或蓋有原章的影本，影本留底）；

5. 產生利潤企業的營業執照、批准證書（驗原件或蓋有原章的影本，影本留底）；

6. 擬再投資企業的營業執照、批准證書、合資合同或章程（驗原件或蓋有原章的影本，影本留底）；

7. 產生利潤企業的驗資報告（驗原件或蓋有原章的影本，驗後返還）；

8. 外匯登記IC卡（驗後返還）；

9. 擬再投資企業的商務主管部門批准文件；

10. 視情況要求補充的其他資料。

向外商投資企業所在地的外匯局提交上述資料，且經審核無誤後，出具外方所得利潤在境內再投資的證明，作為新設立的外商投資企業辦理工商註冊和註冊會計師事務所驗資的有效憑證。

經營外匯業務的銀行憑外匯局出具的證明，允許外商投資企業從其外匯結算帳戶或外匯資本金帳戶中支付。

外商投資企業外方所得利潤在境內增資，除提供前款所列資料外，還應當提供項目審批部門批准增資的有關文件。

【123】外商投資企業中外方之間轉股外匯實務

　　隨著中國改革開放的深入，涉及外商投資企業股權轉讓的案件逐年增多，而隨著中國企業經濟實力的增強，中國投資者也開始嘗試通過股權轉讓並購外商投資企業。而外商投資企業的股權轉讓涉及的外匯問題，成為中外各方在進行股權併購時不可迴避和忽視的問題。

　　此處擬就上述外匯問題，進行簡要的介紹：

一、中國企業收購外商投資企業外方股份，須申請辦理購付匯手續

　　在這種情況下，中國企業需要對外支付股權轉讓價款，而根據法律的規定，對外付款需要經過外匯管理機關的事先審核。

　　1. 需要的資料：

　　（1）加蓋申請企業公章的業務申請表（企業基本情況、股權結構、申請方企業的出資進度、出資帳戶）；

　　（2）被收購企業的外商投資企業外匯登記（電子IC卡，驗後返還）；

　　（3）股權轉讓協議（原件）；

　　（4）商務主管部門關於所投資企業股權結構變更的批覆文件、批准證書（驗原件或蓋有原章的影本，影本留底）；

　　（5）股權變更後企業的營業執照（驗原件或蓋有原章的影本，影本留底）；

　　（6）經批准生效的合資合同、章程（驗原件或蓋有原章的影本，影本留底）；

　　（7）被收購企業最近一期驗資報告（驗原件或蓋有原章的影本，影本留底）；

　　（8）會計師事務所出具的最近一期被收購企業審計報告、外匯收支情況審計報告（驗原件或蓋有原章的影本，影本留底）和／或有效的資產評估報告；

（9）申請之日購買股權方相關外匯帳戶或人民幣帳戶對帳單或證明；

（10）「服務貿易、收益、經常轉移和部分資本項目對外支付稅務證明」；

（11）收購方的批准證書、營業執照、最近一期驗資報告、最近一期財務審計報告、最近一個月的財務報表（驗原件或蓋有原章的影本，影本留底）。

2. 其他：資料審核無誤後，外匯局將為企業出具資本項目業務核准件，企業持該核准件到外匯指定銀行辦理購付匯。

二、中國企業持有的股權向外國投資者出讓時，須辦理股權轉讓資金結匯

在這種情況下，中國企業需要將股權轉讓所得結匯成人民幣，也需要外匯管理部門的審批。開立資產變現帳戶及辦理轉股款入帳應向外匯局申請，所需資料如下：

1. 蓋有申請企業公章的書面申請（注明企業基本情況、股權結構等）；

2. 目標企業外匯登記證原件（驗後返還）；

3. 中外雙方的股權轉讓協議（驗原件，影本留底）；

4. 商務部門批准中方向外方轉讓股權的批覆文件（驗原件，影本留底）；

5. 視情況提供股權變更後企業的批准證書和經批准生效的合同、章程；

6. 目標企業最近一期驗資報告（驗原件，影本留底）；

7. 會計師事務所出具的最近一期目標企業的審計報告原件或有效的資產評估報告（驗原件，影本留底）；

8. 境內機構或個人外匯到帳通知或證明（驗原件，影本留底）；

9. 外匯局要求的其他資料。

　　資料審核無誤後，外匯局將為境內居民出具資本項目業務核准件，企業持該核准件到外匯指定銀行辦理開戶及入帳手續，此帳戶中資金結匯按照支付結匯制要求直接在銀行辦理。

【124】清算和減資外匯匯出實務

　　一般外國投資者在中國投資設立公司，一旦註冊資本到位，要撤回資金，不外乎幾種方式：股權轉讓、清算、減資等，股權轉讓撤出資金往往遇到有其他人要收購本公司時才會涉及，程序較為簡單，耗時較短。

　　但並非每個企業都有這個機會，收購者往往是看中企業價值才會出手，如果因為經營戰略調整或者經營失敗，企業自己決定撤回資金，只能選擇清算或減資。

　　在最終外匯資金匯出前，清算要經過初步審批、公告、資產清理和債權債務清理、審計、稅務匯算清繳、海關註銷等，再辦理外匯註銷和資金匯出手續；減資一般要經過初步審批、公告、審計等手續，再辦理外匯匯出申請手續。

　　一般清算時要準備以下資料：

　　1. 書面申請，在書面申請中，注意寫明企業基本情況、外國投資者出資的情況、清算情況、向投資方分配剩餘資產的方法和依據、實際匯出金額的計算方法和完稅情況等；

　　2. 外匯登記IC卡；

　　3. 主管部門批准清算的批文；

　　4. 經公司董事會或股東會確認的清算方案；

　　5. 會計師事務所出具的清算審計報告，還要附最近年度外匯收支情況審核報告；

　　6. 註銷稅務登記證明；

　　7. 公司最近一期驗資報告；

　　8. 銀行出具的最近外匯帳戶和人民幣帳戶餘額對帳單或證明。

　　外管局在審核時，企業外匯帳戶有外匯資金餘額的，用於應匯出部分，不足以支付外國投資者清算所得的，可購匯匯出。匯出手續辦

理完畢後，外匯帳戶關閉，外匯登記IC卡註銷後收回。

　　清算意味著公司就此撤銷，但有的企業還牽涉到兩免三減半未到10年經營期限要補稅、監管期內免稅設備補稅問題，或者目前只是想通過減資匯出部分資金到境外使用，或者通過減資消除虧損以使境外上市公司合併子公司報表時好看，並不想真正註銷企業，因此，有的企業只是要辦理減資，在辦理減資前同樣要經過初步審批、公告、審計、工商變更登記等步驟，一般減資應向外管局提交以下資料：

1. 書面申請；

2. 外匯登記IC卡；

3. 董事會關於減資的決議；

4. 變更後的工商營業執照；

5. 企業最近一期驗資報告；

6. 企業最近一期財務審計報告，應附上一年度外匯收支情況審核報告；

7. 銀行出具的最近的外匯帳戶或人民幣帳戶餘額對帳單。

　　需要注意的是，實務中變更後工商營業執照的取得，應以減資的核准件取得並函證驗資完成後取得驗資報告為前提，但很顯然，減資核准件的取得，外管局又要求提供變更後的營業執照，為解決這個「先有雞還是先有蛋」的問題，外管局一般變通做法是，讓企業出具承諾書，承諾取得變更後營業執照及時交外管局核實。

　　有些企業減資並非為了匯出資金，而是為了消除帳面虧損，或者不再出資（減去未到位部分的註冊資本），在這種情況下，企業的書面申請應明確說明減資是否用於減少帳面虧損或調減尚未投入的資本。為減少帳面虧損或調減尚未出資的資本的，外管局可以核准減資，但將不批准購匯匯出。

【125】「限外令」下非居民購房結匯以及購房款
　　　　購匯匯出實務

　　中國房地產市場仍然是持續升溫，「限外令」也仍然一如既往地嚴格執行。外資進入中國房地產領域的限外令具體指：建設部等六部委「關於規範房地產市場外資准入和管理的意見」（建住房〔2006〕171號）、國家外匯局和建設部「關於規範房地產市場外匯管理有關問題的通知」（匯發〔2006〕47號）、建設部和國家外匯局「關於進一步規範境外機構和個人購房管理的通知」（建房[2010]186號）。根據以上規定，境外個人在境內只能購買一套用於自住的住房。在境內設立分支、代表機構的境外機構只能在註冊城市購買辦公所須的非住宅房屋。

　　境外機構在境內設立的分支機構、代表機構、境外個人，在境內購買房產首先要提交商品房預售合同或銷售合同，並應符合自用原則，如果是非自用的，境外機構和個人則應當遵循商業存在的原則，按照外商投資房地產的規定，申請設立外商投資企業。境外個人還必須滿足在境內學習和工作滿一年的條件，為此應提供一年期以上的境內有效勞動雇用合同或學籍證明。但如果是港澳及台灣居民，則無須滿足學習和工作滿一年的條件，只須提供「港澳居民往來內地通行證」、「台胞證」等證明即可。符合規定的境外機構和個人購買自用、自住商品房必須採取實名制。在境內沒有設立分支、代表機構的境外機構和在境內工作、學習時間一年以下的境外個人，不得購買商品房。

　　其次，從結匯環節來看。從境內外匯帳戶支付購房款的，應持銀行要求的各項文件，向外匯指定銀行申請，外匯指定銀行進行真實性審核確認後，將購房結匯資金直接劃入房地產開發企業人民幣帳戶。境內代表機構經常項目帳戶資金不得結匯購買境內商品房。房地產開

發企業的經常項目外匯帳戶也不得保留境內分支、代表機構、境外個人境外匯入的購房款。

境外機構在境內設立的境內分支、代表機構和境外個人境內買房的流程是：簽合同，付首付款後，在公證處公證，房產交易中心網上備案，憑房產交易中心的備案證明，去外匯局辦理取得「直接投資系統」（該系統和銀行聯網）編號，憑此編號再去銀行結匯。

按照規定，房地產主管部門應嚴格商品房預售合同登記備案制度。同時，要加強外匯和房地產部門、銀行間的協作配合，建立健全房地產外資交易資訊共用、情況通報機制。如果三個機構嚴密配合，執行上述流程應能控制外資炒房，但是實務中，房產交易中心往往在受理房產交易時，並不主動查核該境內分支、代表機構或境外個人的購房套數，外匯局和銀行更無從查起，因此，一旦房產交易中心把關不嚴，限外令就成了一紙空文。

境內分支、代表機構和境外個人因故不能完成商品房交易的，須將退回的人民幣購房款購匯匯出的，應持以下文件向原結匯外匯指定銀行申請，外匯指定銀行進行真實性審核確認後，可將人民幣購房款及利息購匯劃回境外機構或個人外匯帳戶：

1. 申請書（包括沒有完成商品房交易的原因說明）；

2. 原結匯憑證；

3. 房地產開發企業與境內分支、代表機構或境外個人解除商品房買賣合同的證明文件；

4. 房地產主管部門出具的境內分支、代表機構或境外個人取消購買商品房的相關證明。

境內分支、代表機構和境外個人轉讓所購境內商品房取得的人民幣資金，經商品房所在地國家外匯局分支局、外匯管理部門審核確認以下文件後，方可購匯匯出：（1）購匯申請書；（2）身分證明文件或註冊登記證明；（3）商品房轉讓合同及登記證明文件；（4）房屋權屬轉讓的完稅證明文件。

【126】透過境外投資匯出資金實務

透過境外投資匯出資金的模式有兩種：一種是外商投資企業直接對外投資，匯出資金；另一種是在境外投資設立境外子公司基礎上，對子公司放款（借款）。兩種模式可搭配使用。

境外投資原來規定，先要外管局進行資金來源審查，2009年9月1日開始已經取消，直接在商務部門辦境外投資審批，經過網上登記，再直接向外管局申請境外投資外匯登記和匯出資金核准（現在已經簡化，可直接憑企業IC卡辦理資金匯出），通過境外投資匯出資金，外管局對資金規模沒有限制，對境外投資可行性報告也是形式審核。

如果限於時間的緊迫性，需要在取得境外投資批准證書前就要匯出資金，可以通過「境外投資前期費用」操作，前期費用主要用於境外投資於公司的籌備費用，不超過對境外投資額的15%。超過15%的，要經過外管局審核。前期費用匯出之日起六個月內未完成境外投資的，境內投資企業應將剩餘資金退回。

2009年8月1日實施的國家外匯局「關於境內企業境外放款外匯管理有關問題的通知」（以下簡稱「通知」），改變了以往只允許中資跨國公司對境外子公司放款的規定，擴大了對境外放款主體範圍，境內外商投資企業也可以向境外子公司直接放款。這也增加了向境外匯出資金的渠道。

按照「通知」，母公司對境外子公司放款實行「餘額管理」制度，即在經外匯局核准的額度和期限內，境內企業可將已經回收的境外放款額度循環使用，外商投資企業可以自主決定向子公司放款的頻率和金額，以滿足其子公司融資的需要，並提高資金使用的效率。外匯局對放款額度設定的標準為：境內母公司所有者權益（即淨資產）的30%，和母公司對子公司出資額，兩者取其低。對於境外子公司而言，可使用的資金除了母公司已匯出的註冊資本金外，還可以再向境

內母公司借款。

對外放款的匯兌、劃轉環節的手續並不複雜，除了境外放款的額度及還本付息需經外匯局地方分局審核外，境外放款的帳戶開立、境內外匯資金的劃轉、人民幣購匯的核准、境外放款的資金匯出等，作為境內放款人的外商投資企業可持境外放款核准文件等到銀行直接辦理，無須外匯局核准。但是為了加強對境外放款的風險控制，外匯局採取「境外放款專用帳戶」制度，所有境外放款的資金必須經境外放款專用帳戶匯出境外，同時還本付息資金也必須匯回該境外放款專用帳戶。

外商投資企業可以用資本金帳戶和外幣結算戶內的自有外匯資金、人民幣購匯所得外匯資金等對境外子公司放款。境外放款的還款資金在劃入企業的資本金帳戶時，也不占用資本金帳戶最高限額。外商投資企業可直接向境外子公司放款，也可以透過外匯指定銀行以委託貸款方式進行。

外商投資企業還應注意對境外子公司放款所須具備的條件：

1. 放款人和借款人均依法註冊成立，註冊資本均已足額到位，具備擁有良好的經營紀錄並在近三年內未發現外匯違規情節。

2. 放款人歷年的境外直接投資項目均經國內境外投資主管部門（商務部門和發改委）核准，並在外匯局辦理外匯登記手續，以及參加最近一次境外投資聯合年檢評級為二級以上（成立不足一年的除外）。

3. 境外放款應參照同期國際金融市場商業貸款利率水準約定拆放利率，不得畸高或畸低。

4. 放款人應連續兩年通過外商投資企業聯合年檢。

【127】外資銀行在中國可能面臨的外匯法律風險

中國外匯管理機關即外匯局，可以行使的職權就包含對經營外匯業務的金融機構進行現場檢查。

作為經營外匯業務金融機構的外資銀行，一旦被發現有違法行為，將招致處罰，處罰依據主要為「中華人民共和國外匯管理條例」（以下簡稱「條例」）：

1. 有違反規定將境內外匯轉移境外，或者以欺騙手段將境內資本轉移境外等逃匯行為的，由外匯管理機關責令限期調回外匯，處逃匯金額30%以下的罰款；情節嚴重的，處逃匯金額30%以上等值以下的罰款；構成犯罪的，依法追究刑事責任。

2. 違反規定將外匯匯入境內的，由外匯管理機關責令改正，處違法金額30%以下的罰款；情節嚴重的，處違法金額30%以上等值以下的罰款。非法結匯的，由外匯管理機關責令對非法結匯資金予以回兌，處違法金額30%以下的罰款。

3. 有擅自對外借款、在境外發行債券或者提供對外擔保等違反外債管理行為的，由外匯管理機關給予警告，處違法金額30%以下的罰款。

4. 未經批准擅自經營結匯、售匯業務的，由外匯管理機關責令改正，有違法所得的，沒收違法所得，違法所得50萬元以上的，並處違法所得一倍以上、五倍以下的罰款；沒有違法所得或者違法所得不足50萬元的，處50萬元以上、200萬元以下的罰款；情節嚴重的，由有關主管部門責令停業整頓或者吊銷業務許可證；構成犯罪的，依法追究刑事責任。

外資銀行未經批准經營結匯、售匯業務以外的其他外匯業務的，由外匯管理機關或者金融業監督管理機構依照前款規定予以處罰。

5. 外資銀行有下列情形之一的，由外匯管理機關責令限期改正，

沒收違法所得，並處20萬元以上、100萬元以下的罰款；情節嚴重或者逾期不改正的，由外匯管理機關責令停止經營相關業務：

（1）辦理經常項目資金收付，未對交易單證的真實性及其與外匯收支的一致性進行合理審查的；

（2）違反規定辦理資本項目資金收付的；

（3）違反規定辦理結匯、售匯業務的；

（4）違反外匯業務綜合頭寸管理的；

（5）違反外匯市場交易管理的。

6. 外資銀行及其員工有下列情形之一的，由外匯管理機關責令改正，給予警告，對機構可以處30萬元以下的罰款，對個人可以處5萬元以下的罰款：

（1）未按照規定進行國際收支統計申報的；

（2）未按照規定報送財務會計報告、統計報表等資料的；

（3）未按照規定提交有效單證或者提交的單證不真實的；

（4）違反外匯帳戶管理規定的；

（5）違反外匯登記管理規定的；

（6）拒絕、阻礙外匯管理機關依法進行監督檢查或者調查的。

7. 境內機構違反外匯管理規定的，除依照本條例給予處罰外，對直接負責的主管人員和其他直接責任人員，應當給予處分；對金融機構負有直接責任的董事、監事、高級管理人員和其他直接責任人員給予警告，處5萬元以上、50萬元以下的罰款；構成犯罪的，依法追究刑事責任。

外資銀行要防範上述風險，應執行嚴格的內控制度，加強自身檢查如下：

1. 銀行自身外匯業務檢查：

（1）銀行經營範圍合法性檢查；

（2）銀行外匯資本金或運營資金情況檢查；

（3）結售匯綜合頭寸檢查；

（4）結售匯人民幣專用帳戶檢查；

（5）銀行自身結匯、售匯及付匯業務檢查；

（6）外資銀行對外負債檢查。

2. 銀行代客外匯業務檢查：

（1）經常項下業務檢查；

（2）資本項下業務檢查；

（3）外匯帳戶及外匯帳戶管理資訊系統使用情況檢查；

（4）銀行代客結售匯報送資料檢查；

（5）國際收支統計申報業務檢查；

（6）保稅區業務檢查；

（7）匯率執行情況檢查。

第二章

對外擔保規定與實務

【128】何謂對外擔保

「境內機構對外擔保管理辦法」規定：對外擔保是境內擔保人以出具對外保證，或按照擔保法規定對外抵押、動產對外質押或權利對外質押等方式，向境外機構或者境內外資金融機構承諾。當債務人未按照合同約定償付債務時，由擔保人履行償付義務。簡單說，對外擔保即境內擔保人向境外機構或者境內外資金融機構等債權人提供擔保，債務人則可能在境內，也可能在境外。

但隨後，「境內機構對外擔保管理辦法實施細則」（以下稱實施細則）擴大了對外擔保範圍，將以下擔保也納入對外擔保管理：境內擔保人為境外機構向境內債權人提供的擔保；境內擔保人為境外機構向境內金融機構離岸中心融資所提供的擔保；經境內金融機構離岸中心作為擔保人提供的離岸項下對外擔保。

2004年起，「境內外資銀行外債管理辦法」又對境內外資金融機構的對外擔保認定做出了調整：境內外資金融機構作為擔保人的，仍為對外擔保；但境內擔保人對境內債務人向境內外資金融機構提供擔保的，不再視為對外擔保。

2010年「國家外匯局關於境內機構對外擔保管理問題的通知」（以下稱39號文）再次重申，對外擔保指境內機構以保證、抵押或者質押等形式向境外機構擔保境內外債務人債務履行。境內機構對外提供擔保，如被擔保人為境外機構、而擔保受益人為境內機構，視同對外擔保管理。

境內銀行提供對外擔保，外管局實行報批餘額、餘額管理、不再履約核准的制度。境內非銀行金融機構和企業提供對外擔保，則應向外匯局逐筆申請核准，並規定了針對「特定」境內企業的額度管理制度，在餘額指標內，企業可自行提供一般的對外擔保，無須逐筆向外管局申請核准。39號文對「特定的」標準定義為對外擔保業務筆數較多、內部管理規範的企業。

「境內機構對外擔保管理辦法」第17條第1款規定：「擔保人未經批准擅自出具對外擔保，其對外出具的擔保合同無效。」最高人民法院「關於適用『中華人民共和國擔保法』若干問題的解釋」（法釋〔2000〕44號）第6條規定：「有下列情形之一的，對外擔保合同無效：（一）未經國家有關主管部門批准或者登記對外擔保的；（二）未經國家有關主管部門批准或者登記，為境外機構向境內債權人提供擔保的；（三）為外商投資企業註冊資本、外商投資企業中的外方投資部分的對外債務提供擔保的；……」

可見，對於須事先批准才可以實施的對外擔保，如果未經批准擅自做出，是無效的擔保行為。

【129】對外擔保的主體要求

「境內機構對外擔保管理辦法」所稱對外擔保，是指中國境內機構（境內外資金融機構除外，以下簡稱擔保人）以保函、備用信用證、本票、匯票等形式出具對外保證，以「擔保法」中第34條規定的財產對外抵押或者以「擔保法」第4章第1節規定的動產對外質押和第2節第75條規定的權利對外質押，向中國境外機構或者境內的外資金融機構（債權人或者受益人，以下稱債權人）承諾，當債務人（以下稱被擔保人）未按照合同約定償付債務時，由擔保人履行償付義務。對外擔保包括：

1. 融資擔保；
2. 融資租賃擔保；
3. 補償貿易項下的擔保；
4. 境外工程承包中的擔保；
5. 其他具有對外債務性質的擔保。

擔保人不得以留置或者定金形式出具對外擔保。

對境內外資金融機構出具的擔保視同對外擔保。

從上述規定看，最初的對外擔保，把境內外資銀行排除在對外擔保的擔保人主體資格之外（與此對應的是，對境內外資金融機構出具的擔保視同對外擔保），這是因為，在2004年「境內外資銀行外債管理辦法」（以下簡稱「辦法」）頒布之前，境內外資銀行視同境外銀行，可自主境外融資，不需要外債主管部門批准。「辦法」實施之後，境內外資銀行按照居民管理，其境外借款納入全口徑外債監控範圍，進行總量控制和外債登記，按年度申請境外借款總額。隨之，擔保政策也因此調整：境內外資銀行對外提供擔保，按對外擔保進行管理，執行1996年和1997年人民銀行和外匯局發布的「境內機構對外擔保管理辦法」和「境內機構對外擔保管理辦法實施細則」。

因此，對外擔保的擔保人主體有境內中資銀行、境內外資銀行、境內非銀行金融機構、內資企業、外商投資企業；被擔保人為境內內資企業、外商投資企業和境內機構按照規定在境外設立、持股或間接持股的機構；受益人是指中國境外機構或境內機構，需要注意的是，按照「境內機構對外擔保管理辦法實施細則」規定，外資銀行原來也被列入受益人範圍，當然，隨著「辦法」的實施，境內外資銀行不再被視為境外銀行，因此，境內機構為境內債務人向境內外資銀行提供的擔保按國內擔保進行管理。2010年「國家外匯局關於境內機構對外擔保管理問題的通知」（以下稱39號文）另規定，境內機構對外提供擔保，如被擔保人為境外機構、而擔保受益人為境內機構，視同對外擔保管理。

銀行應在外匯局核定的指標範圍內提供對外擔保，單家銀行的指標原則上不得超過其本外幣合併的實收資本或營運資金的50%，或者其外匯淨資產數額。銀行提供融資性對外擔保，被擔保人不受與境內機構的股權關係、淨資產比例和盈利狀況等限制，但應符合國家有關擔保等法律法規以及行業監管部門的相關管理規定。銀行提供非融資性對外擔保，其被擔保人或受益人至少有一方應為在境內依法註冊成立的法人，或至少有一方應為由境內機構按照規定在境外設立、持股或間接持股的機構。

非銀行金融機構提供對外擔保，被擔保人須為在境內依法註冊成立的法人，或者境內機構按照規定在境外設立、持股或間接持股的機構。

境內企業為自身對外債務提供對外擔保，雖然性質上屬於對外擔保，但不受對外擔保相關資格條件的限制。境內企業為其在境內或境外投資的企業提供對外擔保，此類擔保要求擔保人的淨資產與總資產的比例不低於15%，對外擔保餘額不得超過其淨資產的50%，但不再強調擔保餘額不得超過上年度外匯收入。對於債務人也即被擔保人，

須為擔保人按照規定程序在境內外設立、持股或間接持股的企業，且淨資產數額應當為正值，最近三年內至少有一年實現盈利（被擔保人成立不滿三年就無盈利強制性要求）。

　　境內企業為自身對外債務提供對外擔保，不需要納入指標管理或向外匯局申請逐筆核准，但應到所在地外匯局辦理對外擔保定期備案或逐筆登記。除此之外，非銀行金融機構和企業提供對外擔保，應向外匯局逐筆申請核准，對外擔保業務筆數較多、內部管理規範的非銀行金融機構和企業（包括外商獨資企業），可以法人為主體向外匯局申請核定餘額指標，在核定的指標範圍內，境內非銀行金融機構和企業提供對外擔保（包括融資性和非融資性擔保），無須向外匯局逐筆申請核准。

【130】對外擔保模式分析

　　對外擔保的擔保人主體有境內中資銀行、境內外資銀行、境內非銀行金融機構、內資企業、外商投資企業；被擔保人為境內內資企業、外商投資企業和境內機構按照規定在境外設立、持股或間接持股的機構；受益人是指中國境外機構。但境內機構對外提供擔保，被擔保人為境外機構、而擔保受益人為境內機構的，也視同對外擔保管理。

　　對外擔保模式常見為以下幾種：

　　1. 境外銀行向境內債務人提供外匯融資，境內債務人為自己做擔保，此類對外提供擔保，不受對外擔保相關資格條件的限制。

　　2. 境外銀行向境外債務人提供外匯融資，境內機構作為擔保人

　　該擔保方式實務中稱為「內保外貸」，境內擔保人若為企業，境外債務人必須是其按照規定在境外設立、持股或間接持股的機構；境內擔保人若是非銀行金融機構的，境外債務人必須是境內機構按照規定在境外設立、持股或間接持股的機構；為了突破持股的條件限制，境內擔保人可向境內銀行提出申請並提供反擔保，由境內銀行為境外債務人提供融資擔保，由境外銀行向境外債務人貸款。而境內銀行按對外擔保規定為境外債務人提供對外擔保時，其他境內機構向提供對外擔保的境內銀行提供反擔保，不按對外擔保進行管理。

　　3. 境內銀行向境內債務人提供外匯融資或人民幣融資，境外機構作為擔保人，境內機構提供反擔保

　　此擔保方式在實務中被稱為「外保內貸」，不屬於對外擔保行為，但若境內機構向境外擔保人提供反擔保的，則按對外擔保進行管理。也就是說，如果擔保標的是境內資產，或未來涉及購匯承擔反擔保責任，或未來涉及外匯匯出境外承擔反擔保責任，境內提供反擔保的機構應當注意相關對外擔保規定。

4. 境內銀行向境外債務人提供外匯融資，境內機構作為擔保人

「國家外匯局關於境內機構對外擔保管理問題的通知」規定：境內機構對外提供擔保，如被擔保人為境外機構、而擔保受益人為境內機構，視同對外擔保管理，適用本通知規定。

5. 境內銀行向境外債務人提供人民幣貸款，境內機構作為擔保人

此類型貸款基本以境內銀行的人民幣計價的出口買方信貸形式進行，人民幣資金並不出境，而是按照合同約定由境內銀行直接支付給借款人所購產品或服務的中國賣方。外管局資本項目司通過匯便函[2002]4號的形式確認：對外優惠貸款以人民幣計值，境內機構為境外債務人提供的擔保也以人民幣計值，擔保履約時不形成對外債務，也不形成對境內機構的外幣債務，因此此類擔保無須經外匯局審批，也無須辦理對外擔保登記手續。針對非優惠性的出口信貸，該便函並未明確是否屬於對外擔保，建議應和當地外管機構具體確認。

【131】外商投資企業對外擔保應辦理的手續

外商投資企業對外擔保需要注意特別審批和備案程序，以及外匯管理部門的審批及登記手續。

一、關於對外抵押和質押的審批

1. 對外抵押的審批：

「外資企業法實施細則」第23條規定：「外資企業將其財產或者權益對外抵押、轉讓，須經審批機關批准，並向工商行政管理機關備案。」

「合同法」第52條規定：「有下列情形之一的，合同無效：……（五）違反法律、行政法規的強制性規定。」基於「中華人民共和國外資企業法實施細則」是國務院頒布的行政法規，因此，外商獨資企業對外抵押如未經原審批機構批准，其合同無效。對此，最高人民法院在對「擔保法」的司法解釋中也做了明確的規定。

2. 對外質押的審批：

研讀「外資企業法實施細則」第23條規定中關於「外資企業將其財產或者權益對外抵押」的表述，其中「財產」一詞，顯然應包括不動產與動產。根據「擔保法」的規定，不動產的擔保形式是抵押，動產的擔保形式主要是質押；此外，上述規定中用於抵押的，還包括外資企業的權益，而根據「擔保法」的規定，權益的擔保形式也是質押。聯繫「外資企業法實施細則」（1990年）早於「擔保法」（1995年）頒布的事實，可以認為，「外資企業法實施細則」第23條中關於「對外抵押」的規定，不僅包括了不動產的抵押，而且也包括了動產和權利的質押。據此，外商獨資企業如將有關權益對外質押，也應向原審批機關申報，取得批准，以確保對外質押合同的合法有效。對此，「對外擔保實施細則」第35條第3款也做出了規定：「……外商獨資企業辦理股權質押登記時，還應當經其原審批機關批准。」此款

規定印證了「外資企業法實施細則」第23條中關於「抵押」一詞的含義包括「質押」在內。

二、關於工商行政管理機關的備案

基於外商獨資企業對外抵押、質押的後果可能造成企業財產的減少和股權的變化，因此，為保護債權人的合法權益，國家以行政法規的形式規定了外商獨資企業在經原審批機構批准其對外抵押、質押後，還應向工商行政管理機關辦理備案手續，以對社會公眾起到公示的作用。此項手續既非審批，也非登記，而僅僅是備案，因此，該手續簡便易行，不會給企業對外抵押、質押乃至借款帶來麻煩。

三、外匯管理部門的審批、登記手續

最高人民法院「關於適用『中華人民共和國擔保法』若干問題的解釋」（法釋〔2000〕44號）第6條規定：「有下列情形之一的，對外擔保合同無效：（一）未經國家有關主管部門批准或者登記對外擔保的；……」

因此，擔保人提供對外擔保，應按照規定到外匯局辦理對外擔保、審批及登記手續。

四、抵押、質押手續

取得審批機關批准及外匯管理部門批准後，相關當事人還應按照規定辦理抵押、質押手續。若抵押合同、質押合同涉及境外當事人，相關部門在辦理相關手續時，可能會要求對抵押合同、質押合同進行公證。具體見本書第三篇「銀行授信業務所涉及的中國擔保規定與實務」相關文章。

【132】銀行對外擔保實務

國家外匯局對銀行提供對外擔保實行餘額管理。關於指標的核定、申請、使用等，介紹如下：

一、指標的核定

外管局主要依據銀行本外幣合併的實收資本、營運資金或外匯淨資產規模等為銀行核定指標。外匯局可參考銀行上年度對外擔保履約和對外擔保合規情況、執行外匯管理規定考核情況、當年度業務發展計畫，以及當年度國家國際收支狀況和政策調控需要等，進行相應調整。單家銀行的指標，原則上不得超過其本外幣合併的實收資本，或營運資金的50%，或者其外匯淨資產數額。

二、指標的申請

境內銀行按照以下原則提出指標申請：（一）境內法人銀行須以法人為主體提出申請。（二）在境內沒有設立法人機構的外國銀行分行，可單獨提出申請，也可由對指標實行集中管理的境內關聯銀行（分行）的主報告行統一提出指標申請。

境內銀行應在每年4月15日之前向所在地外匯局提出當年度指標申請，由所在地外匯分局匯總並初審，各外匯分局初審後，連同外匯分局和每家銀行的指標申請報告，集中報國家外匯局核准，並由外匯分局將核准的指標核定給銀行。銀行初次申請指標，可根據需要，經所在地外匯分局向國家外匯局提出核定指標的申請。銀行申請年度指標，須提交以下資料：

1. 申請報告以及「境內機構提供對外擔保餘額指標申請表」；

2. 上年度合併的資產負債表和損益表，以及外匯資金來源及運用情況表（如初次申請，還須提供金融業務許可證、營業執照影本）；

3. 上年度對外擔保業務及合規情況（新成立銀行除外）；

4. 本年度的業務開展計畫；

5. 外匯局要求的其他資料。

三、指標的使用

銀行可在核定指標範圍內，自行為境外投資企業提供融資性對外擔保，無須逐筆向國家外匯局及其分支局報批。在當年度指標核定前，上年度指標繼續有效。當年度指標被調減的，銀行在將融資性對外擔保餘額調減至當年度指標範圍以前，不得辦理新的對外擔保業務。對外擔保餘額指標可由銀行總行（或主報告行）直接使用，也可以分解給經總行（或主報告行）授權的境內分支機構使用。銀行將餘額指標分解給境內分支機構使用的，由境內分支機構持授權文件到所在地外匯局辦理備案手續。

銀行總行或對指標實行集中管理的主報告行應及時匯總本行全部對外擔保情況，並於每月初5個工作日內向所在地外匯局辦理對外擔保定期備案手續，填報「境內銀行對外擔保匯總備案表」、「境內銀行新簽約融資性對外擔保逐筆備案表」和「境內銀行融資性對外擔保履約逐筆備案表」。銀行按上述規定辦理備案手續的，視同登記，外匯局不再為銀行出具對外擔保登記證明文件。

【133】境內銀行對外出具保函的注意事項

　　境內銀行可應企業要求為其債務提供擔保，擔保的方式一般為向債權人出具銀行保函或備用信用證。

　　銀行在出具保函的時候需要注意的事項很多，首先需要嚴格審查申請人的資質，對其經營狀況、債權債務、土地廠房等資訊進行深入了解，並針對其關聯企業、各股東、公司負責人一併做盡職調查，確保申請人合法經營並具有一定的償債能力，注重申請人的歷史信用紀錄；另外銀行在出具保函之前，應與申請人之間簽定「出具保函協議書」，其中針對保證金、保函金額和條款及擔保履約之後的追償等條款寫清楚，並且要求申請人以保證、抵押或質押等方式提供反擔保，並辦理必要的登記手續。

　　在境內銀行對外出具保函的時候，有一個問題需要特別注意，那就是對外出具保函的行為是否屬於「境內機構對外擔保管理辦法」中規定的「對外擔保」行為，如果屬於對外擔保，但又沒有按照規定辦理相應的審批和登記手續，對外出具的擔保是無效的，而銀行也會因此受到一定的處罰。對外擔保是指境內機構（擔保人）根據「擔保法」、「物權法」、「境內機構對外擔保管理辦法」及相關規定，以保證、抵押或者質押等形式，向擔保受益人承諾，當債務人（境內外機構）未按照合同約定履行義務時，由擔保人履行義務或者由受益人依照「擔保法」、「物權法」的規定，將抵押物、質物折價拍賣、變賣的價款優先受償的行為。根據上述定義可以看出，當債權人為境外機構時，境內銀行對外出具的擔保很有可能屬於對外擔保，此時應符合對外擔保管理相關規定的要求。

　　根據「境內機構對外擔保管理辦法」及國家外匯管理機關「關於境內機構對外擔保管理問題的通知」規定，境內銀行有權進行對外擔保，但如果銀行對外出具保函的行為屬於融資性對外擔保時，其應在

外匯管理部門核准的對外擔保餘額內對外出具保函。對外擔保餘額指標主要依據境內銀行本外幣合併的實收資本、營運資金或外匯淨資產規模等由外匯管理機關根據銀行的申請進行核定，單家銀行的指標原則上不得超過其本外幣合併的實收資本或營運資金的50%，或者其外匯淨資產數額。

　　在外匯管理機關核定的指標內，銀行可自行提供融資性對外擔保，無須逐筆向外匯管理機關申請核准，但銀行總行或對指標實行集中管理的主報告行負責匯總本行全部對外擔保情況，並應於每個月初五個工作日內，向所在地外匯管理機關辦理對外擔保定期備案手續，填報「境內銀行對外擔保匯總備案表」、「境內銀行新簽約融資性對外擔保逐筆備案表」、「境內銀行融資性對外擔保履約逐筆備案表」。

　　辦理了前述備案手續的，視同進行了對外擔保登記，外匯局不再為銀行出具對外擔保登記證明文件。在發生擔保履約，銀行可自行辦理對外擔保履約項下對外支付，無須逐筆獲得外匯局批准。如果銀行在對外出具保函時忽視上述規定，違規超過核定指標提供對外擔保，或不按照法律法規規定辦理對外擔保業務的，外匯局可以視情節核減當年指標，並依據「外匯管理條例」及「境內機構對外擔保登記管理辦法」給予相應處罰；情節嚴重的，可按規定暫停其對外擔保業務。

【134】銀行保函和備用信用證的比較分析

銀行保函是指銀行（保證人）應申請人的請求，向第三人（受益人）開立的一種書面擔保憑證，保證申請人在未能按雙方協定履行其責任或義務時，由銀行代其履行一定金額、一定期限範圍內的某種支付責任或經濟賠償責任。備用信用證是信用證的一種特殊形式，是應第三方（申請人）的請求，由擔保人或開證人開給另一方（受益人）的，規定在申請人不切實履行有關合同的情況下，開證行或擔保人有代為支付有關合同金額的義務。在操作上，備用信用證不與基礎合同的履行發生直接的法律關係，即使受益人與備用信用證申請人之間的基礎合同無效，只要受益人滿足了信用證約定的條件，開證行的付款義務就不能免除。

銀行保函和備用信用證都是國際結算和擔保的重要形式，因備用信用證最初是以銀行保函的替代形式出現的，所以兩者在很多方面有著相似之處，比如兩者的定義和法律當事人、兩者的使用目的、性質等。但在實務上，備用信用證已經發展成為可以適用於各種用途的融資工具，使用範圍比銀行保函更加廣泛，兩者之間存在很大的不同，具體有以下幾個方面：

1. 在分類方面，銀行保函根據其與基礎合同的關係，有從屬性保函和獨立性保函之分，備用信用證無此區分，受益人索賠時以該信用證約定的條件為準，開證行只根據信用證條款與條件來決定是否支付，而不考慮基礎合同訂立和履行的各種情況。

2. 在適用的法律規範和國際慣例方面，銀行保函適用各國關於擔保的法律規範。由於各國關於保函的法律規範各不相同，到目前為止，沒有一個可為各國銀行界和貿易界廣泛認可的保函國際慣例。而備用信用證則適用統一的國際慣例，一般在開立信用證時，都要明確記載該信用證所適用的國際慣例的名稱。目前，可適用於備用信用

證的國際規則主要有「國際備用信用證慣例」（ISP98）、「跟單商業信用證統一慣例」（CUP500）和「聯合國獨立保證和備用信用證公約」（United Nations Conventionon Independent Guarantees and Standby Letter of Credit）。

3. 在開立方式方面，備用信用證的開立，開證行通過受益人當地的代理行（即通知行）轉告受益人，通知行須審核信用證表面真實性，如不能確定其真實性，是有責任不延誤地告之開證行或受益人。銀行獨立保函的開立分直接保證和間接保證兩種方式。如果採取直接保證方式，銀行獨立保函可由擔保銀行或委託人直接遞交給受益人，如果擔保行通過一家代理行轉遞，則按常規這家轉遞行就負責審核保函簽字或密押的真實性。採取間接保證的方式開立銀行獨立保函，委託人（即申請人）所委託的擔保行作為指示方開出的是反擔保函，而作為反擔保函受益人的銀行（受益人的當地銀行）再向受益人開出保函並向其承擔義務，開立反擔保函的指示方並不直接對受益人承擔義務。

4. 在生效條件方面，按照英美法的傳統理論，銀行提供獨立保函必須要有對價才能生效，但開立備用信用證則不需要有對價即可生效。

5. 在兌付方式方面，備用信用證可以在即期付款、延期付款、承兌、議付等四種方式中規定一種作為兌付方式，而銀行獨立保函的兌付方式只能是付款。相應的，備用信用證可指定議付行、付款行等，受益人可在當地交單議付或取得付款；銀行獨立保函中則只有擔保行，受益人必須向擔保行交單。

6. 在融資作用方面，備用信用證適用於各種用途的融資，銀行也可以沒有申請人而自行開立備用信用證，供受益人在需要時取得所需款項。而銀行獨立保函除了借款保函的目的是以銀行信用幫助申請人取得借款外，不具有融資功能，而且不能在沒有申請人（委託人或指

示方）的情況下由銀行自行開立。

7. 在單據要求方面，備用信用證一般要求受益人在索賠時提交即期匯票和證明申請人違約的書面文件。銀行獨立保函則不要求受益人提交匯票，但對於表明申請人違約的證明單據的要求，比備用信用證下提交的單據要嚴格一些。

【135】外國投資者以境內公司股權擔保境外債務與對外擔保的區別

　　境外機構或自然人至中國投資後，可以其合法持有的境內公司股權對境內外債務提供擔保。在以境內公司股權對境外的債務提供擔保時，極易與對外擔保相混淆，兩者雖然在形式上有相似之處，但實質上存在本質區別。

　　首先，外國投資者以其合法持有的境內公司股權對境外債務進行擔保，中國法律並未明文規定，實務中參考「擔保法」、「合同法」及相關境外法律法規操作。而對外擔保則是中國法律明文規定的一種擔保模式，並專門頒布了「境內機構對外擔保管理辦法」及「境內機構對外擔保管理辦法實施細則」進行規範管理。

　　其次，根據上述法律規定，對外擔保的擔保人一方必定在中國境內。外國投資者以境內公司股權對境外債務進行擔保，顧名思義，擔保人為外國投資者，屬中國境外主體，外國投資者可以用境內公司股權為境內債務提供擔保。

　　再次，對外擔保的主體有特殊要求，作為擔保人一方，首先不能為自然人，其次須具備代為清償債務能力，如果金融機構要經營對外擔保業務，必須經主管機關批准。另外，除國務院批准外，國家機關和事業單位不得對外提供擔保。對於被擔保人來說，當擔保人為非銀行金融機構時，被擔保人須為在境內依法註冊成立的法人或者境內機構按照規定在境外設立、持股或間接持股的機構。當擔保人為企業時，被擔保人須為擔保人按照規定程序在境內外設立、持股或間接持股的企業。相較來說，外國投資者以境內公司股權為境外債務提供擔保，則沒有上述嚴格規定。

　　又次，對外擔保的額度須受到中國法律的規定限制，境內銀行可於每年4月15日前向外匯局提出申請，由外匯局根據銀行本外幣合

併的實收資本、營運資金或外匯淨資產規模等為銀行核定指標（但單家銀行的指針原則上不得超過其本外幣合併的實收資本貨營運資金的50%或其淨資產數額），銀行在該指標內可自行提供融資性對外擔保，無須逐筆至外匯局辦理核准手續。而境內非銀行金融機構和企業提供對外擔保，應向外匯局辦理逐筆申請手續，對於那些對外擔保業務筆數較多、內部管理規範的非銀行金融機構和企業（包括外商獨資企業），其可以以法人為主體向外匯局申請核定餘額指標，在指標範圍內提供對外擔保，無須向外匯局逐筆申請核准。另外擔保人為企業時，其淨資產與總資產的比例原則上不低於15%，外匯局為企業核定的餘額指標或逐筆核准的對外擔保餘額，不得超過其淨資產的50%。但外國投資者以境內公司股權為境外債務提供擔保時，無須考慮這些因素。

最後，提供對外擔保必須依照規定至外匯局辦理逐筆審批手續或餘額指標申請手續（外商獨資企業對外擔保以及企業為自己的外債提供擔保除外），擔保人未經批准擅自出具對外擔保或超過餘額指標提供對外擔保的，不僅會導致對外出具的擔保合同無效，還會因此招致外匯局的行政處罰。但外國投資者以境內公司股權為境外債務提供擔保時，不須到外匯局辦理審批手續，僅須至境內公司主管工商行政管理機關辦理股權質押手續即可。

綜上所述，外國投資者以境內公司股權對境外債務提供擔保，與對外擔保是不同的法律關係，實務操作也完全不同。

第三章

境外擔保實務

【136】常見的境外擔保方式介紹

　　境內金融機構向外商投資企業發放本外幣貸款，可以接受境外機構和境外自然人提供的擔保，這種擔保稱為境外擔保。雖然匯發〔2005〕26號文中規定，境外擔保的方式除信用保證外，還可以用其境內外合法資產進行質押和抵押。但在實務操作中，較為普遍的做法是以銀行保函和備用信用證的方式提供擔保，即使境外機構或個人在境內外有合法的資產，由於各國對於抵押、質押的法律規定不同導致這種擔保方式具有潛在法律風險，貸款銀行一般不會接受。

　　銀行保函又稱銀行保證書，是指銀行應申請人的請求，向第三人開立的一種書面擔保憑證，保證在申請人在未能按雙方協定履行其責任或義務時，由銀行代其履行一定金額、一定期限範圍內的某種支付責任或經濟賠償責任。銀行保函依其與基礎合同的關係不同分為從屬性保函和獨立性保函，獨立性保函因不依附於基礎交易，應用的領域更為廣泛，但無論是獨立性保函還是從屬性保函，因為都以銀行信用作為保證，所以比較易於被客戶接受。

　　銀行保函的種類很多，在境外擔保模式下開具的保函一般為履約保函，功能類似於備用信用證，只有在被擔保人出現違約時，該保函的價值才得以體現。在境外擔保的情況下，一般由境外機構或個人作為申請人，向境外銀行提交填寫完整的開立保函申請書，並提交保函格式加蓋公章，以及開立保函的相關背景資料，如境內機構的貸款合

同、有關部門的批准文件、相關證照的影本等。申請人本身的財務證明文件也非常重要,比如財務報表、存款證明等。申請人可向銀行繳納一定的保證金,或者以其資產進行抵押、質押,也可由第三者為其提供擔保。銀行針對申請人的資信情況、履約能力、項目風險分析、保函條款等進行審核後,對外開具保函。

備用信用證又稱擔保信用證,是指不以清償商品交易的價款為目的,而以貸款融資,或擔保債務償還為目的所開立的信用證。備用信用證最初是美國在第二次世界大戰後用來代替銀行保證書(保函)發展起來的,後來日本、歐洲各國也紛紛使用。因為1879年美國聯邦和各州法律禁止美國銀行為其客戶提供擔保,美國各州的銀行都不能再為客戶開立保證書(保函)。經過1983年修訂「跟單信用證統一慣例」,把備用信用證包括在它的適用範圍之內,備用信用證又得到了很大的發展,被世界各國廣泛應用於對外擔保中。

備用信用證與銀行保函的開立程序差別不大,也須向開證行提交正式的申請,並提交相關證明資料後方能開具。但備用信用證與銀行保函相比又有諸多不同之處。銀行保函一般是不可撤銷的,但備用信用證必須明示是可撤銷的或不可撤銷的,如無明示,則視為可撤銷的。另外,備用信用證是獨立於基礎合同關係的,開證行一般要承擔具有約束力的主要責任,但銀行保函分為獨立性保函和從屬性保函,銀行只對「無條件」的獨立性保函承擔主要責任,否則還須考慮基礎合同的履行情況。備用信用證的受益人除了要提交單證證明支付人(債務人)沒有履行基礎交易中的義務之外,還要提交有關的單據證明受益人自己已經履行基礎交易中的義務;而保證書的受益人只須提交前者即可。最關鍵的是備用信用證具有統一的適用規則,即「跟單信用證統一慣例」,而銀行保函則只適用各國的擔保法,沒有統一的適用規則,這也是備用信用證發展迅速的原因之一。

【137】境外擔保與對外擔保的比較分析

境外擔保是指中國境內的外商投資企業向境內金融機構貸款時，由境外機構或自然人以保函、信用證等方式為其提供擔保（未經國家外匯局批准，境內中資企業向境內金融機構借用貸款不得接受境外機構或個人提供的擔保，該業務目前主要限於外商投資企業）。對外擔保指中國境內機構以保證、抵押或質押等方式，向中國境外機構提供擔保。境外擔保和對外擔保是兩種完全不同的擔保模式，兩者存在很大區別。

首先，境外擔保中擔保人在境外，被擔保人和受益人在境內。而在對外擔保的情況下，擔保人在境內，被擔保人既有可能在境內也有可能在境外。

其次，境外擔保和對外擔保的主體要求不同。境外擔保中對擔保主體沒有特殊要求；但在對外擔保的情況下，對擔保主體的要求嚴格得多。經批准有權經營對外擔保業務的金融機構（不含外資金融機構）和具有代位清償債務能力的非金融企業法人，都可以做擔保人，但國家機關和事業單位不得對外擔保（國務院批准除外）。而且對於被擔保人來說，當擔保人為非銀行金融機構時，被擔保人須為在境內依法註冊成立的法人或者境內機構按照規定在境外設立、持股或間接持股的機構。當擔保人為企業時，被擔保人須為擔保人按照規定程序在境內外設立、持股或間接持股的企業。

最後，境外擔保和對外擔保的額度要求不同。境外擔保由按簽約額納入外債管理範圍，變更為按履約額納入外債管理範圍之後，對於擔保的額度已經不做要求。但對外擔保的額度卻必須受到嚴格的控制。境內銀行提供對外融資性擔保實行餘額管理，由外匯局根據銀行的申請，以及銀行本外幣合併的實收資本、營運資金或外匯淨資產規模等為銀行核定指標，但單家銀行的指針原則上不得超過其本外幣合

併的實收資本貨營運資金的50%或其淨資產數額；境內銀行提供非融資性對外擔保，不受指標控制，無須逐筆向外匯局申請核准，符合行業監管部門的相關風險管理規定即可；而非銀行金融機構和企業提供對外擔保以逐筆核准為主，具備一定條件的可以實行餘額管理。非銀行金融機構提供對外擔保的餘額指標，參照銀行辦理，而企業提供對外擔保，其淨資產與總資產的比例原則上不得低於15%，外匯局為企業核定的餘額指標或逐筆核准的對外擔保餘額，不得超過其淨資產的50%。

另外，境外擔保和對外擔保的外匯登記手續不同。外匯局已經取消境外擔保合同的事前審批手續，擔保合同簽定之後，作為債權人的金融機構向所在地外匯局填報「境外擔保項下貸款和履約情況登記表」即可。作為被擔保人的外商投資企業不需要逐筆辦理或有債務登記手續。境外擔保發生擔保履約之後，債務人才須辦理外債登記手續，按境外擔保履約額扣減企業外債額度。但對外擔保中，除了已向外匯局申請獲得對外擔保餘額指標的擔保人在指標內各自行提供對外擔保外，非銀行金融機構和企業提供對外擔保，應向外匯局逐筆申請核准。

總之，與境外擔保相比，外匯局對對外擔保情況的管理更為嚴格。擔保人未經批准擅自出具對外擔保，或超過對外擔保餘額指標對外提供擔保的，外匯局局可以視情節核減當年指標，並依據「外匯管理條例」及「境內機構對外擔保登記管理辦法」給予相應處罰。情節嚴重的，可按規定暫停其對外擔保業務。

【138】以境外資產在境內融資實務

外商投資企業在日常經營中，經常面對境內融資困難的問題。尤其是許多非生產性企業，由於本身在境內並無廠房、土地、機器設備等價值較高的資產，使得其在中國境內融資變得更加困難。在這種情況下，許多外商投資企業會選擇向關聯公司或者股東借款，但因為目前中國法律並沒有承認企業間借貸的合法性，而向境外股東籌集資金又受企業本身外債額度的限制，所以上述方式也有其本身的局限性。其實，外商投資企業完全可以借助母公司或境外關聯公司在境外的資產，達到向境內金融機構融資的目的。

第一種方式：向境外銀行申請保函或備用信用證，進行境內融資。

境內的外商投資企業向境內銀行進行貸款時，由其境外母公司或關聯公司以其境外的資產，向境外的合作銀行進行抵押或現金擔保，由境外銀行向中國境內的貸款銀行開具保函或備用信用證，為境內的外商投資企業貸款提供擔保，境內銀行收到保函或信用證後，向申請貸款的外商投資企業發放貸款。

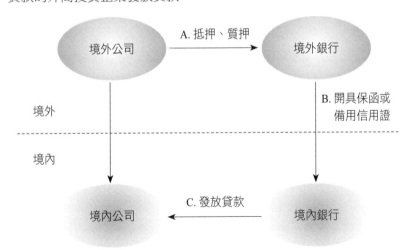

第二種方式：境外公司直接向境內銀行進行存款質押，使境內公司獲得融資。

境內的外商投資企業可選擇向開展離岸業務的境內銀行申請貸款，由境外母公司或關聯公司在該境內銀行開具離岸帳戶，匯入一定金額的存款作為擔保，由該境內銀行向境內的外商投資企業發放貸款。

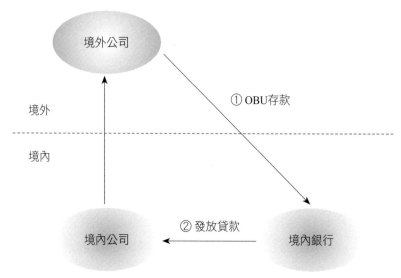

以境外資產進行境內融資，不須至外匯局辦理前置審批手續，也不會占用境內公司的外債額度，相對來說不失為一種不錯的融資選擇。在這種融資模式下，一旦境內外商投資企業發生違約行為，無法於貸款合同約定的期限內向境內銀行歸還貸款，境內銀行可向境外擔保人進行追償。但需要注意的是，一旦境外的擔保人對境內銀行履行了擔保責任，境內公司與境內貸款銀行之間的債權債務關係，則立即轉變為境內公司與境外擔保人之間的債權債務關係，也就是外債。對於境內債務人來說，應於擔保履約發生後15日內到所在地外匯局辦理外債登記手續。在辦理外債登記手續時，企業的中長期外債累計發生

額、短期外債餘額以及境外機構和個人擔保履約額（按債務人實際對外負債餘額計算）之和，不得超過其投資總額與註冊資本的差額。

　　由此可見，如果發生擔保履約後，境內債務人的外債額度不足，將會使境內債務人無法順利辦理外債登記手續，而如果不辦理外債登記手續，該筆境外代為擔保履約的債務將無法通過合法程序匯出。為防範因外債額度不足無法對外支付債務的潛在風險，境外機構或自然人對境內債務人借款提供擔保時，通常會要求境內債務人的境外母公司或境外關聯企業在境外對其提供反擔保，一旦境內債務人無法對外支付欠款，將由提供反擔保的一方承擔還款義務。另外，境內債務人也可以透過歸還以前登記過的短期外債恢復額度，或者通過增資等方式提高外債額度。對於沒有外債額度，但因境外擔保履約確須辦理外債登記的企業，匯綜複〔2009〕65號「關於境外擔保履約款結匯有關問題的批覆」第2條規定：「債務人在擔保人履約後產生的對外債務，如超出『投注差』或批准借款額度的，債務人所在地外匯局可先為其辦理外債登記手續，然後移交債務人所在地外匯局檢查部門處理。」至於債務人所在地外匯局檢查部門將作何處理，批覆沒有明確，可參考「外匯管理條例」第43條規定：「有擅自對外借款、在境外發行債券或者提供對外擔保等違反外債管理行為的，由外匯局給予警告，處違法金額30%以下的罰款。」

【139】如何辦理境外擔保的外匯登記

　　外商投資企業向中國境內金融機構進行貸款，由境外機構或個人提供擔保時，須嚴格按照中國外匯局的要求辦理外匯登記手續。隨著經濟形勢的不斷發展，外匯局對於境外擔保的登記要求也發生了較大變化，2005年先後公布了幾份文件對這方面進行詳細規定。

　　根據2005年1月26日發布的國家外匯局「關於2005年境內外資銀行短期外債指標核定工作的通知」（以下簡稱匯發〔2005〕4號文）及2005年4月15日發布的國家外匯局「關於外匯擔保項下人民幣貸款有關問題的補充通知」（以下簡稱匯發〔2005〕26號文）規定，境內外匯指定銀行向境內外商投資企業發放人民幣貸款，如接受了境外機構或自然人提供的擔保，作為債務人的外商投資企業，須主動至當地外匯局領取「境外保證項下人民幣貸款或有債務登記表」，辦理或有債務登記手續。在辦理或有債務登記手續時，外匯局將對企業的外債額度進行審核，外商投資企業借用的短期外債餘額、中長期外債發生額及境外擔保項下人民幣貸款餘額之和，不得超過其投資總額與註冊資本的差額，否則外匯局將不予辦理登記手續。同時銀行在與外商投資企業簽署境外擔保項下貸款合同時，對外商投資企業是否辦理了或有債務登記手續也具有查驗義務。

　　依法辦理了或有債務登記手續的，發生境外擔保履約時，貸款銀行可持「境外保證項下人民幣貸款或有債務登記表」影本及有關文件向所在地外匯局提出結匯申請；如外商投資企業沒有辦理或有債務登記手續的，境外擔保履約時，外匯局不予核准貸款銀行的結匯申請。同時上述文件也明確規定，2005年4月1日後，境內金融機構向外商投資企業發放的外匯貸款，可以參照境外機構擔保人民幣貸款的規定辦理，即可以接受境外機構和境外自然人提供的擔保，債務人也須事前到所在地外匯局辦理或有債務登記手續。

　　2005年10月21日，國家外匯局又發布了國家外匯局「關於完善外債管理有關問題的通知」（即匯發〔2005〕74號文），其中第4點對境內貸款項下的境外擔保進行了統一要求，即境內貸款項下接受境外擔保的，由債務人逐筆登記改為債權人定期登記。境內金融機構向外商投資企業發放本外幣貸款時，如接受了境外機構或個人提供的擔保，境內金融機構應於每月初10個工作日內，向所在地外匯局填報「境外擔保項下貸款和履約情況登記表」。而作為被擔保人的外商投資企業，則不再需要逐筆辦理或有債務登記手續。與此同時，該文件也明確規定，境內貸款項下境外擔保由按簽約額，改為按履約額納入外債管理。境外擔保發生擔保履約之後，債務人須在履約日後15日內到所在地外匯局辦理外債登記手續，企業中長期外債累計發生額、短期外債餘額以及境外機構和個人擔保履約額（按債務人實際對外負債餘額計算）之和，不得超過其投資總額與註冊資本的差額。但是對於該規定施行之前簽定的境外擔保項下貸款，符合匯發〔2005〕4號文和匯發〔2005〕26號文規定的當事人和擔保標的範圍的，債務人可以在擔保履約後，到所在地外匯局辦理外債登記，這部分履約額不計入該債務人的「投注差」，即不占用外債額度。

第四章

中國外債規定與香港子公司

【140】中國外債管理介紹

外債是中國利用外資的重要組成部分之一，對彌補中國建設資金不足、促進國民經濟發展發揮了重要作用。中國加WTO之後，金融業的開放將導致國際資本流動頻繁，匯率波動可能性增大，外債風險也隨之增大，給中國經濟持續、快速、穩定增長帶來越來越大的威脅。

因此，中國於2003年頒布並實施了「外債暫行管理辦法」（以下簡稱「暫行辦法」）。對外債的舉借、登記、利用和償還進行了規範。但是，隨著中國對外開放程度不斷地深入，「暫行辦法」越來越不能適應新的經濟形勢。為此，中國於2005年12月頒布並實施了「關於完善外債管理有關問題的通知」（以下簡稱「通知」）。對於「暫行辦法」中的規定進行了細化和調整。

此處主要依據上述法規就中國外債管理進行簡要的介紹：

一、外債的範圍

根據「暫行辦法」的規定，所謂「外債」是指在中國境內依法設立的公司、企業（「境內機構」）對中國境外的機構、自然人及其在中國境內依法設立的非常設機構（「境外機構」）承擔的以外幣表示的債務。通常情況下，外商投資企業外債的具體表現形式為：

1. 向境外銀行和其他金融機構借款；
2. 向境外企業、其他機構和自然人借款；
3. 買方信貸、延期付款和其他形式的貿易融資；
4. 國際融資租賃；

5. 非居民外幣存款；

6. 補償貿易中用現匯償還的債務。

另外，「暫行辦法」特別強調，對外擔保形成的潛在對外償還義務為或有外債。

二、外債的舉借

「暫行辦法」和「通知」對於舉借外債，要求必須先行經過審批和登記手續，且外債的金額也有一定的限制。

1. 外債登記

境內機構向境外機構借款之前，必須至所在地的外匯局辦理外債登記手續。若舉借的外債屬於短期外債，上述登記手續的有效期一般不會超過1年。期限屆滿時，境內機構須重新申請延期登記，否則，將面臨一定的處罰。

另外，根據「通知」的規定，境內機構180天（含）以上、等值20萬美元（含）以上延期付款也被納入外債登記管理。境內機構在貨物進口報關後15個工作日內，至外匯局辦理相應的手續，此項規定在2008年10月1日被廢止，關於延期付款的登記管理規定由匯發〔2008〕30號文取代。

2. 外債的額度

「暫行辦法」規定，外商投資企業舉借的中長期外債累計發生額和短期外債餘額之和，應當控制在審批部門批准的項目總投資和註冊資本之間的差額以內。在差額範圍內，外商投資企業可自行舉借外債。

通知及後續規定進一步明確，外商投資企業舉借的中長期外債累計發生額，和短期外債餘額及或有債務履約額三者之和，應當控制在審批部門批准的項目總投資和註冊資本之間的差額以內。

三、外債的使用

「暫行辦法」規定，境內機構舉借的中長期外債資金，必須按照

批准的用途合理使用，不得挪作他用。確須變更用途的，應當按照原程序報批。

　　境內企業舉借的短期外債資金主要用作流動資金，不得用於固定資產投資等中長期用途。

四、外債的償還

　　債務人可以用自有外匯資金償還外債，也可經外匯局核准用人民幣購匯償還外債。債務人無法償還的外債，有擔保人的，應當由擔保人負責償還。

　　需要說明的是，中長期外債，即使償還後，仍占用外債額度。而短期外債在償還後，境內機構的外債額度將相應恢復。

【141】外商投資企業如何借外債

根據中國法律的規定，外商投資企業（此處僅指外商所占股份在25%以上的）可在投資總額和註冊資本之間的差額（「投注差」）之額度內，向境外公司、個人或金融機構進行借款。根據相關法律的規定，該等借款應列入企業外債額度。外商投資企業進行外債登記時，應當辦理相應的外債登記手續。根據借入外債主體的不同，登記手續分為定期登記與逐筆登記。

一、定期登記的手續

定期登記的外債，是指由中國國內銀行和非銀行金融機構借入的外債，以及政府借入的外國貸款。定期登記的手續為：

1. 除非銀行金融機構及城市商業銀行、城市及農村信用社之外的金融機構，可以自行登錄國家外匯局的外債統計監測系統，錄入外債合同及提款、還款資訊。

2. 非銀行金融機構及城市商業銀行、城市及農村信用社，當借款新簽約或債務發生提款、償還等變動情況時，應按月分別填寫「外債簽約情況表」和「外債變動回饋表」（以下簡稱回饋表），上報登記部門。報送日期為月後5天之內。

二、逐筆登記的手續

逐筆登記的外債，是指除定期登記的外債以外，中國國內其他機構、企業（包括外商投資企業）借用的外債。逐筆登記的手續為：

1. 借款單位在借款合同簽約後的15天內，持借款合同副本和對外借款批件（外商投資企業不須批件），到登記部門辦理外債登記手續，領取逐筆登記的「登記證」並持外匯局核發的「登記證」及開戶通知書到開戶行開立外債專戶。

2. 在借款調入境內時，借款單位應在入帳後5個工作日內憑入帳通知單及外債登記證到外匯局辦理提款登記手續。

3. 債務到期還本付息時，借款單位應持「登記證」和還本付息通知單，提前到登記部門領取還本付息核准件，憑核准件和「登記證」到開戶行辦理還款資金匯出本息手續。

4. 根據屬地管理原則，在本地領取「登記證」的借款單位，如必須在異地銀行辦理開戶、還本付息手續時，可先持本地登記部門開出的「登記證」及開戶通知書到異地登記部門辦理備案手續，但還本付息仍由企業註冊地外匯局核准。

三、登記證的繳銷

在外債資金使用完畢後，開戶行應註銷外債帳戶，在「登記證」上記載的債務最後一次還本付息後，開戶行應立即註銷其外債還本付息專戶。借款單位在15天內向發證的登記部門繳銷「登記證」。

【142】貿易項下企業外債實務

　　為完善外債統計監測與管理，防範外債支付風險，外匯局於2008年7月頒布「國家外匯管理局關於實行企業貨物貿易項下外債登記管理有關問題的通知」（匯發[2008]30號），2008年12月「國家外匯管理局關於完善企業貨物貿易項下外債登記管理有關問題的通知」（匯發[2008]73號）、2009年6月「國家外匯管理局綜合司關於進一步完善企業貿易信貸登記和出口收結匯聯網核查管理有關問題的通知」（匯綜發[2009]78號）、2009年9月「國家外匯管理局綜合司關於改進企業貿易信貸登記管理有關問題的通知」（匯綜發[2009]108號）。。

　　根據上述規定要求，中國境內的企業（包括個人和保稅區企業）對其企業出口預收貨款和進口延期付款，視同於貨物貿易項下外債進行備案登記和限額管理。

一、預收貨款登記和註銷

　　企業自2008年7月14日起，對新簽約出口合同中含預收貨款條款和合同中未約定而實際發生預收貨款的，須在合同簽約之日起或實際收到預收貨款之日起15個工作日內辦理登記手續，其中包括出口買方信貸的提前收匯，應辦理預收貨款登記手續。但若屬於企業出口押匯、福費廷（編註：無追索權融資，又稱買斷、包買票據。此字為英文forfaiting的音譯）、保理等貿易融資項下的收匯，不須辦理預收貨款登記手續。

　　已登記預收貨款項下貨物報關出口和貨物未出口退匯的，企業應在貨物報關出口之日起或退匯之日起15個工作日內，辦理預收貨款註銷手續。

二、延期付款登記和註銷

　　進口延期付款是指，進口貨物貨到付款項下合同約定付匯日期晚於合同約定進口日期90天以上（不含90天）的，或實際付匯日期晚於實際進口報關日期90天以上（不含90天）的付匯。企業自2008年10月1

日起，企業新簽約進口合同中，含延期付款條款和實際發生延期付款的，應在合同簽約之日起或在海關簽發進口貨物報關單後90天之日起15個工作日內，辦理延期付款登記手續。但不包括企業以信用證結算方式下的對外付匯。

已登記延期付款項下的貨款對外支付之日起15個工作日內，企業應辦理延期付款註銷手續。

三、其他注意如下事項：

1. 貿易項下外債額度的限制

依據匯綜發[2009]78號規定，貿易項下預收貨款和延期付匯額度統一實行餘額管理，企業貿易信貸可收（付）匯額度＝企業前12個月出口收匯（進口付匯）額×控制比例－（已確認貿易信貸提款登記金額－貿易信貸註銷確認金額）。

上述控制比例由基礎比例和調整比例組成，基礎比例中預收貨款、延期付款基礎比例設定為20%，預付貨款基礎比例設定為前12個月進口付匯額的50%。另外，匯綜發[2009]108號規定，企業在系統中辦理提款登記的等值50,000美元（含）以下的預收貨款、延期付款和預付貨款，不納入控制比例限制。

2. 未及時辦理登記手續的後果

企業未按照本規定辦理預收貨款和延期付款登記、註銷手續的，或以虛假合同辦理登記的，按照「外匯管理條例」和外債管理相關規定處罰。企業接受處罰並經核准後，應辦理預收貨款和延期付款補登記手續。未經補登記的延期付款，銀行不得為企業辦理購付匯手續。

企業超過預收貨款項下登記的貨物出口時間90天（含），仍然沒有辦理註銷登記手續且不能說明合理原因，並根據外債管理規定被認定為違規對外借款的，由外匯局按照「外匯管理條例」和外債管理相關規定予以處罰，責令預收貨款原路退回，並按上述規定辦理預收貨款註銷登記手續。

【143】外商投資企業的香港子公司功能介紹

外商投資企業，尤其是有大量對外貿易的企業，不可避免地面臨關聯交易、外匯限制等問題，外商投資企業可以透過在香港設立子公司，靈活處理關聯交易、延期付款和預收貨款外匯限制、境外客訴、傭金、員工薪資以及融資等問題，為外資企業的業務運作提供諸多便利。

一、外商投資企業與香港子公司交易不屬於稅務機關查核的關聯交易

為避免外商投資企業通過移轉定價將利潤留在海外，外商投資企業與其境外母公司或其他關聯公司的交易，是中國稅務機關的查核重點，依規定，對關聯企業的銷售和採購額年達2億的企業，還須準備關聯交易同期資料以備隨時查閱，並且，對移轉定價的企業稅務機關有權進行特別納稅調整。而外商投在企業在香港設立子公司，可以與中國母公司合併報表，香港子公司的利潤最後匯回中國時在中國繳納企業所得稅，所以不屬於稅務局查核的關聯交易。

二、香港子公司可以協助外商投資企業克服延期付款和預收貨款外匯限制

外商投資企業可以通過香港子公司對外進行貿易，出口時，由境內企業將貨物銷售給香港子公司，香港子公司再將貨物銷售給客戶，香港子公司可以從客戶預收貨款，留在香港，待出貨後再由香港子公司將貨款匯入境內。進口貨物時，香港子公司從境外供應商購貨，再銷售給境內母公司。企業通過香港子公司，可以克服延期付款和預收貨款的外匯限制，提高資金使用效率。

三、香港子公司有利於中國外資企業靈活處理境外客戶投訴

同樣由於外匯的限制，如果中國境內企業銷售給境外客戶的貨物有品質問題，或從境外客戶採購的貨物有品質問題，將會面臨違約金或賠償金的境內外匯付的問題，由於中國屬於外匯管制的國家，違約金或賠償金的支付必須經外管局審核，程序煩瑣，不利於儘快解決相關問

題，透過香港子公司處理境外客訴的問題，由香港子公司直接索賠或支付賠償金，而不是由中國匯出或匯回中國，減少審批環節，可以靈活地解決相關問題。

四、中國外資企業可以利用香港子公司支付佣金員工薪資以及其他費用，可以節稅

由於中國稅法對企業稅前列支的項目審核嚴格，而香港法律的規定較為寬鬆，所以諸多在中國不能稅前列支的費用，可以在香港列支，以達到節稅的作用。同時利用香港子公司也可以規劃在香港支付員工的薪資類收入，對員工的個人所得稅也具有非常重要的作用。

此外，香港子公司還有幫助外商投資企業從境外融資等其他靈活多變的作用。

【144】境外投資設立香港子公司實務

香港子公司可以解決關聯交易、外匯限制、境外融資等問題，外商投資企業若對外投資設立香港子公司，須經中國商務主管部門的審批和到外匯主管部門登記。在政府鼓勵對外投資的政策下，境內審批的流程大大簡化，審批時間也縮短很多，一般在10個工作日左右就可以取得對外投資披准證書，同時為便於中國官方對境外投資的管理，實行網上申報管理制度，不僅申請對外投資須先到網上提出申請，境外子公司設立完後，對外投資活動每月、季、年也須到網上登記相關資訊。

一、香港子公司設立的基本流程

1. 向商務主管部門申請對外投資披准證書。除對外投資數額較大（1,000萬美元以上）或特殊類型的投資外，在香港投資設立子公司申請程序比較簡單，先在商務部的網站上進行申請，填寫相關表格，並將相關表格列印出來，加蓋申請人的公章與其他資料一起向當地的商務主管部門遞交申請，由當地商務主管部門轉報至省級商務主管部門，由省級商務主管部門頒發批准證書。

2. 在辦理申請對外投資的時候，需要辦理一枚電子鑰匙，用於網上統計系統的登錄和識別，部分地區（如江蘇省）要求取得電子鑰匙並在網上輸入相關資料後才發放對外投資披准證書。

3. 取得對外投資披准證書後，即可在香港當地辦理公司設立手續，香港公司設立完畢須到中國駐香港大使館辦理報到手續。

4. 香港公司辦理開戶手續，最好將帳戶開在香港當地的銀行，中國境內一些地方的外匯主管部門不接受香港公司開立在其他國家或地區的離岸帳戶作為接收中國境內匯出投資款的帳戶。

5. 取得對外投資披准證書後，須到當地外匯主管部門辦理外匯登記，申請人為外商投資企業的，直接在外匯局的系統中登記即可，不

再頒發外匯登記證書。經外管主管部門登記後可以攜帶「對外投資披准證書」和外匯登記IC卡到銀行辦理資金匯出。每筆資金匯出後都須到商務部網站登記。

二、政府鼓勵對外投資的政策

很多地方政府為鼓勵企業走出去，通常會推出一些對外投資的鼓勵政策，例如江蘇省於2008年推出的蘇財企〔2008〕第182號文明確規定：境內企業到境外從事生產加工、科研開發、建立營銷網路等，單個項目中方投資額不低於50萬美元的項目，按照企業境外投資項目實際投資額的1.5%給予補貼，單個項目的補貼上限為200萬元。同時各市、區也有不同的優惠政策，企業可與當地的商務主管部門了解確認。

三、香港子公司的稅務問題

很多企業對於到香港設立子公司事宜，比較擔心如此操作後是否會引起稅收及維持成本大幅上升等問題，在此解釋如下：

1. 香港的稅收基於來源地（即屬地）原則，只對來自香港本地經營業務的利潤徵稅，而中國境內企業赴香港投資設立子公司，主要為解決關聯交易和外匯限制等問題，子公司雖註冊在香港，但在香港本地一般沒有實際運作的辦公室，也沒有具體的辦公人員，貿易往來只是表單上的流轉，貨物一般不在香港裝卸或包裝，所以按照香港的稅收認定規定，一般無須在香港繳納。

2. 2008年8月1日修訂實施的「外匯管理條例」，取消了境外子公司利潤必須按期匯回中國境內的規定，因此，香港子公司的利潤只有決議分配給股東時才須在中國繳納所得稅。

【145】外資銀行的外債實務

　　註冊於中國的外資銀行，與外資企業一樣，在舉借外債方面不得不受到中國外債法律法規的約束。但外資銀行作為金融機構，在外債的定義、外債額度的申請及外債的管理方面，都與外資企業有著很大的區別。

　　根據國家發展改革委員會、國家外匯局及中國銀行業監督管理委員會於2004年5月27日聯合頒布的「境內外資銀行外債管理辦法」規定，外資銀行是指按照「外資金融機構管理條例」及相關法律法規在中國境內設立的外資獨資銀行、中外合資銀行和外國銀行分行。

　　國家對境內外資銀行的外債實行總量控制。國家發展改革委員會、中國銀行業監督管理委員會、國家外匯局根據國民經濟和社會發展需要、國際收支狀況和外債承受能力，以及境內外資銀行的資產負債狀況和運營資金需求等，合理確定境內外資銀行外債總量以及中長期和短期外債結構調控目標。外資銀行的外債也分為短期外債和中長期外債，其中簽約期限在一年期以上（不含一年期）的中長期外債，由國家發展改革委員會按年度核定發生額；簽約期限在一年期以下的短期外債，由外匯局核定餘額。

　　外資銀行有很多業務都會占用其外債額度，如境外借款、境外同業拆入、境外同業存款、境外聯行和附屬機構往來（負債方）、非居民存款等。這些業務中又以非居民存款最為常見。所謂非居民存款，是指境外機構或境外自然人在外資銀行的外幣存款，其中，境外自然人的外幣存款50萬美元以上，方會占用外資銀行的外債額度，但境外機構的外幣存款則不論金額大小，一律計入外資銀行的外債額度。一般在外資企業缺乏資金、但又急須外匯匯出的情況下（如股利匯出、關聯公司清帳、收購或設立境外子公司等）會求助於境內外資銀行，外資銀行為避免境外外幣存款占用其外債額度，則會建議採用境外自

然人存款擔保的方式對境內的外資企業發放貸款，幫助企業及時完成匯出。如此一來，只要每位原境外自然人的存款金額控制在50萬美元以下，則不會影響外資銀行的外債額度。

外資企業的外債額度用盡，最多只是境外融資受到限制，日常業務還是可以靠其他方式獲得資金周轉而得以持續。但外資銀行的外債額度一旦用盡，將會給其日常業務帶來很大影響。如無法再接受境外機構或自然人的外幣存款，也不能為客戶提供90天以上的遠期信用證或進行90天以上的海外代付等。加之國家外匯局對境內外資銀行的管理也非常嚴格，所以外資銀行一般會非常重視自身外債額度的管理和控制，大多會根據往年的外債發生額，設定當年的外債額度警戒線，以便於即時監控外債的發生額，在額度用盡之前，及時採取措施恢復額度（如歸還境外借款）或者進行額度申請。

【146】如何申請外資銀行外債額度

　　外債是指境內機構對非居民承擔的以外幣表示的債務，外資銀行的外債包括境外借款、境外同業拆入、境外同業存款、境外聯行和附屬機構往來（負債方）、非居民存款和其他形式的對外負債。

　　與外商投資企業外債額度取決於自身的投資總額和註冊資本之間的差額不同，外資銀行的外債額度是由國家實行總量控制。根據國家發展改革委員會（以下簡稱國家發改委）、國家外匯局（以下簡稱國家外匯局）及中國銀行業監督管理委員會（以下簡稱銀監會）於2004年5月27日聯合頒布的「境內外資銀行外債管理辦法」規定，國家發改委會同銀監會、國家外匯局，根據國民經濟和社會發展需要、國際收支狀況和外債承受能力，以及境內外資銀行的資產負債狀況和運營資金需求等，合理確定境內外資銀行外債總量，以及中長期和短期外債結構調控目標。

　　與外商投資企業外債相同的是，外資銀行的外債也有短期外債和中長期外債之分，其中，簽約期限在一年期以上（不含一年期）的中長期外債，由國家發改委按年度核定發生額；簽約期限在一年期以下（含一年期）的短期外債，由國家外匯局核定餘額。外資銀行每年2月底前，須分別向國家發改委、國家外匯局提出關於本年底中長期外債發生額、短期外債餘額的申請。其中，外資獨資銀行、中外合資銀行通過註冊地發改委、外匯局的分支機構逐級向國家發改委、國家外匯局提出申請；外國銀行分行由在中國境內的主報告行直接向國家發改委申請，或由指標集中管理行向所在地外匯局提出申請。沒有主報告行或指標集中管理行的，則通過註冊地的發改委、外匯局的分支機構逐級向國家發改委、國家外匯局提出申請。

　　外資銀行在進行外債額度申請時，須向國家發改委、國家外匯局提供下列文件資料：

1. 借用中長期或短期外債的申請報告，內容包括上年度的業務經營狀況、資金來源和運用情況、外債指標使用情況、本年度所申請外債額度的依據和資金用途等。

2. 境外總行或地區管理部批准的對中國境內債務人的年度授信限額文件。

3. 外資獨資銀行、中外合資銀行要提供報送銀監會的上年度境內合併資產負債表和損益表。外國銀行分行要提供報送銀監會的分行上年度資產負債表和損益表，以及境內營業性分支機構上年度合併資產負債表和損益表。此外，還須提供外匯業務財務報表。

4. 與申請人流動性需要或資金用途有關的證明資料。

國家發改委和國家外匯局收到上述文件後，根據境內外資銀行的上年度外債借用情況（外資銀行當年的外債使用情況會直接影響下一年外債額度的申請，所以應在銀行內部建立一套完善的外債管理和控制系統，以免出現違規情況）、其境外總行或地區管理部批准的本年度對中國境內債務人的年度授信限額、境內貸款項目需求（中長期外債）及流動性需要（短期外債），分別核定境內外資銀行本年度中長期外債發生額和短期外債餘額。

根據規定，境內外資銀行在本年度新借入的中長期外債不得超過國家發改委核定的額度；本年度內任一時點的短期外債餘額不得超過國家外匯局核定的指標。

第五章

資本金結匯實務

【147】外商投資企業資本金結匯實務

所謂「外商投資企業資本金結匯」，是指經外匯局批准，可經營結售匯業務的外匯指定銀行，在國家外匯局核定的外商投資企業資本金帳戶限額內，為外商投資企業辦理資本金帳戶內的外匯資金結匯。簡言之，就是有資格經營該類業務的銀行，將外商投資企業資本金帳戶內的外匯資金兌換為人民幣的行為。上述兌換須以該外商投資企業營業執照所注明的註冊資本為上限。

以前，外商投資項下資本金結匯須先由各級外匯局逐筆審批後，銀行再憑外匯局的核准件辦理資本金結匯。自2002年7月1日起，外匯局將這種直接監管模式改革為間接監管模式：即外匯局根據相關條件，將外商投資項下資本金結匯核准權授予符合條件的銀行，由銀行在許可權範圍內履行審核、統計、監測和向外匯局報備的責任。

依據國家外匯局最新生效的相關規定（2008年8月29日生效），經授權辦理資本金結匯的銀行，在受理外商投資企業資本金結匯申請時，應要求申請企業提交以下資料：

1. 外商投資企業外匯登記IC卡。

2. 資本金結匯所得人民幣資金的支付命令函。

3. 資本金結匯後的人民幣資金用途證明文件。包括商業合同或收款人出具的支付通知，支付通知應含商業合同主要條款內容、金額、收款人名稱及銀行帳戶號碼、資金用途等。企業以資本金結匯所得人民幣資金償還人民幣貸款，還須提交該筆貸款資金已按合同約定，在

批准的經營範圍內使用的說明。

4. 會計師事務所出具的最近一期驗資報告（須附外方出資情況詢證函的回函）。

5. 前一筆資本金結匯所得人民幣資金按照支付命令函對外支付的相關憑證，及其使用情況明細清單和加蓋企業公章或財務印章的發票等有關憑證的影本。若該筆結匯為一次性或分次結匯中的最後一筆，銀行應當要求企業務必於結匯後的五個工作日內向其提交前述資料。

6. 銀行認為需要補充的其他資料。

如果外資企業辦理單筆資本金結匯的金額小於或等於5萬美元，作為企業備用金用途的，銀行可僅要求企業提交上述1、2、4項文件。

對於企業提交的資料，銀行應當按照相關規定嚴格審核。2011年7月，國家外匯局向各地方分局下發了「關於完善外商投資企業外匯資本金支付結匯管理有關業務操作問題的補充通知」，進一步明確外商投資企業外匯資本結匯管理職責，強化資本金結匯的真實性審核要求。自8月1日起實施。通知規定，資本金結匯，除嚴格按照以往規定提交資料外，還應向銀行提交前一筆資本金結匯所得人民幣資金，按照支付命令函對外支付的發票等相關憑證原件，以及加蓋結匯企業公章或財務印章的稅務部門網路發票真偽查詢結果列印件。銀行收到前述資料後，應登錄各地國稅、地稅網站核對發票的真實性，對於網上無法核查的，銀行應該要求企業提交稅務機關出具的發票真偽鑑別證明資料。通知還規定，企業以備用金名義結匯的，每筆不得超過等值5萬美元，每月不得超過等值10萬美元。

2011年7月18日，國家外匯局綜合司發布了「關於完善外商投資企業外匯資本金支付結匯管理有關業務操作問題的補充通知」（匯綜發[2011]88號），為加強資本金結匯的真實性審核，對匯綜發[2008]142號文做出補充規定，自2011年8月1日起實施。根據該通知，

申請資本金結匯，還應向銀行提交：前一筆資本金結匯按照支付命令函對外支付的發票等相關憑證原件；稅務部門網路發票真偽查詢結果列印件，或稅務機關出具的發票真偽鑑別證明資料。

此外，針對銀行辦理資本金結匯的作業時間，目前的規定是：如果該外商投資企業資本金帳戶及人民幣帳戶是開立在同一家銀行的，結匯銀行須在當日辦理完畢結匯、人民幣資金入帳及對外支付劃出手續；不在同一家銀行的，結匯銀行在辦理結匯所得人民幣資金劃出時，應當在劃款憑證上注明「資本金結匯」字樣，而人民幣資金劃入銀行則須在兩個工作日內（含劃入當日）根據支付命令函辦理該筆資金的對外支付劃轉手續。

【148】外資銀行從事資本金結匯業務資格及其相關手續

依據現行規定，外資銀行如要開展資本金結匯業務，必須向其所在地的外匯局提出授權申請。外匯局經審查，認定銀行已同時符合下列4項條件時，才會授權銀行開展資本金結匯業務。這四項條件包括：

1. 已獲得經營結售匯業務的資格，且近三年資本項目結售匯業務無重大違規紀錄；

2. 對外商投資項下資本金帳戶限額管理具有完善的控制措施；

3. 有完善的資本金結匯管理內部控制制度；

4. 有健全的資本金結匯統計監測預警體系，並保證及時向所在地外匯局報送資本金在結匯統計監測資料及業務中發生的異常情況。

其中，獲得經營結售匯業務的資格，是經營資本金結匯業務的前提。但並非所有銀行都可以自設立時自動獲得經營結售匯業務的資格。依據現行「外匯指定銀行辦理結匯、售匯業務管理暫行辦法」規定，外資銀行需要具備下列條件，並經所在地的中國人民銀行批准，方可獲得經營結售匯業務的資格，成為外匯指定銀行。這些條件包括：

1. 該外資銀行業經批准設立並取得金融業務經營資格。

2. 具有完善的內部管理規章制度，主要包括：

（1）結匯、售匯業務操作規程；

（2）結匯、售匯統計報告制度；

（3）結匯、售匯周轉頭寸管理制度；

（4）結匯、售匯單證管理制度；

（5）獨立的結匯、售匯會計科目及核算辦法等。

3. 具有經外匯局培訓，並經外匯局考試合格的相關業務人員。

4. 具有結售匯匯價接收、發送管理系統。

　　5. 具有可以即時查詢進出口報關單電子底帳、報送國際收支統計申報資料和結匯、售匯統計資料所必備的電子、通信設備及適合開展業務的場所。

　　6. 外匯業務經營穩健，內部控制健全，能按照中國人民銀行或外匯局的要求，針對過去的外匯業務違規行為進行整改並予以糾正。

　　7. 如果擬申請成為外匯指定銀行的是外資銀行的分支機構，還須獲得總行（部）或上級行（主管部門）對其開展資本金結匯業務的授權。

　　當具備上述條件的外資銀行向其所在地的外匯局提出授權申請時，需要提交以下資料以供審批：

　　1. 書面申請（包括本銀行近三年來資本項目外匯業務操作情況及法規執行情況）。

　　2. 「經營金融業務許可證」（影本）。

　　3. 銀行內部有關外商投資項下資本金入帳、結匯內控制度。內控制度須包含以下內容：

　　（1）資本金帳戶入帳，結匯操作規程；

　　（2）資本金帳戶入帳最高限額控制措施；

　　（3）資本金入帳、結匯經辦複核和分級審核制度；

　　（4）資本金入帳、結匯統計報告制度。

　　4. 擬指派從事資本金結匯業務人員情況。

　　5. 外匯局要求提供的其他資料。

　　銀行取得了從事資本金結匯的授權後，還要嚴格按照規定履行資本金結匯相關審核、統計、報告責任，例如對於單筆結匯超過100萬美元或單一企業當日累計結匯超過100萬美元，或其他結匯業務中出現的異常情況，銀行都必須及時向外匯局申報。如果取得授權的銀行未能履行上述職責，或者銀行為企業辦理的資本金結匯超過了該外資企業資本金帳戶限額的，外匯局有權暫停銀行開展資本金結匯業務，

如果銀行違規情節特別嚴重或暫停期內未能進行整改的，還有可能被取消從事資本金結匯業務的資格。

需要注意的是，外匯局授權銀行審核的資本金結匯的範圍，僅包括經外匯局核准並在被授權銀行開立的資本金帳戶結匯。對於那些未參加上年度年、或年檢不合格的外商投資企業的資本金結匯，仍須由外匯局審核，銀行並無許可權直接審核辦理。

【149】外資銀行辦理企業資本金結匯業務審核重點

　　經授權辦理資本金結匯業務的外資銀行，可以在國家外匯局核定的外商投資企業資本金帳戶限額內，為外資企業辦理資本金結匯業務。但是，這並不代表只要結匯金額不超過核定的資本金限額，銀行均可直接為企業辦理資本金結匯。實際上，不超過限額只是一個最基本的審核條件，被授權的銀行在承辦具體資本金結匯業務時，也必須同時審核企業是否能夠滿足下列條件：

　　1. 該企業上年度年檢是否合格。對於那些未參加上年度年檢、或年檢不合格的外商投資企業的資本金結匯，仍應由外匯局審核，銀行並無許可權直接審核辦理。

　　2. 該企業是否已就本次申請結匯的資本金辦理了驗資手續，銀行應要求企業提交由會計師事務所出具的正式的驗資報告原件進行核對，以確認累計資本金帳戶入帳的貸方發生額未超過外管局核定的最高限額。

　　3. 審核確認企業申報的結匯用途是否符合該企業營業執照上登記的經營範圍，也就是說，資本金結匯所得人民幣資金必須用於企業正常的生產經營開支。

　　4. 因為外資企業不得將資本金結匯所得的人民幣資金用於境內股權投資，因此如果發現企業申請結匯的資本金用途或其流向是用於購買境內股權的，銀行也不得為其辦理資本金結匯；同時，對於非外資房地產企業，其不得以其資本金結匯所得人民幣資金購買非自用境內房地產。所以，如果一個普通生產型企業，申請辦理資本金結匯，支付給一家房地產開發商，則銀行應要求其提供其他相關證據，以確認其並非是為購買非自用境內房產。

　　5、審核結匯用途的真實性，審核本次結匯資金用途證明文件及支付命令函、前一筆結匯所得人民幣資金的使用情況明細清單及對外

支付的相關憑證和發票原件，另須要求申請人提供稅務部門網路發票真偽查詢結果列印件，或稅務機關出具的發票真偽鑑別證明資料。

　　與此同時，經營資本金結匯業務的外資銀行如在日常資本金結匯業務中發現了異常情況，必須向所在地外匯局報備。如果單一企業當日累計結匯額超過100萬美元，或者有企業單筆結匯額超過100萬美元時，銀行應當於業務結束的下一個工作日以傳真形式向所在地外匯局報送「外商投資項下資本金大額結匯情況表」。如在辦理入帳、結匯業務中發現異常情況的，銀行也應及時向所在地外匯局報告。銀行如果未按上述規定嚴格履行審核義務，為企業辦理資本金結付匯，則可能面臨20萬元以上、100萬元以下的罰款，並被外匯局取消從事資本金結匯業務的資格。企業違反規定，擅自改變外匯或者結匯資金用途的，由外匯局責令改正，沒收違法所得，處違法金額30%以下的罰款；情節嚴重的，處違法金額30%以上等值以下的罰款。

第六篇

在中國利用法律手段
回收債權操作重點

第一章

在中國進行徵信調查的必要性及意義

【150】外資銀行進行徵信調查的幾種方式分析

徵信是指依法蒐集、整理、保存、加工自然人、法人及其他組織的信用資訊，進行整理和加工後，對外提供信用報告、信用評估、信用資訊等服務。

外資銀行通過徵信調查，可以核實客戶身分、杜絕信貸欺詐、保證信貸交易的合法性，判斷、控制信用風險，進行信用管理，更重要的是，一旦客戶的償債能力出現問題，可以及時掌握客戶的資產情況，以便採取相應的措施，如向法院申請財產保全。目前外資銀行對客戶進行徵信調查主要是依賴於中國人民銀行於1997年即開始籌建的銀行信貸登記諮詢系統。

這套由國家中央銀行籌建的銀行信貸登記諮詢系統，分別於2006年1月和7月實現了個人信用與企業信用資訊基礎資料庫的全國聯網查詢。據統計，截至2008年9月底，企業信用資訊基礎資料庫收錄企業及其他組織共計一千多萬戶，其中六百多萬戶有信貸紀錄。截至2008年9月底，個人信用資訊基礎資料庫收錄自然人數共計六億多人，其中一億多人有信貸記錄。

銀行通過這套系統，可以查詢到信貸客戶的基本資訊、在金融機構的借款、擔保等信貸資訊，以及企業主要的財務指標。外資銀行經向中國人民銀行徵信中心申請，可以將機構總部終端機與企業和個人

信用資訊基礎資料庫相連（即一口接入），並透過銀行的內聯網系統將終端延伸到銀行分支機構信貸人員的業務櫃台。外資銀行辦理信貸業務時，對於企業客戶，可以透過其提供的貸款卡、密碼等查詢其資信情況，對於個人客戶，則須取得被查詢人的書面授權後，方可向個人信用資訊基礎資料庫申請調取個人信用報告。

　　由於銀行信貸登記諮詢系統所提供的資訊，主要集中於基本資訊、信貸資訊，以及企業主要的財務指標，並不能非常全面地體現一個公司的資信情況，所以為了獲得更全面的資訊，外資銀行還可以採取其他方式對信貸客戶展開資信調查。

　　目前許多政府部門各自都建立有內部的資料庫。例如，工商局的「企業不良行為警示系統」及「企業的檔案信息」、稅務部門的「信用等級信息系統」、法院的「被執行人查詢信息」等。但由於中國目前缺少足夠的法律讓這些掌握資訊的部門與社會分享他們的資料，所以外資銀行如果要更全面地了解企業，就必須委託一些專門的徵信調查機構或者是律師事務所，憑藉其特殊的管道或資格、身分去獲取上述這些內部資料庫的資訊。透過委託上述機構向相關政府行政、司法機關進行查詢，銀行可以獲取企業客戶的股權資訊、企業客戶主要經營管理人的個人資訊，了解該企業是否正陷於訴訟糾紛中，未來是否會面臨敗訴的風險；企業是否曾經因假冒偽劣產品而被處罰；是否會有重大經營風險；企業的資產是否已被抵押、查封，是否會影響到企業的償債能力；企業所擁有的知識產權情況；行業排名情況等。以上資訊均可幫助銀行更加準確地評價一個新客戶的信用等級，提高銀行信貸的安全性，為商業信貸決策提供參考，精確商業信貸的額度與利率。

【151】徵信調查應關注的重點

　　徵信調查就是為了透過分析相關資訊，判斷被調查對象的信用狀況，就其可信程度及履約能力，主要是償債意願及能力，做出綜合分析和測定。

　　與被調查對象信用狀況相關的資訊主要可以分為以下幾大類：

　　一、被調查對象的基本情況。如果是企業，應當包括是否具備獨立法人資格，企業承擔的是有限責任還是無限責任，企業的註冊地址、法定代表人、經營有效期限、經營範圍、投資方名稱，是否每年都年檢合格等；如果是自然人則應當查明：（1）出生日期；（2）身分證件及其簽發日期；（3）戶籍所在地；（4）居住地；（5）家庭基本情況；（6）畢業學校；（7）工作紀錄；（8）有無犯罪記錄；（9）個人信用情況。

　　二、被調查對象的資本狀況。這類調查的對象是企業，包括被調查企業的註冊資本、實有資產及其對外債權債務等內容。註冊資本，是企業在註冊機構登記的資本總額，它僅僅是表示企業的最低資本數額，一般並不完全顯示企業的實際資產狀況。實有資產，是企業實際現有的資產總額，其可能高於或低於註冊資本。有限責任公司在對外發生債務時，是以公司的現有財產為限進行清償。因此，企業的實有資產的金額是非常重要的，徵信調查時應予以查清被調查對象的對外債權債務情況、財務實際狀況等。查清被調查對象有無訴訟纏身，是查清其債權債務的一個有效方法。

　　三、被調查對象的財務狀況。所謂「數字會說話」，透過對企業的財務報表，分析其盈利能力、資金周轉狀況及償債能力等，確認被調查對象的財務運作是否正常，是否存在虛假帳目或潛在的稅務或帳款風險，並透過該企業連續性的財務表現來預測企業未來的發展趨勢，這是確保銀行權益的一大重要途徑。

　　四、被調查對象的經營情況，包括其經營範圍和方式以及生產經營狀況等內容。調查企業的合法經營項目、經營活動的方式，企業經營實際現狀，企業實際辦公狀況，企業機構設備情況，企業經營狀態，企業固定資產現狀，資產具體數額，主營範圍，主要貨源，主要市場，供銷管道。生產經營狀況的調查，特別要注意，是否有開工不足、經濟效益逐步下降、產品不適銷對路、沒有市場等情況。

　　五、被調查對象的商業信譽情況。主要包括其生產的產品品質，履行合同的能力，以往的履約率，服務品質情況，產品的聲譽情況、產品的銷售服務情況，實際信用狀況，合作夥伴評價，業內人士評價，主管部門評價，重大不良紀錄等。

　　六、被調查對象的財產擔保情況。主要應調查該企業是否對其不動產和固定資產已經設定了抵押擔保；是否為其他企業設立了保證人擔保。對於其主要生產經營設備的抵押登記查詢，可以到被調查對象所在地的工商行政管理局查詢，對於其不動產的抵押查詢可委託專業人員前往企業所在地的國土局和房產交易中心進行查詢。

　　七、被調查對象的主要經營管理人員情況。一個企業興衰成敗，經營者往往發揮決定作用。因此在對企業進行徵信調查過程中，考察該企業的主要經營管理者也至關重要。此類資訊可透過調取工商備案登記資料，直接面談、間接調查、同業評價、社會評價等多方面進行了解。

　　八、被調查對象是否擁有知識產權，權利是否已經設定了抵押擔保；此資訊可透過當地商標局、專利局進行查詢。在對調查對象上述諸多資訊分析研究的基礎上，即可就其可信程度及履約能力，主要是償債意願及能力，做出準確的分析和測定。

第二章

實務中可用於追討債務的 幾種辦法

【152】訴訟或仲裁前發律師函的作用及注意事項

律師函是律師受一方當事人委託，依據其提供的相關證據與事實，就特定事項和法律，以律師事務所和律師的名義製作並發送的專業法律文書。發律師函的目的包括預防和制止某種侵權行為的發生或繼續發生；或督促某項義務履行；或澄清某些事實或權利。一份說理清晰透徹、法律依據明晰、證據確實充分、用語義正辭嚴的律師函，完全有可能令對方當事人心服口服，實現雙方和解，進而避免訴訟或仲裁程序的啟動，使雙方當事人有可能在未來繼續合作。

律師函的作用有：

一、監督履約。如在事實清楚的欠款糾紛中，如對方延遲付款，債權人可以透過委託律師簽發律師函，提示對方的不當行為，催促其及時履行付款的義務，並正告如不及時履約，將需要承擔的法律後果，如要承擔違約金、訴訟費、財產保全費等等。在這類案例中，律師函能促使債權債務糾紛盡速解決，節約當事人的訴訟成本及時間。

二、中斷訴訟時效。一般的債務糾紛的訴訟時效為兩年，在債務到期後的兩年內，如沒有證據證明債權人曾向債務人主張過債權，則一旦兩年訴訟時效期滿，債務人完全可以透過提出「債權已過訴訟時效」的抗辯，使得債權人喪失勝訴權。如在兩年訴訟時效期間內，債權人曾經委託律師向債務人發律師函，則可以起到令訴訟時效中斷，

重新起算的作用。這是簽發律師函的重要法律意義。一旦發生訴訟，已發出的律師函的影本及信封影本和掛號信回執或EMS或快遞憑證，就可以在法庭上作為訴訟時效中斷的有效證據。

三、可以澄清事實、制止不法的侵權行為。在不正當競爭及侵犯知識產權案中，受害人透過委託律師簽發律師函，向侵權人公示其權利，並充分分析其侵害行為可能面臨的法律風險，進而使對方懾於壓力，停止侵權行為。

四、促成和解。這是律師函越來越多地受到當事人歡迎的原因。律師函透過通知對方在指定期限來人、來函、來電協商的方式來促使雙方達成庭外調解協議，進而避免雙方對峙公堂的局面發生，為雙方關係的修復與改善留有餘地。

五、調查取證。因為經常出現當事人準備起訴卻證據不足的情況，這時，可以透過發律師函，從對方的答覆中尋找證據的方式來解決。

六、抗辯回覆。針對對方發來的律師函針鋒相對地進行抗辯性回覆，以達到反駁對方律師函的作用。

需要特別提示的是，如當事人委託律師簽發律師函，須提供全面、完整、真實的事實情況予律師，以便律師準確地判斷當事人發送律師函所要達到的目的，並擬定一份有理有據、論證充分，說服力強的律師函。另外，受託律師更應在簽發律師函之前完成各類相關證據的搜集工作。這是因為，律師函一旦簽發，對方當事人即會產生警覺，此時如須再向對方當事人調查取證，困難度會大大增加。而且，有時律師函會對債務人起到「通風報信」的反作用。債務人完全有可能在收到律師函，而債權人尚未申請財產保全之前轉移財產或湮滅證據。此後即使債權人起訴或申請仲裁，也可能因證據不足而敗訴或因無財產可執行而不能順利實現債權。

【153】支付令的作用與法律效果

根據「民事訴訟法」的規定，支付令是債權人向法院申請督促債務人償還債務的一種督促程序。只要申請支付令的債權人能夠證明其與被申請的債務人之間僅存在單向的債權債務糾紛，而且支付令能夠送達債務人，法院就會根據債權人提出的給付金錢或者有價證券的申請，不必經過開庭程序，直接向債務人發出支付令。如果債務人收到法院簽發的支付令後，未在法定期間內提出異議，又未依照支付令要求清償債權的，債權人即可申請人民法院強制執行。

申請支付令的條件是：首先，申請支付令的債權人與被申請的債務人之間沒有其他債務糾紛。如果申請人對債務人既有債權，也有債務，就不能申請支付令。其次，支付令必須能夠透過審判人員、法警直接送達，或者透過郵寄送達、委託送達方式送達到債務人手中。如果債務人不在中國境內，或者債務人下落不明的，都不能申請支付令。需要特別注明的是，如果債務人是香港、澳門特別行政區居民或者是台灣居民，依據目前涉港澳及台灣民事訴訟文書送達的相關規定是可以被視為支付令能夠送達的。最後，債權人請求給付的必須是已到期且數額確定的金錢或有價證券。

支付令的主要作用在於能夠節約訴訟成本，迅速解決債權債務糾紛，保護債權人的利益。目前，申請支付令是按件收費，每件100元。法院從受理申請到審查結束發出支付令共為20天，債務人提出異議的法定期限為15天。如果債務人未在上述法定期間內提出異議，或者債務人對債務本身沒有異議，只是提出缺乏清償能力的，或僅對清償期限、清償方式等提出異議的，不影響支付令的效力。債權人均可申請人民法院強制執行該支付令。此時的支付令具有與生效的給付判決同等的執行效力。如果債務人有能力執行而拒不執行，且情節嚴重的，例如債務人隱藏、轉移、故意毀損財產或者無償轉讓財產、以明

顯不合理的低價轉讓財產，致使支付令無法執行的，會被依法認定為「拒不執行判決、裁定罪」，而被處以3年以下有期徒刑、拘役或者罰金。

但在司法實踐中，支付令遠未發揮出其應有的作用，原因是多方面的，如相關法律對債務人異議權的限制不到位，支付令因債務人異議而終結後不能自動轉入訴訟程序，而且支付令案件不能採取財產保全措施。

依據現行「民事訴訟法」的規定，只要債務人向人民法院對債權債務關係本身提出書面異議，法院不必審查其異議內容，就會直接裁定終結督促程序，支付令自行失效。雖然債權人可以再另行起訴，但是因為申請支付令是不能採取財產保全措施的，所以債務人完全可能在15天異議期內或者債權人另行起訴前，轉移財產。待債權人於督促程序終結後另行起訴或申請法院訴前財產保全時，已無財產可保全，此後即使債權人勝訴，也可能因無財產可執行而不能順利實現債權。由此可見，有些情況下，支付令非但不能達到督促債務人主動還債的目的，相反，卻對債務人發揮了「通風報信」的反作用。

【154】財產保全期限規定及注意事項

根據「民事訴訟法」第94條的規定，財產保全措施包括查封、扣押、凍結和法律規定的其他方法。而財產保全措施的期限，則因保全財產不同而各異。依據最高人民法院「關於人民法院民事執行中查封、扣押、凍結財產的規定」第29條的規定，人民法院凍結被申請保全人的銀行存款及其他資金的期限不得超過六個月，查封、扣押被申請保全人的動產的期限不得超過一年，查封不動產、凍結其他財產權的期限不得超過兩年。對註冊商標權、專利權保全的期限一次不得超過6個月，自商標局或國務院專利行政部門收到協助執行通知書之日起計算。凍結股權的期限不超過一年，所凍結的股權的價值應當按照上市公司最近一期報表每股資產淨值計算。

訴訟中的財產保全裁定的效力，一般應維持到生效的法律文書執行時止。如果上述期間大於最高人民法院「關於人民法院民事執行中查封、扣押、凍結財產的規定」第29條規定的期限，則需要延長對動產或不動產的保全期限。此時，人民法院應在查封、扣押、凍結期限屆滿前辦理續行查封、扣押、凍結手續，續行期限不得超過前款規定期限的1/2。例如，續行凍結被申請人銀行存款的期限不得超過三個月，第二次查封被申請人不動產的期限不得超過一年等等。訴訟前或訴訟中採取的財產保全措施，進入執行程序後，會自動轉為執行中的查封、扣押、凍結措施，並繼續適用上述關於查封、扣押、凍結期限的規定。

已被查封、凍結的，不得重複查封、凍結。但是對已被人民法院查封、扣押、凍結的財產，其他人民法院可以進行輪候查封、扣押、凍結。查封、扣押、凍結解除的，登記在先的輪候查封、扣押、凍結即自動生效。

在訴訟過程中，需要解除保全措施的，人民法院應及時做出裁

定，解除保全措施。人民法院裁定採取財產保全措施後，除做出保全裁定的人民法院自行解除和其上級人民法院決定解除的外，在財產保全期限內，任何單位都不得解除保全措施。對當事人不服一審判決提出上訴的案件，在第二審人民法院接到報送的案件之前，當事人有轉移、隱匿、出賣或者毀損財產等行為，必須採取財產保全措施的，由第一審人民法院依當事人申請或依職權採取。但如果因申請人申請錯誤，導致被申請人財產遭受損失的，申請人應當賠償被申請人因財產保全所遭受的損失。

　　司法實踐中，從降低被申請人的經濟損失的角度出發，在對被申請人採取財產保全措施時，如果其有資金或有物品的情況下，一般法院會對其資金或物品進行財產保全，而不會扣押被申請人正在使用的生產設備和運輸工具，以免直接妨礙企業的生產經營活動，擴大被申請人的經濟損失。最高人民法院在最高人民法院經濟審判庭「關於嚴格依法正確適用財產保全措施的通知」中指出，對生產工具、經營設備和交通運輸工具（如車輛、船舶等）確須採取保全措施的，一般可只扣押有關證照，允許當事人繼續使用、營運，控制其收入；必須查封、扣押實物的，查封、扣押後一定要妥善保管、處置。

【155】限制出境也是回收債權的有效手段

限制出境是指在國內有未了結的民事債務的當事人拒不提供有效擔保，出境後預計該債權將無法執行或難以執行的，根據一方當事人（債權方）的請求，人民法院裁定限制另一方當事人（債務方）在一定的期限內不得出境的措施。限制出境雖然不能保證債權人一定會實現債權，但對於債務人將產生很大的不利影響。如果債務人有履行能力，限制出境將有利於促使債務人迅速履行債務。例如，據「中國法院報」報導，2008年北京市豐台區人民法院對拖欠貨款公司的法定代表人採取限制出境措施，進而迫使該公司向債權人給付拖欠了兩年多的貨款68萬元，使債權人的利益得到了充分的保護。

根據中國「出入境管理法」的相關規定，如果「人民法院通知有未了結民事案件不能離境的」，邊防檢查機關將不批准申請出境人出境，具體如「民事訴訟法」中規定的，作為被執行人不履行法律文書確定的義務，特別是限制出境的被申請人在中國境內目前查實無其他可供執行的財產，但其已辦有出境的合法手續，如不採取限制出境措施，可能造成案件無法審理、執行的，申請執行人有權向執行法院申請限制出境。限制出境的對象包括已入境的外國人或華僑、港澳人士以及需要出境的中國內地公民。被執行人為單位的，可以對其法定代表人、主要負責人或者影響債務履行的直接責任人員限制出境。被執行人為無民事行為能力人或者限制民事行為能力人的，可以對其法定代理人限制出境。如果涉案單位變更其法定代表人，則申請人應向法院提供有關涉案單位的有關工商變更登記核准資料。

限制出境一般依據當事人申請適用。當事人向執行法院提出書面申請，載明申請限制對方出境的事實和理由，並以申請人能提供被申請人的護照號碼為最佳。如果是執行階段，必要時，執行法院也可以依職權決定對被執行人限制出境。

　　人民法院應當做出決定並通知公安邊防機關協助執行。人民法院限制被執行人出境可以留置被執行人的護照、回鄉證或其他有效證件。如不能留置證件的，應當及時書面通知公安邊防機關控制被執行人出境。申請對外國債務人採取限制離境措施還需要注意的問題，是國內債權人應儘量了解外國債務人可能會從哪個口岸離境，並及時與法院和邊檢溝通，否則也可能會造成限制離境的落空，因為限制離境的通告不同於刑事案件的通緝令，對外國債務人的控制程度沒有通緝令那麼嚴格，國內債權人只通知一個口岸的邊檢限制某外國債務人離境（比如以為各口岸全國聯網，通知一個口岸的邊檢即可高枕無憂），往往不能阻止外國債務人在中國的其他口岸離境。實踐中有這樣的情況發生。

　　限制出境在以下情形出現時應當解除：

　　1. 被執行人就其在執行根據中所承擔的債務已提供有效擔保，不再危及執行申請人債權的實現；

　　2. 執行依據被依法終結執行，或者按規定發給債權人債權憑證後，終結執行程序的。

第三章

訴訟與仲裁實務

【156】訴訟與仲裁取證實務（上）

在民事訴訟中，一般舉證責任是「誰主張，誰舉證」，沒有證據或者證據不足以證明當事人的事實主張的，由負有舉證責任的當事人承擔不利後果。因此，法律行內行外都廣為流傳一句話：「打官司就是打證據。」但由於證據是在事實發生過程中形成的，訴訟提起後，當事人能做的，只是盡可能做到沒有遺漏地蒐集證據，再現事實。但由於不是所有的事實都會留下充足證據，可以還原事實。而且糾紛雙方為了各自的利益，經常有意隱瞞、歪曲甚至後期加工證據。從這個意義上講，訴訟提起前，勝敗已判。因此在合同的履行過程中就應當注意證據的保留。

一、履行義務要留證據

履行義務的憑證，在購銷關係中是送貨單、驗收單、付款憑證或收條，在服務關係中是服務記錄等。有時，保留證據、要求對方簽字似乎是一件為難的事，這時可以想一些變通的做法，比如將服務紀錄憑證的形式改換為客戶意見回饋，或下次服務時間徵詢，以委婉的聲東擊西的方法把履行義務的實質內容確定下來。留下憑證和履行義務同樣重要。在法官眼裡，沒證據就是沒履行。

二、不履行義務要留證據

實踐中，拒絕履行義務的憑證包括驗收不合格證明、延遲交貨時的通知單和送貨單、扣款憑證等對方履行義務存在瑕疵的證明。這些證據最好要求對方簽字確認，對方不肯簽字的，應蒐集其他的間接證

據予以佐證，例如可以採用特快專遞的方式致函對方，但是應當在快遞單上簡要注明違約的事實，如「逾期交貨××天」等。

三、消滅證據瑕疵

　　實踐中，送貨單由客戶員工簽收是常見的事，目前人員流動性較大，簽收後找不到人也很平常，供應商的風險可想而知。規避的辦法，第一個辦法是送貨單要求對方蓋章；第二個辦法是簽定合同時約定授權哪些人簽收，或客戶出具授權簽收的委託；鑑於客戶的強勢地位，以上辦法可能都比較勉強，第三個辦法，就是定期對帳，雙方對送貨時間、欠款數額定期確認，控制風險；第四個辦法，是調查對方的稅款抵扣紀錄或進行證據保全，不過這已是訴訟中涉及的工作了。

【157】訴訟與仲裁取證實務（中）

從證據的可採性角度分析，證據必須具有合法性，才能被法院採納。合法性主要包括主體合法、形式合法與程序合法。具體而言即為：

1. 取證程序合法。證據的蒐集程序或提取方法必須符合法律的有關規定。

2. 證據必須具有法律規定的形式。依據法律規定，民事證據包括書證、物證、視聽資料、證人證言、當事人陳述、鑑定結論和勘驗筆錄等七種形式。

3. 證據必須有合法的來源。

4. 證據必須經法定程序查證屬實。

許多當事人認為，偷錄的錄音證據因為取證程序不合法，所以不會被法庭採信，反而會引起麻煩。其實依據「最高人民法院關於民事訴訟證據的若干規定」，只有以侵害他人合法權益或者違反法律禁止性規定的方法取得的證據，才不能作為認定案件事實的依據。而對於未經相關當事人同意的錄音錄影資料，因為並沒有侵害到他人的合法權益，也沒有違反法律的禁止性規定，因此該錄音錄影資料可以提交法庭，作為定案的根據。

事實上，從有利證據效力的角度來說，錄音應該儘早進行。特別是初次交涉並錄音取證，對方通常防備心理不強，還不至於過分歪曲事實，此時的談話錄音價值最大。如果交涉幾次後分歧就會加大，對方的防備心理的抵觸情緒會加強。

既然是偷錄，當然最重要的就是不能讓取證對象察覺你是在錄音，所以神態、語氣都要自然，但也不能毫無章法地與對方「討價還價」。首先，事前應該準備好要提問的問題，歸納一下準備取證的事項和希望對方承認的事實。對談話內容做好準備，包括事先考慮好對

方可能的態度，應該如何誘導對方表態等；其次，要在談話中交代出時間、地點、對方身分等錄音證據的要件，否則將很難被法庭認可。

用於錄音的器材，要選擇體積較小、易於隱藏、錄音音質好、錄音時間長的設備，並儘量選擇比較安靜和不受干擾的地方，能夠獲得較好的錄音效果。

必須注意的是，具有可採性的證據資料與作為定案依據的證據不能等同起來。某證據具有可採性，只能說明該證據可以在法庭上出示，接受質證，它有可能最終作為定案根據，但也有可能不被法庭採信。

【158】訴訟與仲裁取證實務（下）

　　隨著網路時代、資訊社會的來臨，民事訴訟中電子證據越來越普遍。但是由於與紙質文件相比，電子證據具有易被破壞性，因此法官在認證電子郵件這類證據時，一般會審查以下幾個方面：

（1）電子郵件的生成。

（2）電子郵件的存儲。

（3）電子郵件的傳送。

（4）電子郵件的蒐集。

（5）電子郵件是否被刪改。其中最難判斷的是電子郵件是否被刪節、修改過。

　　所以為了確保電子證據的真實性，致使提交電子證據的一方不得不更多地依託於公證的幫助。但是，憑藉目前的技術水準，公證人員只能公證在提供電子證據一方的電腦中確實存在擬向法庭提交的電子證據，對於電子證據是否真實，有沒有被篡改一般都不會做任何表述。所以，即便經公證的電子郵件也未必能夠得到法庭采信。法庭一般都要參考其他證據予以佐證，進而判斷電子證據是否被改變。

　　因此，在取證的過程中，應當注意：

　　1. 發出電子郵件的上網帳號和郵箱位址，透過比較電信局的開戶紀錄，和對方以往的使用該郵箱發信給他人的歷史紀錄推斷出，這個上網帳號和郵箱位址屬於對方。

　　2. 申請向電信局調取對方上網詳細紀錄證明，如撥號上網所用的電話號碼、IP位址、電腦代號和上網時間等，通過比較對方其他朋友接收其郵件時電腦代號的證明，證明發出郵件電腦正是對方的電腦。

　　3. 郵件的內容和之後雙方的行為能夠相互印證。例如，甲方透過電子郵件進行對帳後，要求乙方根據對帳結果開具發票。如果將來甲方否認該份電子郵件中的對帳結果，以及該份電子郵件是其所發，則

乙方根據該電子郵件開具發票的行為，就可印證甲方所發電子郵件的真實性。

此外，也可透過司法鑑定的方式證明電子郵件的真實性，透過司法鑑定的電子郵件的真實性要高於公證的電子郵件，但是否能夠進行司法鑑定和電子資料保存的格式，使用的系統都有密切關係。

一般而言，在正常業務中製作的電子證據的可靠性，要高於為訴訟目的製作的電子證據。而對於電子證據中的電子郵件，透過中立的第三方，如網路運營商等「中間人」傳輸、保存的電子郵件可信度會比保存於有利方自有伺服器內的電子郵件要高，在郵件主文中的內容要比郵件附件中的內容可信度高。

【159】訴訟與仲裁中財產線索的調查分析

申請執行人依據生效法律文書確定的給付內容向法院申請執行，需要向法院提供被執行人的去向、住所和被執行人的財產狀況或線索，這對申請執行人來說是一項重要的「義務」，它直接關係到案件的執行效果。

申請執行人須提供的被執行人的財產線索包括：被執行人的不動產、收入、存款、股權、股票、債券、基金等線索；被執行人的到期債權及收益線索；被執行人的行蹤和隱匿財產的線索。

一般而言，被執行人可供執行的財產可透過以下途徑查詢，其中，對於一些申請執行人自身無法取得的信息，申請執行人可委託律師查詢或者向法院申請調查令：

1. 銀行存款：目前，人民法院可以通過人民銀行內部的人民幣銀行結算帳戶管理系統，查詢被執行人法人銀行結算帳戶的開戶銀行名稱信息，執行法院再依據這些信息，到開戶銀行查詢具體的帳戶信息。但可協助人民法院查詢的銀行僅限於中國人民銀行上海總部，被執行人註冊地所在省級（自治區、直轄市）人民銀行各分行、營業管理部、省會（首府）城市中心支行及深圳市中心支行。而且上述查詢途徑僅適用於法人或其他組織作為被執行人的情況。對於公民被執行人可以透過提供被執行人的姓名和身分證號碼，如果被執行人曾通過委託銀行代付代繳水電費，則可以到被執行人住所地的供電局營業廳查詢其委託繳費銀行名稱信息，執行法院再依據這些信息，到開戶銀行查詢具體的帳戶信息。

2. 經登記的動產、不動產：可以到被執行人住所地房地產管理部門、車輛管理所查詢其名下所屬房產、土地以及車輛信息，以及是否有正在辦理權屬變更的、由被執行人作為房產受讓人的房產信息。

3. 無形財產：可以從中國商標網、專利網查詢到被執行人擁有的

註冊商標信息、專利權信息。

　　4. 投資：在證券交易結算上海分中心和深圳分中心可以查詢到被執行人所持有的上市公司股票信息，以及允許進入證券市場交易的企業債券信息；在期貨交易所可以查詢被執行人委託進行交易的期貨經紀公司營業部信息，再由執行法院依據這些信息，到營業部查詢被執行人的期貨交易專門帳戶信息以及期貨保證金信息。如果被執行人是通過改制設立的股份合作制企業的職工，一般情況下都會持有所在公司的股份。可由執行法院查詢該企業工商登記信息予以確認。

　　5. 債權：透過工商局調閱公司審計報告，查詢法人被執行人是否擁有對他方的債權及相應的債務人名稱。

　　6. 應退稅款：到被執行人所在地稅務機關查詢被執行人在銀行的退稅帳戶、退稅數額及退稅時間等情況，並依據稅務機關提供的被執行人的退稅帳戶，由執行法院依法通知有關銀行對須執行的款項予以凍結或劃撥。

　　7. 被執行人的薪資收入：如被執行人為公民，則可以到被執行人的工作單位調查被執行人的薪資收入。

　　8. 如被執行人為建築公司，則可以到其所在地的建築業企業管理局查詢其承包的工程及其發包人信息，再去工程發包方查詢工程進度款付款信息。

　　9. 如被執行人為風險性行業企業，例如國際貨運代理行業中的無船承運人、旅行社等，需要向主管機關繳納行業保證金的，申請執行人可向其相應主管機關查詢其保證金繳納的情況。

【160】提起財產保全的程序和條件

當事人進行民事訴訟，是為了實現自身的合法權益。然而在訴訟實踐中，債權人雖然勝訴，卻因對方無財產可供執行，而使判決淪為一紙空文的狀況屢見不鮮。為了防範不良當事人惡意轉移、隱匿、毀滅財產，真正實現維護當事人合法權益的目的，「民事訴訟法」設定了財產保全制度。

所謂財產保全，是指人民法院在案件受理前或訴訟中，對遇到相關財產可能被轉移、隱匿、毀滅等情形，可能造成利害關係人權益的損害，或可能使人民法院將來的判決難以執行時，根據利害關係人或當事人的申請，或必要時依人民法院的職權，採取的限制當事人對其財物進行處分的強制措施。

依據現行「民事訴訟法」的規定，財產保全以提起時間為標準，可以分為訴前財產保全和訴中財產保全。

訴前財產保全，是指在人民法院正式受理案件之前，利害關係人向財產所在地的人民法院提出申請，對有關的財產或爭議的標的物採取強制保護措施。其適用應當符合一定的條件，即利害關係人與他人之間爭議的法律關係所涉及的財產處於情況緊急的狀態下，不立即採取財產保全措施，將有可能使利害關係人的合法權益遭受不可彌補的損害。其程序條件是，利害關係人應向財產所在地的人民法院提出申請，並必須提供擔保，不提供擔保的，人民法院將駁回其申請。對訴前保全，人民法院必須在接到申請人的申請後48小時內做出裁定，但是如果申請財產保全的利害關係人在人民法院採取保全措施後15日內不起訴的，人民法院就會解除財產保全。

訴中財產保全，是指在訴訟過程中，為了保證人民法院的裁判能順利實施，保證將來做出的裁判能夠得到有效的執行，根據當事人的申請，或在必要時，由人民法院依職權決定對有關財產採取保護措施

的訴訟保障活動。其適用也應當符合一定的條件，即存在各種主、客觀因素可能使人民法院做出的裁判難以或不能實現。其程序條件是，當事人向受訴的人民法院提出申請，或由人民法院依職權決定進行財產保全，人民法院接受申請時，可以責令申請人提供擔保。人民法院接到申請人的申請後，情況緊急的也須在48小時內做出裁定，一般情形無明確限制。

申請財產保全時，申請人須提供擔保，擔保的範圍一般如下：

1. 法院因採取財產保全措施所支出的全部費用；
2. 被申請人因申請人財產保全申請錯誤所受直接經濟損失。

擔保數額在司法實踐中各地要求不一。有些是要求必須用現金擔保，有些可以用申請人或第三人有處分權的土地或房產提供擔保，擔保數額有些要求必須與申請保全的數額相等，有些只須達到請求保全數額的30%。

特別值得一提的是，在財產保全階段，法院是不會主動調查被申請人的財產狀況的，申請人負有提供財產線索的義務。否則即便申請了，法院也不會採取任何實質性的保全措施。

人民法院對申請人申請經過審查，認為符合財產保全條件的，申請人又提供了擔保的，必須裁定採取財產保全措施，裁定一經做出後，即發生法律效力，並應當立即開始執行。當事人不服人民法院財產保全裁定的，可以申請覆議一次，覆議期間不停止裁定的執行。

【161】申請法院強制執行的操作實務

依據法律規定，發生法律效力的具有給付內容的法律文書，當事人必須履行。義務人拒絕履行的，另一方當事人可以向人民法院申請強制執行。

可以向人民法院申請強制執行的法律文書包括：（1）法院生效文書：依法不准上訴或已超過上訴期限而當事人均未提起上訴的民事判決書，支付令、已送達當事人的民事調解書；（2）仲裁裁決書；（3）公證機關賦予強制執行力的債權文書：該債權文書必須載明債務人不履行義務或不完全履行義務時，債務人願意接受依法強制執行的承諾。

債權人可以憑公證書以及公證機關簽發的執行證書向人民法院申請執行。

申請強制執行的條件是：

1. 應在申請執行的期限內申請執行，否則就會喪失申請執行的權利。申請執行的期限為兩年，從法律文書規定履行期間的最後一日起計算；法律文書規定分期履行的，從規定的每次履行期間的最後一日起計算；法律文書未規定履行期間的，從法律文書生效之日起計算。

2. 應向有管轄權的人民法院申請執行。一般民事判決、裁定應向第一審人民法院申請執行。對於仲裁機構的裁決和具有強制執行效力的債權文書，應向被執行人住所地或者被執行的財產所在地的人民法院申請執行。但如果被執行人或者其財產不是在中國領域內，應由當事人直接向有管轄權的外國法院申請承認和執行。國外仲裁機構的裁決，需要由中國人民法院承認和執行的，當事人應當直接向被執行人住所地或者其財產所在地的中級人民法院申請承認和執行。

3. 申請執行應當提交申請執行書和據以執行的法律文書；申請執行人須在申請執行書中，向法院提供被執行人可供執行的財產線索。

　　如果被執行人無財產可供執行，但其投資方或股東對其開辦時投入的註冊資金不實或抽逃出資的，例如以房產作價出資，卻並未辦理產權過戶手續的，可申請人民法院將被執行主體變更為該投資方或股東，或者追加其為被執行主體，由其在註冊資金出資不實或抽逃出資的範圍內承擔債務給付責任。

　　在執行過程中，人民法院一般會首先透過拍賣的方式對查封、扣押、凍結的被執行人財產進行變價處理。但對於被執行人以出讓方式取得的國有土地使用權，如果申請執行人和被執行人協商同意，也可以不經拍賣、變賣，直接由人民法院裁定將該國有土地使用權及其地上房屋經評估作價後，轉讓給申請執行人抵償債務，但雙方仍須依法向國土資源和房地產管理部門辦理土地、房屋權屬變更、轉移登記手續，而且該土地性質和出讓年限不能因此變更。

　　如果被申請執行人同時被數個申請執行人申請執行，而且各申請執行人對執行標的物均無擔保物權的，則其受償順序是按照執行法院採取執行措施的先後順序確定。

　　如果申請執行人為境外主體，需要將法院強制執行所得款項匯出境外時，可憑法院生效法律文書直接到銀行辦理購匯匯出手續。

　　人民法院執行生效法律文書，一般應當在立案之日起六個月內執行結案。對於被執行人確無財產可供執行，人民法院可以先裁定中止執行，也可依據申請執行人的書面同意，裁定終止執行。如果因被執行人無財產而中止執行滿兩年，且經查證確無財產可供執行的，人民法院可直接裁定終止執行。申請執行人如為法人，則可依據該終（中）止執行裁定，向其主管稅務局申報壞帳損失，扣抵應納稅所得額。

　　裁定終結執行後，如發現被執行人有財產可供執行的，申請執行人還可以再次提出執行申請。申請執行人再次提出執行申請不受兩年申請執行期間的限制。

第四章

有強制執行力的債權文書公證

【162】中國公證機構的介紹

對經濟合同、民事行為或協議進行公證，是國家對合同實施監督和管理的有效手段。本文擬從以下幾個方面，對中國公證機構進行初步的介紹：

一、公證機構不是國家機關

中國1982年的「公證暫行條例」曾把公證機構定性為國家機關，但隨著中國改革開放和市場經濟的發展，公證機構的定位已經發生了改變，2006年生效的「公證法」，把公證機構定性為依法行使公證職能並獨立承擔民事責任的事業單位。

二、公證機構的業務範圍有明確的限定

1. 按照法律規定，公證機構依申請辦理以下的公證事項：

（1）合同；繼承；委託、聲明、贈與、遺囑。

（2）財產分割；招標投標、拍賣。

（3）婚姻狀況、親屬關係、收養關係；出生、生存、死亡、身分、經歷、學歷、學位、職務、職稱、有無違法犯罪紀錄。

（4）公司章程；保全證據；文書上的簽名、印鑑、日期，文書的副本、影印本與原本相符；當事人自願申請辦理的其他公證事項。

2. 法律、行政法規規定應當公證的事項，當事人必須向公證機構

申請辦理公證。

　　3. 另外，經當事人的申請，公證機構還可以辦理以下事務：

　　（1）法律、行政法規規定由公證機構登記的事務。

　　（2）提存；保管遺囑、遺產或者其他與公證事項有關的財產、
　　　　物品、文書。

　　（3）代寫與公證事項有關的法律事務文書；提供公證法律諮詢。

　　4. 公證機構對於下列九種情形不予辦理公證：

　　（1）無民事行為能力人，或者限制民事行為能力人沒有監護人
　　　　代理申請辦理公證的；

　　（2）當事人與申請公證的事項沒有利害關係的；

　　（3）申請公證的事項屬專業技術鑑定、評估事項的；

　　（4）當事人之間對申請公證的事項有爭議的；

　　（5）當事人虛構、隱瞞事實，或者提供虛假證明資料的；

　　（6）當事人提供的證明資料不充分或者拒絕補充證明資料的；

　　（7）申請公證的事項不真實、不合法的；

　　（8）申請公證的事項違背社會公德的；

　　（9）當事人拒絕按照規定支付公證費的。

三、公證機構的設置

　　在2006年之前，中國的公證機構是按照行政區劃設置的。「公證
法」實施後，公證機構可以在縣、不設區的市、設區的市、直轄市或
者市轄區設立；另外，在設區的市、直轄市可以設立一個或者若干個
公證機構。

　　需要說明的是，根據相關法律和法規的規定，經公證的文書在全
中國的範圍內具備公證效力。但是，從目前公證的實踐來看，與不動
產買賣相關的公證文書，其公證效力僅限於做出該公證文書的公證機
構之區劃範圍。超出該範圍，則極有可能不會被相關政府部門及司法
機關所認可。

四、公證的債權文書可申請法院執行

根據「公證法」的規定，經公證的民事法律行為、有法律意義的事實和文書，除非有相反證據足以推翻該項公證，否則應當作為認定事實的根據。對經公證的以給付為內容並載明債務人願意接受強制執行承諾的債權文書，債務人違約時，債權人可以依法向有管轄權的人民法院申請執行。

在2008年年底，最高人民法院通過批覆的形式，確定了經公證的債權文書之不可訴性，從而進一步增強了經公證的債權文書的公信力和執行力。

【163】哪些債權文書經公證後可以賦予強制執行力

　　公證債權文書強制執行是債權人根據公證機關依法賦予強制執行效力的公證文書，向人民法院直接申請執行債務人財產的活動。

　　「公證法」第37條規定：「對經公證的以給付為內容並載明債務人願意接受強制執行承諾的債權文書，債務人不履行或者履行不適當的，債權人可以依法向有管轄權的人民法院申請執行。」「民事訴訟法」第218條規定「對公證機關依法賦予強制執行效力的債權文書，一方當事人不履行，對方當事人可以向有管轄權的人民法院申請執行，受申請的人民法院應當執行」。

　　可見，公證債權文書的強制執行效力，是法律賦予公證機關的特殊職能，是國家強制力在公證活動中的具體體現。公證債權文書強制執行使債權人免予訴訟程序而逕自要求人民法院執行，因此其大大減輕了訴累，降低了債權人債務追收成本，有利於債權人及時通過司法強制手段，保全被申請執行人的財產，最大限度地維護債權人的利益。

　　因此，公證債權文書強制執行成為債權人，尤其是銀行追收債務的常用法律手段。但是，由於觀念、體制、實際利益等原因，在理論及實踐上存在一定的誤區，導致其在銀行實務中不受重視。因此，有必要對公證債權文書強制執行的一些問題做一番探討，以求對銀行實務有所指導。

一、公證債權文書強制執行應具備的條件

　　1. 債權人的債權具有確定性。

　　債權的確定性包括給付內容的確定和雙方當事人對債權沒有異議的確定。所謂的確定性是指公證債權文書必須有給付內容而且是一種單方給付。即債權公證的雙方是單純的債權人享有債權，另一方是單純的債務人負有履行債務之義務。並且需要經公證機關審查，認為

這種「追償債權、物品的文書」是沒有疑義的，才有「強制執行的效力」。

2. 債權文書的內容具有特定性。

依據「公證法」的相關規定，賦予強制執行效力的債權文書，以給付一定貨幣、物品或有價證券為內容。這類文書主要包括：

（1）借款合同、借用合同、無財產擔保的租賃合同；

（2）賒欠貨款的債權文書；

（3）返還款物協議；

（4）以給付贍養費、撫養費、學費、賠（補）償為內容的協議。

對上述公證債權文書，法院應當作為執行依據以執行，不屬這類性質的公證文書不應受理。

3. 債務人接受強制執行的自願性。

公證債權文書中必須載明債務人不履行義務時應受強制執行的意思表示，債務人受強制執行的意思表示必須是明示的，不能進行推斷。消極的即默示的意思表示不能成為自願的意思表示。

債務人只要對債務的形成和事實沒有異議，應明示放棄抗辯權。另外，據公證的一般規則，作為公證債權文書，還須符合「公證程序規則」規定的程序及實體上的要求，簽署債權文書的主體應符合民事法律的規定，債權文書的內容必須真實、合法。

二、公證債權文書強制執行對銀行債權現實的意義

公證債權文書強制執行對銀行的債權實現，也具有重要的實踐價值，其具體體現如下：

1. 公證債權文書強制執行能夠有效預防糾紛、避免訴訟。

由於公證債權文書在申請辦理過程中，當事人對各自的權利和義務均已明確，且對違約的法律後果——強制執行必須做出承諾，所以最大限度地消除了因權利義務關係不明晰而發生經濟糾紛，同時從法律程序上限定了糾紛的解決辦法——強制執行，進而避免了審判、仲

裁等煩瑣的訴訟和仲裁程序。

2. 公證債權文書強制執行能夠迅速、快捷地解決銀行借貸糾紛。

強制執行公證文書具有同已生效民事判決書、仲裁裁決書同等的法律效力，即對所證明的債權文書具有排除性、不可爭議性和執行性。在司法實踐中，對無疑義的債權文書依法賦予強制執行效力，當債務人拒不執行時，銀行即可持公證機關出具的公證書不經過審判、仲裁程序而直接申請有管轄權的人民法院強制執行。因此達到既節省時間又避免造成不必要的人力、物力等方面的浪費。

3. 公證債權文書強制執行能豐富銀行的債務清收手段。

就目前情況看，銀行一般通過向人民法院提起訴訟的方式進行債務清收，清收手段較為單一，因人員配備不足等方面原因，將所有案件透過訴訟方式解決糾紛，已無法與銀行經濟糾紛案件日益上升的趨勢相適應。適當適用公證債權文書強制執行能豐富銀行的債務清收手段，加快銀行的債務清收步伐。

4. 公證債權文書強制執行能夠更有效保護銀行的合法權益。

根據目前中國審判和仲裁程序的規定，民事糾紛的解決需要一定的環節和時間，在這個過程中一方面給銀行造成人力和物力的浪費，另一方面給債務人提供了財產轉移的時間，不能達到有效地保護債權人的合法權益的目的。而公證債權文書強制執行相對於訴訟和仲裁而言，恰恰避免了一些不必要的程序和環節，能更有效地確保銀行債權的安全。

【164】辦理賦予強制執行力債權文書的程序和條件

根據相關規定，經有資質的公證部門依法公證的債權文書具有強制執行效力，即債權人有權根據公證機關依法賦予強制執行效力的公證文書，向人民法院直接申請執行，維護自身的合法債權。對於銀行來說，善用具有強制執行效力的債權公證文書，能夠有效預防糾紛、避免訴訟；迅速、快捷地解決銀行借貸糾紛，進而更有效保護銀行的合法權益。因此，了解辦理債權文書之公證的程序和條件是十分必要的。

一、辦理債權文書的條件

首先，辦理具有強制執行力的公證，債權文書本身必須具有確定性和特定性。

這裡的確定性，是指債權文書的內容必須包括給付內容的確定，和雙方當事人對債權沒有疑義的確定。而特定性是指債權文書的內容必須符合「公證程序規則」等相關法規規定的四大類債權文書：

1. 借款合同、借用合同、無財產擔保的租賃合同；
2. 賒欠貨款的債權文書；
3. 返還款物協議；
4. 以給付贍養費、撫養費、學費、賠（補）償為內容的協議。

二、辦理公證債權文書的流程、所需的文件及費用

通常情況下，外資銀行申請公證的債權文書多為銀行與企業間的貸款合同。因此，本文以企業向銀行貸款之貸款合同為例，試說明辦理公證債權文書的流程。

首先，銀行與經授權的企業工作人員應當同時至相應的公證機關辦理公證的申請手續。

根據「關於公證機關賦予強制執行效力的債權文書執行有關問題的聯合通知」（以下簡稱「通知」）的規定，公證機關有權對債權文

書的內容進行審核。其中，銀行申請辦理公證的債權文書必須具備如下明確的條款：

　　1. 貸款合同明確約定了貸款的金額、用途、給付時間以及企業還貸的期限和方式；

　　2. 貸款關係明確，銀行和企業對貸款合同的條款，特別是有關給付貸款的內容無疑義；

　　3. 貸款合同中明確約定，企業不履行還款義務或不完全履行還款義務時，企業願意接受依法強制執行的承諾。

　　其次，在公證機關認定債權文書符合上述要求的情況下，銀行和企業應當向公證機關遞交如下資料：

　　1. 企業營業執照、外商投資企業批准證書；

　　2. 從事特種行業經營活動的，應提供特種行業經營許可證（如「金融業務許可證」）等；

　　3. 公司章程；

　　4. 法定代表人／負責人的身分證件（身分證、護照等）；

　　5. 貸款合同。

　　另外，委託他人代辦公證還應提供：

　　1. 法定代表人／負責人有效的委託書；

　　2. 法人印章及法定代表人／負責人簽名樣式；

　　3. 代理人的身分證明。

　　最後，公證書一般會在七個工作日左右出具正式的公證文書，並在貸款合同上蓋印。

　　關於公證的費用，各地的實踐情況存在較大的不同。以上海市為例，公證處一般的收費標準是貸款金額的0.15%到0.3%；若貸款金額超過人民幣3,000萬以上的，公證費用的收費標準有可能低於貸款金額的0.15%。也就是說，公證費用是可以本著上述原則與具體經辦人員協商價格的。

　　需要說明的是，在與企業簽定貸款合同時，銀行往往也會要求企業與其簽定與貸款合同密切相關的擔保合同。那麼，擔保合同是否可經公證後被賦予強制執行力呢？

　　「通知」明確規定了公證機關賦予強制執行效力的債權文書應具備的條件及範圍。依其規定的條件及範圍，很多人認為，在實踐中設置擔保的合同關係屬於「不明確」的債權債務關係，擔保合同不能賦予強制執行效力。

　　不過，實際上，合同關係的明確與否，並不取決於合同的形式，而取決於合同的內容。同是擔保合同，因所依附的主合同內容不同而複雜程度不同。實踐中，銀行與企業之間的擔保合同是為企業的貸款行為設定的。借款合同關係是一種明確的法律關係，為之設定擔保的擔保合同事實上也是一種較為簡單、明確的法律關係。隨著「擔保法」及司法解釋的頒布，特別是「物權法」頒布以來，擔保行為的法律涵義、擔保的方式、擔保物權的存續期間、保證期間與訴訟時效的關係等問題已十分明確，立法和司法實踐中已無重大爭議。

　　因此，為貸款合同而設立的擔保合同，符合「通知」第1條所規定的公證機關賦予強制執行效力的債權文書應具備的條件，應該屬於賦予強制執行效力條件的其他債權文書範圍。

　　如果擔保合同的權利義務關係明確，擔保人和債權人為該擔保合同在公證機關辦理了賦予執行效力的公證手續，在擔保人承擔擔保責任的條件成熟時，銀行可以以公證文書申請執行證書，並憑原公證文書及執行證書向有管轄權的人民法院申請執行。

　　相反，如果不能賦予擔保合同以公證強制執行效力，那麼，銀行在追索同一筆債務時，一方面直接向人民法院申請執行債務人，另一方面須通過訴訟程序起訴擔保人。這必然增加銀行追收成本，甚至影響銀行債權的追收效果。

【165】如何憑藉賦予強制執行力債權文書進行債權回收

之前簡要介紹了賦予具有強制執行力的債權文書公證手續的辦理流程和所需文件等問題。下面，簡要介紹一下銀行如何利用經公證的債權文書進行債權回收之相關事宜。

一、銀行申請執行證書

根據最高人民法院、司法部「關於公證機關賦予強制執行效力的債權文書執行有關問題的聯合通知」（以下簡稱「通知」）的規定，債務人不履行或不完全履行公證機關賦予強制執行效力的債權文書的，債權人可以向原公證機關申請執行證書。

二、公證機關簽發執行證書

根據「通知」的規定，公證機關在簽發執行證書時，要審查以下內容：

1. 不履行或不完全履行的事實確實發生；

2. 債權人履行合同義務的事實和證據，債務人依照債權文書已經部分履行的事實；

3. 債務人對債權文書規定的履行義務有無異議。

其中，對於第3項的審查，在實踐中存在較大的爭議，成為公證機關簽發執行證書時難以逾越的障礙，對銀行的債權實現造成很大的影響。

例如，當銀行準備依據公證書向市公證處申請簽發執行證書時，公證員根據「通知」的規定，要求銀行通知該公司的法定代表人到公證處核對債權文書規定的履行義務有無異議。如果債務人不出現，公證機關以之為理由而不向銀行簽發執行證書。在此情況下，銀行唯有透過向人民法院起訴，借助法律強制手段來追收債務，導致經公證的債權文書之強制執行效力成為空話。

值得慶幸的是，各地的公證機關在實踐中對上述「無異議」的審

查採取了靈活變通的方式。如上海市公證處，在債權人申請執行證書
而債務人不出現的情況下，一般採取通知的方式，即將債權人的申請
郵寄至債務人的有效地址，並且限定其在特定的期限內提出異議，否
則視為無異議。這樣，可以有效地避免債務人惡意躲避債務、「玩失
蹤」的現象發生，進而保證了經公證的債權文書之強制執行力的可操
作性。

公證機關在完成上述審核後認為符合簽發條件的，將根據申請
簽發執行證書。根據「通知」的規定，簽發執行證書應當注明被執
行人、執行目標和申請執行的期限。債務人已經履行的部分，在執行
證書中予以扣除。因債務人不履行或不完全履行而發生的違約金、利
息、滯納金等，可以列入執行目標。

三、銀行向法院申請強制執行

根據「通知」的規定，銀行可以憑經公證的債權文書及執行證書
向有管轄權的人民法院申請強制執行。但必要時，法院可以向公證機
關調閱公證卷宗進行審查，公證債權文書確有錯誤的，人民法院裁定
不予執行。

四、具有強制執行效力的公證債權文書是否還有可訴性

關於這個問題，在以往的司法實踐中一直存在爭議，最高人民法
院於2008年12月22日公布了最高人民法院「關於當事人對具有強制執
行效力的公證債權文書的內容有爭議提起訴訟人民法院是否受理問題
的批覆」，確定具有強制執行力的公證債權文書不可訴性，進而加強
了的公證債權文書的強制執行力。

第五章

外資銀行在企業訴訟或仲裁中的保函業務

【166】外資銀行配合企業訴訟或仲裁中出具保函的風險

保函也稱擔保函或保證書，其實質就是物權法和擔保法項下的保證人出具願意承擔擔保義務的書面承諾。

從法律上講，銀行保函就是應申請人（通常為公司）的請求，向第三方（在訴訟中，即法院）開具的一種無條件的保證書，承諾若發生保函中約定的情形時，銀行將承擔該保函規定的責任和義務。

在實踐中，部分地區法院可接受銀行出具的無條件保函作為申請財產保全時的保證金。而在訴訟中，銀行出具銀行保函作為申請人向法院提出財產保全申請的保證金，主要存在以下幾個重大風險：

一、申請人自身的信用

在銀行根據申請人的申請，為其在特定訴訟的財產保全申請中出具保函的情況下，該等保函是以相應的訴訟實際情況為基礎和背景而簽發的，它擔保的是申請人對於財產保全的申請是善意的、無過失的行為。所以，申請人對於基礎合同的履行情況，很大程度上決定著保函的風險。

在實行中，部分申請人確屬惡意訴訟，濫用法律賦予的權利，盲目申請財產保全；在這種情況下，財產保全很容易給被保全人（即申請人的相對方）造成損失。若如此，則銀行需要承擔保函項下擔保義務的風險將會增大。

二、申請人自身的償債能力

從理論上說，銀行在保函項下保證申請人申請財產保全等措施是無惡意、無過失的，若申請人違反上述原則，而被申請財產保全一方提出索賠時，銀行必須按照保函的約定，向該方支付保函約定的一定金額。銀行在向該方進行賠付後，再由申請人對銀行的賠付進行賠償。

若申請人破產、無力償債或不願償債，銀行就可能在向受益人進行賠付後得不到賠償。或者在申請人不願意賠償時，銀行不得不動用司法途徑加以解決，這樣，無論是時間成本還是費用成本，都必然大大增加。若如此，銀行的損失將進一步擴大。

三、保函條款方面的文本風險

保函是一種具有法律效力的文件，措辭必須嚴謹，否則就可能形成所謂的文本風險。保函與其相聯繫的訴訟實際情況是緊密聯繫的，但又具有獨立性。也就是說，雖然保函是根據申請人基於財產保全申請而簽發的，但它又獨立於財產保全申請。被申請人的索賠能否成立，關鍵在於其索賠是否滿足保函條款的規定。

因此，保函條款的擬訂是否嚴謹、是否合理，直接關係到擔保銀行在保函項下承擔的責任與風險。保函文本中模棱兩可的措辭，可能會被申請人或被申請人利用，被申請人會據此提出種種理由向銀行索賠，而銀行付款後又往往難以向申請人追索。因此，銀行應當對保函文本的格式、內容、有效期、修改和撤銷等方面進行認真仔細的推敲和審定。

四、銀行自身內部的操作風險

保函業務作為銀行的中間業務和表外業務，由於缺乏嚴格的會計核算程序、完善的會計憑證進行制約，也不受資金的約束，所以，其操作風險相對較大。

　　作為經營保函業務的擔保銀行，隨時存在由於內部管理不嚴、風險防範機制不健全和業務操作程序不規範而引起的風險，譬如銀行內部人員未經授權或超越許可權開立銀行保函、不認真審查保函相關情況和內容就開立銀行保函等，這都將導致銀行內部操作風險、威脅銀行的安全。因此，銀行必須建立授權授信制度，嚴格業務操作規程，健全內部稽核制度，加強保函業務管理。

【167】外資銀行配合企業訴訟簽發保函的風險防範措施

我們在上文分析了銀行在配合企業訴訟時，簽發銀行保函可能面臨的風險。為了應對這些風險，銀行應當採取相應的措施，防範該等風險，將銀行因這些風險所遭受的損失降至最低程度。

一、深入調研，做好前期審查工作

1. 對申請人的審查

在受理申請人的申請之前，銀行應積極地對申請人進行資格審查，如了解申請人往來帳戶的情況，在過往是否存在任何不良記錄。然後著重了解其財務狀況、人員素質、管理水準、行業經驗及經營業績等，在此基礎上，綜合評價申請人的資信狀況及履約能力，從而決定是否出具保函。

2. 對涉及的案件進行適當的了解

在受理申請人的申請之前，銀行應當要求申請人提交與訴訟相關的重要資料，如起訴書、財產保全申請書、主要證據資料。銀行的法務或外聘律師可根據該等資料，了解案件的訴因、申請財產保全的動機，進而判斷申請人申請財產保全的必要性和善意程度。

3. 對簽發銀行保函收取費用或保證金

在收到申請人的申請後，經審查風險較大的，可考慮要求申請人出具保函的費用甚至要求反擔保。

按照收益與風險相對稱、高風險高收益的原則，出具保函的銀行可按照保函業務中被擔保客戶的信用等級與風險大小收取佣金，對信用等級相對較低、風險較大的客戶收取較高的佣金，彌補風險損失。

我們可借鏡美國對信用證收費的一些做法，美國規定期限短、品質高的備用信用證業務收費率為擔保金額的25～50個基本點，期限長、品質差的收費率為擔保金額的125～150個基本點（每一基本點為0.001美元）。

　　此外，出具保函的銀行還可以要求申請人交存充足的保證金，保證金比例的高低，也可依據被擔保客戶的信用等級與風險大小，區別不同的風險等級、期限長短以及不同的具體情況，分別規定高低不同比例的保證金，要求申請人及時足額交存到經辦保函業務的銀行，它既作為反擔保措施，防範保函業務經營風險，又可使銀行獲得一定的信貸資金來源。

　　4. 對保函條款的審查

　　保函是一份完整的法律文件，銀行開立的保函無論在形式上還是在內容上都應努力做到明確、具體、具有可識別性和可操作性。保函中條款的措辭必須十分嚴謹，防止財產保全的被申請人或申請人利用保函中的文字失謹或模棱兩可的措辭，提出種種理由向擔保行索賠，使銀行處於不利境地。

　　針對索賠條件，銀行應注重將事實條件轉化成單據化條件，比如將「若申請人惡意申請保全不屬於被申請人財產的，本行應當賠付」轉化為「若有證據證明申請人明知申請保全的財產屬於其他第三方的」；將無條件的賠付轉化成有條件的賠付，比如將「若發生××情況，本行無條件賠付」轉化為「若發生××情況，且申請人無力進行賠償或無力足額賠償的，本行應承擔其差額部分的賠償責任」。

　　另外，銀行應根據訴訟案件的具體情況對保函本身的重要內容和條款進行重點審核。如要求保函金額須明確，且與合同價款的比例合理。同時，保函的有效期必須明確或可以推定，避免「敞口」，比如「本保函自開立之日起生效，保證期限為六個月」屬於較為嚴謹的保函有效期條款，而「本保函自開立之日起生效，直至本保函涉及的訴訟程序結束」即為「敞口條款」，對開立保函的銀行來說，保證期限不固定，風險極大。

　　5. 簽定書面協議

　　在接受申請人申請後，出具銀行保函之前，應當以書面形式將

定期匯報、反擔保的要求確定下來；同時，應當對銀行追償權明確約定。

另外，為了保證法院在財產保全申請過程中無不當行為，可考慮在上述書面協議中明確約定，申請人必須提交法院要求申請人承擔責任的文件，並說明理由；否則，申請人應當賠償相應損失。

二、加強保函的後期管理

要求申請人對案件進行定期匯報，透過申請人定期提供的資訊判斷處於不斷變化中的保函風險，從而能夠及時、有效地制定出合理的風險防範措施。

在必要的情況下，銀行可考慮深入申請人企業進行調查研究，掌握企業與訴訟相關的第一手資訊，了解申請人在訴訟過程中遇到的問題及企業內部人事管理變動等重大事件，考察申請人是否依法採取一切必要之措施，防止保函風險的出現。同時，銀行透過實地考察，能夠發現問題，並及時研究或配合企業採取補救措施。

第七篇

外資銀行在中國的
勞動人事管理

第一章

介紹勞動法的規定及
社會保險、職工福利

【168】勞動法介紹

中國勞動法是指調整勞動關係以及與勞動關係密切相關的法律關係的法律法規的總稱，涉及的相關法律規範非常之多，內容也非常廣泛，包含了勞動就業、勞動關係、工資、福利、勞動保護、社會保險、勞動爭議解決等諸多方面，這些制度不僅僅在作為綱領性「勞動法」中規定，專門規範某一勞動法律問題的「勞動合同法」、「就業促進法」、「勞動爭議調解仲裁法」等法律，以及以「勞動合同法實施條例」為代表的行政法規，主要由國務院勞動行政主管部門發布的有關法律適用的部門規章和解答，由各省、市在授權範圍內確立的地方性法規和規章，以及最高人民法院發布的司法解釋也是勞動法的重要組成部分。所以在實務當中，要尋找有關問題的法律依據時，要對勞動法進行全面的了解和把握。綜合這些法律規範，中國的勞動法的主要特點體現在以下幾個方面：

一、勞動法的基本價值取向是側重保護勞動者

如公司到期不續簽勞動合同的補償金制度，違法解除勞動合同的賠償金制度，不與勞動者簽定書面合同超過一個月的企業應當雙倍支付工資，試用期限的限制，最低工資標準制度，法定醫療期的制度，以及對女員工的特殊保護等制度無一不體現保護勞動者的傾向性。

二、強制性規範與任意性規範相結合，以強制性規範為主

勞動法大多屬於強制性規範，尤其是勞動基準法，它是國家對用人單位設定的義務，用人單位必須嚴格遵守，不能降低標準，只能在最低標準之上給予勞動者更好的勞動條件和工資福利待遇。即使是調整勞動合同關係的任意性規範，也與調整一般民事合同關係的任意性規範不同。例如，在勞動合同關係中，合同自由原則既要受法定勞動基準的限制，還要受集體合同的限制，凡是與法律相衝突或低於集體合同標準的條款都無效。

三、勞動爭議的解決程序有不同於普通民事糾紛和商事仲裁的特點

勞動爭議的解決須先經專門的爭議解決機構勞動爭議仲裁委員會審理。勞動仲裁與民商事仲裁有著本質的區別，對勞動者不實行一裁終局的制度，如勞動者對仲裁結果不服，可以向人民法院起訴。而對企業來說卻是實行准一裁終局制度，對追索勞動報酬，工傷醫療費，經濟補償或賠償金事項，不超過當地月最低工資標準12個月金額的爭議和工作時間、休息休假、社會保險等標準明確的案件，企業無權向法院提起訴訟。

四、具有三方性特點，政府、雇主和勞工代表三方共同參與決定勞動關係方面的重大問題

1. 在勞資雙方簽定勞資合同時，政府透過勞動基準法對合同的條款內容進行一定的限制，如限制最低勞動報酬，限制勞動強度等，合同條款不得違反此類強制性規定；

2. 集體合同的簽定必須在政府的指導下進行，集體合同由勞資雙方協議確定後，還必須交由勞動行政部門審核無異議後方能生效；

3. 勞動行政部門通過執法監督、勞動監察和仲裁等方式監督勞動法的執行，工會和企業代表也可以監督行政部門的執法行為。

【169】工會與職工代表大會的區別

「勞動合同法」規定：「用人單位在制定、修改或者決定有關勞動報酬、工作時間、休息休假、勞動安全衛生、保險福利、職工培訓、勞動紀律以及勞動定額管理等直接涉及勞動者切身利益的規章制度或者重大事項時，應當經職工代表大會或者全體職工討論，提出方案和意見，與工會或者職工代表平等協商確定。」「公司法」也規定：「公司研究決定改制以及經營方面的重大問題、制定重要的規章制度時，應當聽取公司工會的意見，並透過職工代表大會或者其他形式聽取職工的意見和建議。」在公司管理中工會與職工代表大會有著相似的權力，所以容易將二者混淆，實質上工會與職工代表大會有著諸多區別，主要體現在以下幾個方面：

一、工會與職工代表大會的性質不同

工會是一種社會組織，職工代表大會是企業的民主管理機構。工會具有社團法人的資格，可以依法享有獨立的民事權利，承擔民事義務。職工代表大會是企業實行民主管理的一種形式，不具有獨立的法人資格。

二、產生的法律依據不同

工會的產生、議事規則等事項須遵守「工會法」的規定，必須有工會組織的章程，任何工會的建立都必須遵照「工會法」的規定。而職工代表大會產生沒有統一的法律規定，「全民所有制工業企業職工代表大會條例」是目前為止具體規範職工代表大會制度的效力最高的法律規定，但是只適用於公有制企業，全國性的法律法規並沒有對非公有制企業的職工代表大會制度做出規定。目前，某些地方的地方性法規規定，非公有制企業必須建立職工（代表）大會制度，只是在職權上與公有制企業有所區別，某些地方透過政策性文件倡導非公有制企業建立職工（代表）大會制度。

三、組織形式不同

　　企業的工會組織受上級工會領導，基層工會、地方各級總工會、全國或者地方產業工會組織的建立，必須報上一級工會批准。中華全國總工會是工會組織的最高權力機關，領導各級工會的工作。職工代表大會是企業內部的民主管理機構，具有獨立性，沒有上級機關，職工代表大會的成立也無須上級機關的批准。

四、組織經費要求不同

　　法律對工會經費來源有嚴格的規定，除了工會會員繳納的會費外，企業必須按每月全部職工工資總額的2%向工會撥繳經費，無正當理由拖延或者拒繳時，工會可以向當地人民法院申請支付令，拒不執行支付令的，工會可以申請人民法院強制執行。而職工代表大會的經費由企業自主決定，沒有強制性要求。

　　企業必須成立工會或職工代表大會嗎？「工會法」規定，勞動者都有依法參加和組織工會的權利。「勞動法」也規定，勞動者有權依法參加和組織工會。單看法律規定，成立工會是勞動者的權利，但並不代表是企業的義務。但實務中，往往是地方政府向企業施壓設立工會，更有職工認為成立工會就可以和企業「對抗」，掣肘企業經營，最終損害的是企業和職工的整體利益。

　　「勞動合同法」規定，直接涉及勞動者切身利益的規章制度或者重大事項的制定、修改和決定，應經職工代表大會討論，因此，設立職工代表大會是必要的，以免發生爭議時規章制度因為未履行公示程序被認定違法。「勞動合同法」也規定，「用人單位在制定、修改或者決定……規章制度或者重大事項時，應當經職工代表大會或者全體職工討論，提出方案和意見，與工會或者職工代表平等協商確定」。因此，我們認為，只要規章制度內容合理合法，最終的確定權應在用人單位。

【170】外資銀行聘用中國員工可能面臨的
社會保險費用分析

　　社會保險是指國家通過立法強制實行的，由勞動者、企業（雇主）以及國家三方共同籌資，建立保險基金，對勞動者因年老、工傷、疾病、生育、殘廢、失業、死亡等原因喪失勞動能力或暫時失去工作時，給予勞動者本人或其所供養的直系親屬物質幫助的一種社會保障制度。它具有保障勞動者基本生活、維護社會安定和促進經濟發展的作用。社保即通常說的「五險一金」，具體五險即養老保險、醫療保險、失業保險、生育保險和工傷保險；一金即住房公積金。

一、養老保險

　　養老保險是勞動者在達到法定退休年齡退休後，從政府和社會得到一定的經濟補償、物質幫助和服務的一項社會保險制度。企業繳納養老保險費的比例，一般在本企業工資總額的20%左右，具體比例由各省、自治區、直轄市人民政府確定。個人繳納養老保險費的比例為4%到8%。按照規定，目前基本養老保險的繳費基數，用人單位為本單位的工資總額，勞動者為本人的全部工資。

二、醫療保險

　　城鎮職工基本醫療保險制度，是根據財政、企業和個人的承受能力所建立的保障職工基本醫療需求的社會保險制度。城鎮職工基本醫療保險基金由基本醫療保險社會統籌基金和個人帳戶構成。基本醫療保險費由用人單位和職工個人共同繳納，一般單位繳納比例為6%，個人繳納比例為2%。

三、工傷保險

　　工傷保險也稱職業傷害保險。勞動者由於工作原因在工作過程中受意外傷害，或因接觸粉塵、放射線、有毒有害物質等職業危害因素引起職業病後，由國家和社會給負傷、致殘者以及死亡者生前供養親

屬提供必要物質幫助。工傷保險實行浮動費率制度，根據行業風險分為三檔，一般為0.5%，1%，2%。

四、失業保險

失業保險是國家通過立法強制實行的，由社會集中建立基金，對因失業而暫時中斷生活來源的勞動者提供物質幫助的制度。企業按工資總額的2%繳納失業保險費，其職工按照本人工資的1%繳納失業保險費。

五、生育保險

生育保險是針對生育行為的生理特點，根據法律規定，在職女性因生育子女而暫時中斷工作、失去正常收入來源時，由國家或社會提供的物質幫助。生育保險待遇包括生育津貼和生育醫療服務兩項內容。女職工產假期間的生育津貼、生育發生的醫療費用、職工計畫生育手術費用及國家規定的與生育保險有關的其他費用，都應該從生育保險基金中支出。生育保險由用人單位統一繳納，職工個人不繳納生育保險費。生育保險費由用人單位按照本單位上年度職工工資總額的1%繳納。

六、住房公積金

職工和單位住房公積金的繳存比例，均不得低於職工上一年度月平均工資的5%。上海市職工和單位繳存比例為各7%，蘇州則為各8%至12%，繳存住房公積金確有困難的單位，可以申請降低繳存比例（職工本人和單位繳存比例各不低於5%，取正整數）或緩繳住房公積金，待單位經濟效益好轉後，再提高繳存比例或者補繳其緩繳額。

為了平衡勞動者之間社會保險金水準差距，在具體實施過程中勞動者工資高於當地職工平均工資的300%的，按當地平均工資300%繳費；低於當地平均工資的60%的，按當地平均工資的60%繳納。

【171】上海、蘇州、昆山社會保險項目比較

2011年7月1日起「社會保險法」正式實施，未來中國各地社會保險制度也將逐步統一規範。

一、上海

上海市人力資源和社會保障局在今年6月份就針對小城鎮職工保險（以下簡稱鎮保）與外來從業人員綜合保險（以下簡稱綜保），要如何向城鎮職工社會保險（以下簡稱城保）的過渡，及過渡期內的待遇等問題做出規定。根據規定，鎮保及綜保在2011年7月1日之後取消，企業須統一為員工繳納城保，但在繳費基數以及繳費比例上，新規定設置了3年及5年兩個過渡期。具體來說，原先為員工繳納鎮保的企業，在2011年7月至2014年3月之間實行3年過渡期，繳費基數及比例逐年過渡至與現行城保一致的水準：原先為員工繳納綜保的企業，對於其中城鎮戶籍的外來從業人員，在2011年7月1日以後不設置過渡期，繳費內容與比例完全與現行城保一致；而對非城鎮戶籍的外來從業人員，新政不僅規定了從2011年度至2015年度實行5年優惠過渡期，而且相比城保須繳納的五險，其中須繳納養老、醫療、工傷三險。

二、蘇州

蘇州不分市區還是郊區，除了蘇州園區不同外，繳納社會保險的項目和費率都是一樣的。社保項目與繳費基數的計算標準與上海城鎮保險一樣，包括養老保險、醫療保險、失業保險、生育保險和工傷保險，企業承擔費率比上海低是32.5%，醫保外加5元，個人的繳費費率與上海一樣是11%。

因應「社會保險法」的實施，蘇州工業園區則頒布了「蘇州工業園區社會保險（公積金）管理暫行辦法」（以下稱「暫行辦法」），對現行園區公積金制度進行調整。暫行辦法取消了原來的A、B、C三類綜合保障計畫，改為設立甲、乙兩類綜合社會保障計畫。甲類包含

基本養老、基本醫療、工傷、失業、生育五項社會保險制度及住房保障項目，參保範圍為原來參加A類的員工。可見，甲類仍包含住房保障項目，是原A類向統一的「社會保險＋住房公積金制度」模式並軌的過渡做法。乙類則包含基本養老、基本醫療、工傷、失業和生育五項社會保險制度（住房公積金須另行參加），其參保範圍包括原來參加B類、C類的員工，及2011年7月1日以後新參保的員工、原來參加A類但自願選擇參加乙類的員工。可見，乙類已完全按照中國統一的「社會保險+住房公積金制度」模式設計制定。暫行辦法實施後，甲類的繳費比例為47%，其中企業繳費比例為工資總額的28%，員工繳費比例為本人繳費工資基數的19%；乙類的繳費比例為31%，其中企業繳費比例為工資總額的20%，員工繳費比例為本人繳費工資基數的11%。

三、昆山

昆山的社會保險項目、基數計算與蘇州是一樣的，只不過費率不同，公司繳納的費率為因工傷保險費率不同而不同，工傷保險費率三檔：0. 5%、1%和2%，用人單位繳費費率也分別為：29. 5%、30%和31%，個人部分是11%。

（請見下頁表格）

對象	過渡期	月繳費基數	公司月繳納比例					個人月繳納比例		
			養老	醫療	工傷	失業	生育	養老	醫療	失業
參加綜保的非城鎮戶籍外來從業人員	2011.7~2012.3	上年度全市職工月平均工資×40%								
	2012.4~2013.3	上年度全市職工月平均工資×45%	22%	6%	0.5%	/	/	8%	1%	/
	2013.4~2014.3	上年度全市職工月平均工資×50%								
	2014.4~2015.3	上年度全市職工月平均工資×55%								
	2015年4月起	上年度職工本人月平均工資（上限300%，下限60%）								
參加小城鎮社會保險的具有上海市戶籍的從業人員	2011.7~2012.3	上年度全市職工月平均工資×60%	17%	7%	0.5%	1.7%	0.8%	5%	1%	1%
	2012.4~2013.3		19%	9%	0.5%	1.7%	0.8%	8%	2%	1%
	2013.4~2014.3		22%	12%	0.5%	1.7%	0.8%	8%	2%	1%
	2014年4月起	上年度職工本人月平均工資（上限300%，下限60%）	22%	12%	0.5%	1.7%	0.8%	8%	2%	1%

【172】中國員工依法可以享受哪些有薪休假

中國的員工依法可享受的有薪假期散見於相關的勞動法律、法規當中，總結起來包含如下各種有薪假期：

一、法定節假日

正常發放工資，如安排員工加班應當按3倍工資標準支付加班費，法定節假日包括：

1. 元旦，放假一天（1月1日）；
2. 春節，放假三天（農曆除夕、正月初一、初二）；
3. 清明節，放假一天（農曆清明當日）；
4. 勞動節，放假一天（5月1日）；
5. 端午節，放假一天（農曆端午當日）；
6. 中秋節，放假一天（農曆中秋當日）；
7. 國慶日，放假三天（10月1日、2日、3日）。

二、帶薪年休假

職工連續工作一年以上的，享受帶薪年休假，職工累計工作已滿一年不滿10年的，年休假5天；已滿10年不滿20年的，年休假10天；已滿20年的，年休假15天。對職工應休未休的年休假，單位應當按照該職工日工資收入的300%支付年休假工資報酬。但職工有下列情形之一的，不享受當年的年休假：

1. 職工依法享受寒暑假，其休假天數多於年休假天數的；
2. 職工請事假累計20天以上且單位按照規定不扣工資的；
3. 累計工作滿一年不滿10年的職工，請病假累計兩個月以上的；
4. 累計工作滿10年不滿20年的職工，請病假累計三個月以上的；
5. 累計工作滿20年以上的職工，請病假累計四個月以上的。

三、婚假

全國沒有統一的規定，但各地方都規定為三天，對於晚婚者（男

年滿25足歲；女年滿23足歲）增加婚假天數，從7天到30天各地規定不一致，如上海規定增加七天，共計10天；江蘇省規定增加10天，共計13天。

四、喪假

員工的直系親屬（父母、配偶、子女）以及配偶的父母死亡，可給予3天以內喪假。需要到外地料理喪事的，可根據路程遠近給予路程假，途中交通費由職工自理。

五、生育假

女員工的產假不少於98天，對於難產、多胞胎、晚育等情況增加的產假天數各地有不同的規定，以上海為例，女職工享受如下生育假：

1. 產假：單胎順產98天，產前15天；難產，增加15天，晚育（已婚、頭胎、滿24足歲）增加30天，配偶享受晚育護理假3天；妊娠未滿四個月流產，可享受15天產假；妊娠滿四個月流產，享受42天產假。

2. 產前檢查：女職工妊娠期間在醫療保健機構進行產前檢查（包括妊娠12週內的初查），可以在約定的勞動時間內檢查，視為正常出勤。

3. 產前假：懷孕七個月以上，經用人單位批准，可請產前假兩個半月，按本人工資的80%發放工資。

4. 哺乳假：產假後經用人單位批准，可請哺乳假六個半月，按本人工資的80%發放工資。

六、工傷假

因工受傷而不能出勤，停工休養日期，視為工傷假，正常發放工資。

七、病假

職工患病或非因工負傷，停工治療享受的醫療期，按其連續工齡長短發給病假工資或疾病救濟費：

1. 疾病休假工資標準（職工疾病或非因工負傷連續休假在六個月以內的）：

（1）連續工齡不滿兩年的，按本人工資的60%計發；

（2）連續工齡滿兩年不滿四年的，按本人工資的70%計發；

（3）連續工齡滿四年不滿六年的，按本人工資的80%計發；

（4）連續工齡滿六年不滿八年的，按本人工資的90%計發；

（5）連續工齡滿八年及以上的，按本人工資的100%計發。

2. 疾病救濟費標準（職工疾病或者不是因工負傷連續休假超過六個月的）：

（1）連續工齡不滿一年的，按本人工資的40%計發；

（2）連續工齡滿一年不滿三年的，按本人工資的50%計發；

（3）連續工齡滿三年及以上的，按本人工資的60%計發。

第二章

外資銀行如何制定勞動人事規章制度及勞動合同

【173】外資銀行在中國制定勞動人事規章制度的重點

銀行因其行業特殊性，對於員工的道德品質及業務水準比其他行業有著更高的要求。因此銀行在制定其勞動人事規章制度時，就應結合行業的特殊性，對員工紀律尤其是懲戒部分的內容儘量做到細化，且使其制定符合法律程序的規定。

首先，勞動人事規章制度的制定與執行要符合「勞動合同法」規定的民主程序。根據「勞動合同法」第4條第2款之規定：「用人單位在制定、修改或者決定有關勞動報酬、工作時間、休息休假、勞動安全衛生、保險福利、職工培訓、勞動紀律以及勞動定額管理等直接涉及勞動者切身利益的規章制度或者重大事項時，應當經職工代表大會或者全體職工討論，提出方案和意見，與工會或者職工代表平等協商確定。」從條文看，是用人單位與工會或職工代表協商確定，也說明，規章制度內容的決定權不在工會或職代表。但在形式與程序上，規章制度的出台，要有一個向職工代表大會徵詢意見的過程。無論是以組織會議的方式，還是書面形式，外資銀行作為用人單位都應有證據證明曾進行過這樣的民主程序。

其次，勞動人事規章制度應經過公示方為有效。「勞動合同法」第4條第4款規定：「用人單位應當將直接涉及勞動者切身利益的規章制度和重大事項決定公示，或者告知勞動者。」勞動爭議糾紛案件

中，較為常見的就是員工聲稱不知道公司規章制度的內容。實務中常有企業以大會宣讀、在公告欄張貼或在公司內部刊物或網路上發布的方式來證明規章制度的「公示性」，卻因缺乏證明員工本人對規章制度知悉的直接證據，其主張往往不被採信。我們建議，在銀行錄用員工、辦理入職手續時讓員工簽收員工手冊，或讓員工向銀行提交閱讀員工手冊後的心得體會，或者對員工手冊內容進行開卷考試，這樣都能保留員工知悉手冊內容的直接書面證據。

再次，勞動人事規章制度的內容要具備可操作性。如「勞動合同法」對非過失性辭退情形之一的不適任解除合同，要求具備相應的法定條件：員工不適任，經過培訓或調崗仍不適任，提前30天通知解除合同，還要支付經濟補償金。看似簡單的條款，但用人單位要適用，不僅要有詳細的規章制度，每一步操作還要保存或固定相應的證據。例如，該員工所在崗位不適任的標準是什麼，培訓如何具體操作，調崗通知員工不接受怎麼辦，提前30天通知的起草和送達應注意什麼問題，員工簽收經濟補償金時，用人單位應注意寫明已結清包含加班費在內的所有薪酬，雙方再無經濟利益糾葛等。上述哪一環節不注意，用人單位以此理由單方解除合同時就會遇到障礙。

最後，如何認定員工嚴重違反規章制度。在員工嚴重違反規章制度的情況下，用人單位可不予提前通知且不須給付任何經濟補償而辭退員工。外資銀行鑑於其行業特殊性，應將業務操作規程與違規行為一一對應結合，任一違反操作規程的行為，都可在規章制度中找到對應懲戒條款，這樣可以做到違規處分有據可依，也儘量避免懲戒過當的情況。

需要說明的是，書面通知送達在處理勞資糾紛中非常重要，前面所說的，調崗通知員工不接受或者提前30天通知不簽收，都可用書面通知送達員工的方式解決，如此，員工入職時提供的本人聯繫地址，以及對地址真實性和變動及時通知的承諾就同樣重要。

【174】外資銀行與員工簽定勞動合同的注意事項（上）

「勞動合同法」於2008年1月1日起正式實施。外資銀行在與員工簽署勞動合同時，應根據法律之變化，對合同的條款以及招工、用工、解雇等環節進行針對性調整，以避免和有效處理勞動爭議糾紛。

一、勞動合同內容

1. 必備條款

對於勞動合同的必備條款，「勞動合同法」增加了工作地點、工作時間、社會保險、休息休假、勞動條件和職業危害防護等條款，取消了勞動紀律的條款。

2. 試用期限和工資

「勞動合同法」明確規定了以完成一定合同任務為期限的合同以及合同期限不足三個月的勞動合同不得約定試用期；合同期限在一年以上但不足三年的勞動合同，用人單位與勞動者約定的試用期不得超過兩個月；合同期限在三個月以上不足一年的短期勞動合同，用人單位和勞動者可約定不超過一個月的試用期，合同期限在三年以上的勞動合同以及無固定期限的勞動合同，試用期最長不得超過六個月。

試用期不能被用作節省用工成本，獲取廉價勞動力的手段，因此，「勞動合同法」規定，試用期工資不得低於用人單位同崗位最低檔工資或勞動合同約定工資的80%，並不得低於用人單位所在地的最低工資標準。

再次，試用期只能約定一次，勞動合同履行過程中或續簽時，即使崗位發生很大變化，也不得再約定試用期。

3. 違約金條款的約定

用人單位和勞動者之間只能就服務期和競業限制義務約定違約金，用人單位不得約定其他情形下的違約金。因此，外資銀行應對勞動合同中違約金條款的約定進行審核，對於不符合上述法律規定要求

的，應當及時修改。

二、用人單位之員工招聘

1. 訂立勞動合同之告知義務

用人單位與勞動者互負告知義務。用人單位應當在訂立勞動合同之前，如實告知勞動者與工作內容、條件、地點、職業危害、安全生產狀況、勞動報酬，以及勞動者要求了解的其他情況相關的資訊；同時，用人單位有權了解勞動者與勞動合同直接相關的基本情況，如學歷、工作履歷、技術職能證書、身體健康、婚姻等狀況。

用人單位招用與其他用人單位尚未解除或者終止勞動合同的勞動者，給其他用人單位造成損失的，不論用人單位有無故意，都要承擔連帶賠償責任。因此，用人單位可要求勞動者出具前一用人單位退工單等證明，必要時可以以律師函或公司函向前一單位進行詢證，也是防範此類風險的有效方式。實務中，如果前一單位回饋該員工正與之進行勞動爭議仲裁或訴訟，發生爭議或訴訟的原因也可作為現用人單位是否聘用該員工的參考。

2. 勞動合同書面化之要求

用人單位應當在自用工之日起一個月內與勞動者簽定書面形式的勞動合同。用人單位不及時簽定書面勞動合同的時間超過一個月不滿一年的，用人單位自第二個月起應向勞動者每月支付兩倍的工資；超過一年的，視為用人單位和勞動者已訂立了無固定期限的勞動合同。

需要注意的是，上述訂立書面合同的期限也適用於續簽勞動合同的情形。

【175】外資銀行與員工簽定勞動合同的注意事項（下）

一、用人單位勞動管理之要求

1. 重大規章制度的制定程序

原前文所述，外資銀行與員工簽定勞動合同時，還應注意與之配套的公司規章制度的有效性，及員工是否滿足訂立無固定期限勞動合同的條件。「勞動合同法」規定用人單位在制定、修改或者決定直接涉及勞動者切身利益的規章制度或者重大事項時，應當經職工代表大會或者全體職工討論，提出方案和意見，與工會或者職工代表平等協商確定；在規章制度實施過程中，工會或者職工認為用人單位的規章制度不適當的，也有權向用人單位提出，透過協商修改完善；實務中，有單位因欠缺規章制度修改的公示程序，被認定規章制度不能作為合法依據適用。

2. 訂立無固定期限勞動合同之法定條件

「勞動合同法」將簽定無固定期限勞動合同的主動權賦予勞動者，規定連續工作滿10年的勞動者、連續兩次訂立固定期限勞動合同後再次續簽的勞動者，都有權要求訂立無固定期限勞動合同，而用人單位必須同意，否則就要每月支付兩倍工資；另外，未簽合同超過一年的，也視為訂立了無固定期限勞動合同。

二、實務操作中外資銀行之因應策略

1. 審核勞動合同

外資銀行應當全面審核現有的勞動合同條款，若缺失依法必備條款的，應及時補正。例如，對於需要約定競業限制義務的員工，應當在勞動合同中明確約定其應當承擔的保密義務，以及競業限制期限、競業限制補償金數額、支付方式等，無補償金數額和支付方式的約定，該競業限制條款則歸於無效。

2. 審核用工狀況

　　外資銀行應當對現有的用工狀況做出全面的審核，對於尚未依法簽定書面勞動合同的員工應當儘快簽定書面勞動合同；對於依法滿足簽定無固定期限勞動合同條件的員工，應當按照法律的要求及時履行作為用人單位的義務，特別注意合同到期後留任員工應續簽書面合同。

3. 完善招工、用工流程

（1）在與擬聘用的員工簽定勞動合同之前，應盡可能地了解該名員工的基本情況，並可考慮要求員工對其自身情況的真實性做出書面的承諾。

（2）若外資銀行目前尚無完善的職工手冊，應當儘快建立或補正。

（3）對於法律規定的用人單位的交付（如向勞動者交付勞動合同）、通知（如解除勞動合同等）、告知（先合同義務等）以及協商（變更合同或合同期滿不續簽等）等法定義務，外資銀行妥善保管已切實履行的書面證據。

（4）對從事勞動強度較大或技術性較強的崗位，外資銀行應當制定完備的業務操作流程，並將其列入公司規章制度，並在勞動合同中予以明確說明。

4. 完善規章制度的制定程序

（1）外資銀行應當按照法律規定設置科學、合理的規章制度的制定流程和程序，如部門提案、人事部門審核、管理層簽核、職代會討論簽字。

（2）對於已有的公司規章制度，建議外資銀行可考慮採用網站公告的形式進行發布，並在勞動合同中明確約定：員工有義務瀏覽本公司網站（指明具體網址）；本公司規章制度作為本勞動合同的附件；簽署本合同，說明員工已對本

公司勞動規章制度有根本全面的了解。在該員工正式入職
後，要求其簽署對公司規章制度的無異議且完全接受的聲
明書。

（3）對於規章制度的修訂本，外資銀行可考慮透過各部門傳閱
並簽收，或發送電子郵件並要求回信確認等方式達到公示
目的。

【176】聘用外籍員工是否須簽定勞動合同

隨著中國經濟的迅速發展和開放程度的不斷提高，外資或中資銀行聘用外籍人才已是司空見慣；外國銀行總行或為了對中國子行或分行進行業務指導，也經常以派遣的方式安排外籍員工在中國境內就職。這些外籍員工是否應該與中國員工一樣簽定勞動合同並享受社會保險待遇呢？

首先，外資銀行聘用的外籍員工與外國總行派遣來的外籍員工，有所不同：前者作為在中國境內就職的人員，理應適用「中華人民共和國勞動法」、「外國人在中國就業管理規定」等規定，與用人單位簽定勞動合同；而後者作為總部的派遣人員，勞動關係是與外國總行建立，因此與國內外資銀行之間建立的應該是勞務關係，簽署「勞務合同」即可。

與國內員工的勞動合同不同，外籍員工勞動合同的簽署，應注意以下幾個問題：

1. 用人單位須先為外籍員工辦理「就業證」；雙方勞動合同一旦解除，用人單位還應及時報告勞動、公安部門，交還該外國人的「就業證」和居留證件。

2. 外籍員工的勞動合同期限不得超過五年，且勞動合同期限屆滿即行終止，不可以經雙方協商同意後直接續訂，而必須按照「外國人在中國就業管理規定」第19條的規定履行審批手續後方可續訂：「被聘用的外國人與用人單位簽定的勞動合同期滿時，其就業證即行失效。如須續訂，該用人單位應在原合同期滿前三十日內，向勞動行政部門提出延長聘用時間的申請，經批准並辦理就業證延期手續。」

3. 外籍員工的社會保險問題。雖然2011年7月1日實施的「社會保險法」規定了外國人在中國境內就業，須參照「社會保險法」的規定繳納社保，但直到2011年10月15日實施的「在中國境內就業的外國人

參加社會保險暫行辦法」（人力資源和社會保障部令第16號），才正式對在中國就業的外國人繳納社會保險情況進行明確的要求。但「社會保險法」和「在中國境內就業的外國人參加社會保險暫行辦法」均未對台灣及港澳人士是否須參照外國人參加社會保險有詳細說明，導致實務中台灣及港澳人士是否被強制要求繳納社保存在不同解讀。

4. 外籍員工與用人單位發生勞動爭議的處理。在上海，如果外籍員工未與用人單位簽定勞動合同並辦理「就業證」，一旦發生勞動爭議，勞動爭議仲裁委員會將不予受理，再以勞動爭議訴至法院，法院也不受理，只能以勞務合同糾紛向法院提起訴訟。這也從另一方面說明，政府不鼓勵不辦理「就業證」的違法就業行為，不辦「就業證」外籍員工作為勞動者在勞動合同中的權益自然也得不到保護。

【177】外資銀行招聘員工應注意事項

正如前文強調的中國銀監會對外資銀行採取的審慎性管理原則一樣，外資銀行對其員工的招聘及管理，也因涉及金融安全及客戶利益而應採取審慎性管理原則。也由於企業在單方面與員工解約的勞資糾紛中負有舉證責任，外資銀行的人事部門也應做好人事管理流程和相關文件表單，以保存相關書證。

銀行工作專業性較強，銀行招聘時應對員工的聘用條件與錄用條件做出具體明確的規定，說明崗位的具體要求及轉正考評標準。

這裡需要注意的是，聘用條件與錄用條件並不相同。前者是外資銀行招用員工時的首要條件，比如學歷、年齡、工作履歷等相對簡單、具體化的形式條件，而未來決定該員工試用期滿時能否被留任的，則應該是銀行的錄用條件規定，與聘用條件相比，錄用條件可能更多關注員工的專業能力、工作績效，確切地說應該是試用期滿時的轉正考核標準。因員工是否適合崗位要求，單憑應聘時的感覺與印象根本無法印證，將錄用條件明確化與具體化，實際上也是明確員工試用期間是否符合公司錄用條件的考核標準，能防止和有效處理銀行在試用期間以員工不符合錄用條件解除勞動關係產生的糾紛。

對於銀行來說，全面了解擬錄用員工的背景、資歷，尤其是誠實守信的道德操守也非常關鍵。員工提供虛假的學歷或證明，也常有發生，建議銀行可通過http://www.chsi.com.cn/xlcx（中國高等教育學生資訊網）進行查詢驗證；對於員工的個人信用，則可透過人民銀行全國聯網的個人和企業徵信系統進行查證。

銀行要將錄用條件及勞動人事規章制度向員工發布，是「勞動合同法」關於企業制定規章制度須經民主程序向員工進行公示的法定要求。銀行在員工前來報到並簽定勞動合同時，應使員工對銀行的管理制度、勞動條件等關鍵信息予以充分的了解，並且要有員工對銀行錄

用條件、考核標準、員工手冊等規章制度簽字表示知曉，並願意遵守執行的承諾書。承諾書可作為將來發生勞動爭議時，銀行證明自己履行了公示義務的有力證據。

此外，建立完善的考核制度。對新進員工的表現要及時給予考核，尤其要注意在試用期結束前及時出具考核結果，一旦拖延過期再以試用期內不符合錄用條件為由辭退員工，用人單位要按「勞動合同法」第87條之規定屬於「違反本法規定解除勞動合同」，應當「依照本法第47條規定的經濟補償標準的二倍向勞動者支付賠償金」。如試用期內不符合錄用條件，則企業無須支付任何經濟補償或賠償金。對於試用期員工的考核制度，要做到公平合理，最好要由員工所在部門主管、上級主管及人事部門進行綜合評定，評定結果應為定量而非定性化描述。

【178】外資銀行如何應對與員工發生的勞動爭議

　　企業與員工間的勞資糾紛，通常體現為以下幾個方面：（1）因工資、加班費及其他勞動報酬、社會保險等引發的糾紛；（2）因企業單方面解除合同，辭退、處分員工等離職糾紛；（3）因法定條件提前解約或合同到期不續簽產生的糾紛。

　　第一種類型的勞資糾紛案件，通常都屬「硬傷」，企業很難有抗辯的餘地，因此一旦出現糾紛，企業應儘快按法律規定進行修正與調整，以免在客戶當中與企業內部造成負面影響。而加班費的糾紛，則多源於加班費計算基數約定不明。上海及江蘇省對於加班費的計算基數，分別在「上海市企業工資支付辦法」及「江蘇省工資支付條例」中有明確規定。概括來說，部分地方允許企業完全可以約定加班費計算基數，在上海市可以以員工月工資的70%作為計算基數，在江蘇省則可約定當地最低工資標準作為加班費的計算基數，切勿約定「不低於當地最低工資標準」作為加班費基數，此即為約定不明。如約定不明或沒有約定就應按員工之全額工資作為加班費計算基數。

　　第二種類型的勞資糾紛最為常見，常因員工對於企業做出的懲戒決定不服而引發。這就涉及企業對員工進行處分的依據是否充分問題，一是企業是否有對員工違規進行相應處罰的規章制度，二是企業做出的處罰決定與員工的違規行為是否相適應，即是否存在懲戒過當問題。這就要求企業在擬定規章制度時細化而全面，還要在發生爭議時注意蒐集員工違規行為的證據。電子考勤紀錄、打卡機打卡考勤記錄、會議紀錄、電子郵件、工資表，錄音錄影、證人證詞等，都可以作為證據。這也要求企業要有完善的人事管理制度，才能有效留存對己方有利的證據。否則，按「勞動合同法」第87條規定，「用人單位違反本法規定解除或者終止勞動合同的，應當依照本法第47條規定的經濟補償標準的兩倍向勞動者支付賠償金」。這就意味著企業如因缺

乏證據敗訴，原本因員工違規正常辭退員工並不須支付任何經濟補償金，反而要承擔雙倍補償金標準的賠償金。

第三類勞資糾紛，企業常因有以下情形而可能承擔經濟補償金或賠償金：

1. 試用期內不符合錄用條件解除合同，此情況下企業應對錄用條件有明確規定，且必須在試用期滿前提出；一旦試用期滿即意味著員工轉為正式員工，而企業對正式任期內的員工以所謂不符合錄用條件提出解除合同，就有可能支付雙倍經濟補償金標準的賠償金。

2. 不能勝任工作企業予以解除合同的情形下，企業對於不能勝任工作的員工，應首先進行調崗或培訓，如仍然不能勝任而解約者，則應對其按工作一年給予一個月薪資的經濟補償金。實務中很多企業對於不能勝任工作的員工，往往因直接解約違反法定程序而要承擔雙倍經濟補償金標準的賠償金。

3. 對於合同期滿不再續簽的員工，企業也必須應在期滿前發出不再續約的通知，有的企業因管理疏忽，不續約反而繼續留任發薪，反被員工告未簽定勞動合同要發雙倍薪資。

第三章

外籍個人來中國就業或服務實務

【179】外資銀行外籍員工就業證辦理流程依據

　　「外國人在中國就業管理規定」，在中國就業的外國人應持職業簽證入境，入境後取得「外國人就業證」和外國人居留證件，方可在中國境內就業，如有違反，依據「中華人民共和國外國人入境出境管理法實施細則」的規定，外籍員工會被處1,000元以下的罰款；情節嚴重的，並處限期出境。對私自雇傭外國人的單位和個人，在終止其雇傭行為的同時，會被處5,000元以上、50,000元以下的罰款，並責令其承擔遣送私自雇傭的外國人的全部費用。因此外資銀行雇傭外籍員工應當事先辦理相關就業和居留手續，就業手續包括「外國人就業許可證」、「外國人就業證」的辦理：

　　1. 首先須到外資銀行所在地勞動保障部門辦理「外國人就業許可證」，應提交：

　　（1）「外國人就業申請表」一份；

　　（2）外資銀行聘用外籍人士申請函（說明聘用原因、職務及期限、用人單位蓋章）；

　　（3）營業執照（影本）、批准證書（影本）；

　　（4）組織機構代碼證（影本）；

　　（5）外籍員工的履歷證明（含最終學歷和完整的工作經歷，需中文列印，用人單位蓋章）；

（6）外國人擔任職務的相關資格證明（此證明指有關機構出具的相關技術技能證書；如無此種證書，應由該外國人原工作過的單位出具從事與現聘用崗位工作相關的資歷證明，外文須翻譯，翻譯件由用人單位蓋章）；

（7）外籍員工的有效護照影本。

2. 持「外國人就業許可證書」向當地商務主管部門辦理外國人入境簽證手續。外國人到中國駐外使、領館處申辦職業（Z）簽證，「外國人就業許可證書」自簽發之日起六個月內有效，逾期許可證書自動失效。入境後經出入境檢驗檢疫局辦理體檢或確認手續後，在入境後15天內申辦「外國人就業證」，應提交：

（1）「外國人就業登證表」兩份；

（2）用人單位申辦就業證的申請函（說明聘用期限、用人單位蓋章）；

（3）「外國人就業許可證書」（正本）；

（4）用人單位與被聘外國人簽定的「勞動合同」（影本）（屬境外單位派遣，勞動報酬、勞動保險等來源於境外以及涉外項目中的技術人員不與用人單位簽定勞動合同的，應由境外派遣單位出具相應的證明資料）；

（5）有效護照（正本及影本）；

（6）出入境檢驗檢疫局出具或確認的健康證明（影本）；

（7）近期兩吋證件照片三張。

3. 持「外國人就業證」在入境30天內向當地公安局出入境管理處申辦居留手續，根據所擔任的職位不同，將取得一年到五年期不等的多次出入境簽注，外國人辦理居留手續應提交：

（1）居留許可申請表；

（2）有效護照和簽證（正本及影本）；

（3）單位申請函；

（4）住宿登記證明；

（5）健康證明原件；

（6）「外國人就業證」（正本）；

（7）營業執照影本；

（8）組織機構代碼證（影本）。

【180】外資銀行外籍員工個人所得稅的計算和籌劃

外籍員工的個人所得稅計算比較複雜，因其在境內居住的時間長短不同，納稅義務也有所不同，個人所得項目不同，稅率也有所不同。

一、納稅義務的判定

因外籍員工在境內居住的時間長短不同，其應稅收入的範圍也有所不同，當外籍員工在中國境內連續居住達五年以上，其全球所得應被課稅，具體如下表所示：

✓＝有納稅義務 ✕＝無／免除納稅義務		境內所得 境內支付 或負擔	境內所得 非境內支 付或負擔	境外所得 境內支付 或負擔	境外所得 非境內支 付或負擔
不超過90天 （有稅收協定為183天）	一般雇員	✓	✕	✕	✕
	高層人員	✓	✕	✓	✕
超90/183天不滿一年	一般雇員	✓	✓	✕	✕
	高層人員	✓	✓	✓	✕
滿一年，不滿五年	一般雇員	✓	✓	✓	✕
	高層人員	✓	✓	✓	✕
滿五年以後	一般雇員	✓	✓	✓	✓
		✓	✓	✓	✓

上表所列時間以外籍員工在中國實際居住的時間計算，臨時離境不扣除天數，所謂臨時離境，是指在一年一次不超過30日或多次累計不超過90日的離境。因此，對於一般雇員，每年或每五年安排一次超過30天的離境，可以降低應納稅收入。

二、外籍員工享受下列收入免稅的優惠待遇

1. 以非現金形式或實報實銷形式取得的住房補貼、伙食補貼、搬遷費、洗衣費；

2. 外籍個人按合理標準取得的境內、境外出差補貼；

3. 外籍個人取得的探親費（一年不超過兩次）、語言訓練費、子女教育費等；

4. 外籍個人從外商投資企業取得的股息、紅利所得。

三、外籍員工個人所得稅稅率因取得收入的項目不同，稅率有所不同

1.工資、薪金所得（包括工資、薪金、獎金、年終加薪、勞動分紅、津貼、補貼以及與任職或者受雇有關的其他所得）扣除起徵點4,800元後，適用下表的累進稅率：

級數	應納稅所得額（月）	稅率（％）	速扣數
第一級	小於等於500	5.00	0
第二級	500 － 2,000	10.00	25
第三級	20,00 － 5,000	15.00	125
第四級	5,000 － 20,000	20.00	375
第五級	20,000 － 40,000	25.00	1,375
第六級	40,000 － 60,000	30.00	3,375
第七級	60,000 － 80,000	35.00	6,375
第八級	80,000 － 100,000	40.00	10,375
第九級	大於100,000	45.00	15,375

2. 勞務報酬所得，減去扣除費用（4,000元以下按800元，4,000元以上扣20％）後的部分適用如下稅率：

級數	應納稅所得額（月）	稅率（％）	速扣數
第一級	小於等於20,000	20.00	0
第二級	20,000-50,000	30.00	2,000
第三級	大於50,000	40.00	7,000

3. 其他如特許權使用費；利息、股息、紅利（不包括從外資企業取得部分）；財產租賃；財產轉讓（收入額減除財產原值和合理費用後）；得獎、中獎、中彩以及其他偶然性質的所得適用20％的稅率。

四、利用稅率差而做適當安排可以發揮節稅作用

1. 年終獎若一次性發放，也可按稅率進行調節

由於個人所得稅實行九級超額累進稅率所導致下表所述的異常區間，在異常區間的，上限與下限的獎金發放額的稅後個人所得是相同的，所以選擇不超過每一異常區間的下限發放，可以節稅。

級數	應納稅所得額	稅率（％）	速算扣除數	異常區間
1	≤6,000元	5	0	無
2	（6,000，24,000）	10	25	（6,000，6305.56）
3	（24,000，60,000）	15	125	（24,000，25,294.12）
4	（60,000，240,000）	20	375	（60,000，63,437.5）
5	（240,000，480,000）	25	1375	（240,000，254,666.67）
6	（480,000，720,000）	30	3375	（480,000，511,428.57）
7	（720,000，960,000）	35	6375	（720,000，770,769.23）
8	（960,000，1,200,000）	40	10,375	（960,000，1,033,333.33）
9	>1,200,000	45	15,375	（1,200,000，1,300,000）

2. 高工資收入可考慮改用勞務費形式支付

由於工資所得和勞務所得適用的稅率不同，經測算，月收入額大於46,916.67元時，勞務費稅負少於個調稅稅負。

五、境內外同時擔任職務時個稅處理

如果外籍員工在境內外同時擔任職務，其取得的工資薪金，應合理劃分國內部分和國外部分，否則稅務機關有權核定其國內的收入。建議外資銀行在外籍員工的勞動合同中明確收入劃分，否則由稅務機關核定的國內收入額將會比較高，外籍員工國內的稅負比較重。

【181】外籍人員攜帶物品出入境可能遇到哪些限制

為防止逃避關稅，中國海關對外籍人士攜帶物品出入境有一定的限制，如超出一定的標準，須依法申報並繳納相關稅費，其中常被外籍人員忽視的限制物品主要有以下幾類：

一、免稅菸酒（菸草製品及12度以上酒精飲料）

進出境的限量是按旅客類別區分的。具體包括如下：

（1）來往港澳地區的旅遊（含港澳旅客和內地因私前往港、澳探親和旅遊等旅客），香菸200支，或雪茄50支，或菸絲250克，或酒一瓶（不超過0.75升）；

（2）當天往返或短期內多次來往港澳地區的旅客，香菸40支，或雪茄5支，或菸絲40克，不准免稅帶進酒類；

（3）其他進境旅客，香菸400支，或雪茄100支，或菸絲500克，或酒兩瓶（不超過1.5升）。

二、旅行自用物品的限制

非居民旅客（指進境居留後仍回到境外其通常定居地的旅客）及持有前往國家或地區再入境簽證的居民旅客（指出境居留後仍回到境內其通常定居地的旅客）攜帶進境的旅行自用物品限照相機、攜帶型收答錄機、小型攝影機、手提式攝錄機、手提式文字處理機每種一件。超出該範圍的，須向海關如實申報，並辦理有關手續。經海關放行的旅行自用物品，旅客應在回程時攜帶出境。

三、金、銀及其製品的限制

旅客攜帶金、銀及其製品進境應以自用合理數量為限，其中超過50克的，應填寫申報單證，如實向海關申報；攜帶出境時，海關憑本次進境申報的數量核放。旅客攜帶或托運出境在中國境內購買的金銀及其製品（包括鑲嵌飾品、器皿等新工藝品），海關憑中國人民銀行制發的「特種發票」放行。

四、攜帶外匯的限制

旅客攜帶外幣、旅行支票、信用證等進境，數量不受限制。居民旅客攜帶1,000美元（非居民旅客5,000美元）以上或等值的其他外幣現鈔進境，須向海關如實申報；復帶出境時，海關憑本次進境申報的數額核對放行。旅客攜帶上述錢款以外的外匯出境，海關憑國家外匯局制發的「外匯攜帶證明」查驗放行。

五、攜帶人民幣的限制

旅客攜帶人民幣進出境，每人每次限額為6,000元，超出6,000元不准進出境。在開放邊民互市和小額貿易的地點，旅客攜帶人民幣限額由省級人民銀行會同海關及人民銀行總行和海關總署批准後實施。

六、攜帶文物（包括已故現代著名畫家的作品等）的限制

（1）攜帶文物進境的，如須攜帶出境，須向海關詳細報名並填寫申報單。

（2）攜帶托運和個人郵寄文物出境的，如是在境內商店購買的文物，須經有關文化行政管理部門鈐蓋的確定標誌及文物外銷發貨票，並經海關查驗後放行；如是在境內通過其他途徑得到的文物，海關憑有關文化行政管理部門鈐蓋的確定標誌及開具的許可出口證明查驗放行；未經確定的文物，不能攜帶出境；不據實向海關申報而攜帶文物出境的，均屬走私行為，海關將依法處理。

七、攜帶中藥材、中成藥的限制

（1）旅客攜帶中藥材、中成藥出境，前往國外的，總值限人民幣300元；前往港澳的總值限人民幣150元。

（2）進境旅客出境時攜帶用外匯購買的，數量合理的自用中藥材、中成藥，海關憑有關發貨票和外匯兌換水單放行。

（3）麝香以及超出上述規定限值的中藥材、中成藥不准出境。

【182】浦東新區對銀行高級管理人員的鼓勵政策介紹

　　為推動上海金融中心建設，吸引金融人才，根據「關於浦東新區支持金融機構發展的意見」、「關於浦東新區促進股權投資企業和股權投資管理企業發展的意見」等，上海市浦東新區人民政府辦公室於2008年6月26日印發「浦東新區支持、鼓勵人才若干意見」，2008年7月14日，浦東新區金融服務辦公室（簡稱新區金融辦）、財政局和人事局公布了「浦東新區集聚金融人才實施辦法」，設立相應的金融人才發展專項資金，對註冊地和稅收戶管地均在浦東新區的金融機構聘用金融人才給予諸多獎勵、補貼、稅收優惠等鼓勵政策。

　　專門針對金融機構高管個人給予較高待遇，如就醫提供VIP服務，並且每年提供一次健康體檢，當年在新區金融機構個人所得形成全部財力40%的補貼。這裡的高管人員包括董事長、副董事長、總經理（行長）、副總經理（副行長）、監事長（督察長）等，但也必須獲得中國銀監會、中國證監會和中國保監會等國家金融監管部門的資格認定。對新進金融機構，即當年在浦東新區進行工商註冊和稅收登記的金融機構，或當年將工商註冊和稅收登記從異地遷入浦東新區的金融機構，其高管人員每人還可享受一次性的住房或租房補貼20萬元。

　　對於管理人員和專業人員，也給予其當年在新區金融機構個人所得形成全部財力20%的補貼。管理人員是指高管職務以下、部門副職以上的人員；專業人員是指擁有三年以上（含三年）金融行業從業在職正式員工，但是對享受優惠待遇的專業人員數量有一定的限制：享受政策的專業員工數不超過上年年末該金融機構正式員工總數的40%。

　　相關金融人才申請優惠和審核程序也相對簡化：申請人向新區金融辦提出書面申請，新區金融辦在收到申請後10個工作日內，提出審

核意見，並送交浦東新區財政局，財政局在收到審核意見後10個工作日內，進行複核。符合條件的，將資金撥付到申請人指定帳戶。雖然上述優惠政策實施截止到2010年12月31日，但是並不表示期滿不會繼續沿用上述優惠政策，或也可能推出新的優惠政策。

2008年金融危機的爆發，也給國內帶來延攬國際高級金融人才的機遇，上海先後舉辦了2008和2009年「海外華人金融高管浦東行」活動，參加活動的金融人才大多在國外知名金融機構工作，有著5年以上的金融從業經歷，擔任著高層管理崗位。不少金融人才擁有在國外政府機構、金融監管部門和大型跨國集團工作的經驗。幾乎所有參會的金融人才，都圍繞上海國際金融中心建設提出了書面建議書，內容涉及國際金融中心建設的宏觀規劃、金融生態環境、金融法制和金融監管等各個方面。

2009年2月份，近2,000名金融人才首批領到了新區發給的現金獎勵。與此同時，912名人才辦理了上海戶籍，88名金融高管子女安排了入學。作為上海建設國際金融中心和國際航運中心的核心功能區域，浦東新區目前匯聚了上海八成的金融機構和六成的金融人才。同時，浦東正在加強與台灣金融機構的聯繫，為兩岸金融備忘錄（MOU）簽署後吸引台灣金融機構做好準備。

第四章

高級管理人員法律責任問題

【183】銀行高級管理人員可能面臨的民事責任

在中國，銀行高級管理人員可能面臨的民事責任主要源於「公司法」中關於忠實義務和勤勉義務的規定。如果銀行高級管理人員未履行上述義務，應承擔相應的民事責任，當然還可以另外依法追究其行政責任和刑事責任。

忠實與勤勉，前者關注道德操守，要求高級管理人員在執行公司業務時，應以公司利益作為行為的最高準則，不得追求自己和他人的利益；而後者則關注管理人員的知識、經驗和專業技能，要求高級管理人員行為本身和做出決策的過程應盡職和到位。如果將「利己」行為作為判斷忠實義務的準則的話，那麼對勤勉義務的判斷須更依賴主觀推定，即根據管理人員是否具有嚴重疏忽或嚴重失職的情節來進行，這就使得「公司法」在勤勉義務的規定上缺乏可操作性。對此可參考2002年6月4日由中國人民銀行頒布實施的「股份制商業銀行獨立董事和外部監事制度指引」第18條關於獨立董事「嚴重失職行為」的規定：

（1）洩露銀行商業秘密，損害商業銀行合法利益；

（2）在履行職責過程中接受不正當利益，或者利用獨立董事地位牟取私利；

（3）明知董事會決議違反法律、法規或商業銀行章程，而未提出反對意見；

（4）關聯交易導致商業銀行重大損失，獨立董事未行使否決權的；

（5）中國人民銀行認定的其他嚴重失職行為。

也正因為如此，「公司法」對企業高級管理人員的忠實與勤勉義務，以反面列舉的方式明確禁止如下：

1. 挪用公司資金；

2. 將公司資金以其個人名義或者以其他個人名義開立帳戶存儲；

3. 違反公司章程的規定，未經股東會、股東大會或者董事會同意，將公司資金借貸給他人或者以公司財產為他人提供擔保；

4. 違反公司章程的規定或者未經股東會、股東大會同意，與本公司訂立合同或者進行交易；

5. 未經股東會或者股東大會同意，利用職務便利為自己或者他人謀取屬於公司的商業機會，自營或者為他人經營與所任職公司同類的業務；

6. 接受他人與公司交易的佣金歸為己有；

7. 擅自披露公司秘密。

一旦高級管理人員出現上述行為，其所得的收入應歸銀行所有，同時，「給公司造成損失的，應當承擔賠償責任」。銀行可透過直接訴訟的方式進行解決，股東也可以自己的名義直接進行訴訟來維護權益，即通常所稱的股東代表訴訟。根據「公司法」第152條的規定，當有銀行高級管理人員違反忠實義務，給銀行帶來損失時，銀行連續180日以上單獨或者合計持有銀行1%以上股份的股東，可以書面請求監事會向人民法院提起訴訟；監事會在收到前述股東書面請求後拒絕提起訴訟，或者自收到請求之日起30日內未提起訴訟，或者情況緊急、不立即提起訴訟將會使銀行利益受到難以彌補的損害的，前述股東有權為了銀行的利益以自己的名義直接向人民法院提起訴訟，追究有關高級管理人員的民事責任。

【184】銀行高級管理人員可能面臨的行政責任

　　銀行業在任何國家都是關係國計民生的重要基礎產業，因此國家對於銀行業的監管也更為嚴格。中國的銀行業監督管理機構有權對包括外資銀行在內的所有商業銀行進行行政管理和監督。當銀行違反法律、行政法規以及國家有關銀行業監督管理規定時，銀行業監督管理機構有權依法對銀行及其董事、高管等實施行政處罰。

　　之所以要對直接負責的董事、高管進行行政處罰，主要原因在於直接負責的董事、高管對銀行違反法律、行政法規以及國家有關銀行業監督管理規定的行為有不可推卸的責任。董事、高級管理人員位高權重，是銀行重大經營活動的決策者和執行者，銀行的違法行為通常是執行他們決定的結果，或者本身就是由他們組織實施的。因此，銀行違法應當追究他們的責任。需要指出的是，並非所有銀行的董事、高管都要對銀行的違法行為負責。因為按照「公司法」的規定，董事會的決議違反法律、行政法規或者公司章程，致使公司遭受嚴重損失的，參與決議的董事對公司負賠償責任；但經證明，在表決時曾表示異議並記載於會議紀錄的，該董事可以免除責任。也就是說對銀行違法行為負責的，應是違法行為的決策者和執行者，即是造成銀行違法行為的直接責任人，反對從事違法活動的董事、高管不應對銀行的違法行為承擔責任。

　　根據有關法律法規的規定，銀行業監督管理機構對銀行董事、高管可以採取的行政處罰措施主要有三種：

　　1. 責令銀行業金融機構對直接負責的董事、高管給予紀律處分。這種紀律處分，包括警告、記過、記大過、降級、撤職、留用察看、開除，由所在金融機構或者上級金融機構決定。如果被責令的銀行不予配合，銀行業監督管理機構將追究銀行及其負責人員的相應責任。

　　2. 對直接負責的董事、高管給予警告，並處5萬元以上、50萬元

以下罰款。需要指出的是，該項規定的行政處罰，只能在外資銀行的行為尚不構成犯罪的情況下採用，如果已經構成犯罪的，應當根據刑法的有關規定處罰。

3. 取消直接負責的董事、高管一定期限直至終身在中華人民共和國境內的任職資格，禁止直接負責的董事、高管一定期限直至終身在中華人民共和國境內從事銀行業工作。取消任職資格，即不得再擔任銀行業金融機構的董事、行長、經理等高管職位；取消從業資格，即不得再從事銀行業工作。這兩項資格可以只取消其中之一，也可以全部取消。事實上只要禁止終身從事銀行業工作，也就取消了作為銀行業董事、高管的資格。這種行政處罰無疑是最為嚴厲的，它將直接剝奪銀行董事、高管的任職資格和從業資格直至終生。

以上三項措施區別不同情況，可以採取其中一項，也可以合併採用。

對於在什麼情況下銀行董事、高管會承擔行政責任，以及如何與刑事責任劃分，可以簡單概括為——當董事、高管的違法行為尚不構成犯罪，也就是說，沒有達到中國刑法所規定的犯罪類型的構成條件時，就不必承擔刑事責任。中國採取罪刑法定原則，即只有刑法明確規定其罪名以及相應犯罪構成的，才能夠適用刑法進行刑事處罰，這一點筆者將在後文中詳細闡述。而對於社會危害性相對不大的，可以透過其他途徑予以彌補的一些違法行為，法律採取行政手段予以制裁。

【185】銀行高級管理人員可能面臨的刑事責任

　　談到銀行高級管理人員的刑事責任，必須先解釋「罪刑法定」和「雙罰制」這兩個法律概念。「罪刑法定」意即法無明文規定不為罪，法無明文規定不處罰，結合中國刑法，通俗一點說，就是任何行為當且僅當其主客觀方面符合中國刑法所明確規定的四百多個罪名中的某個特定罪名的法定構成要件時，才能被認定為犯罪，才須承擔刑事責任。「雙罰制」是指刑法規範中對於一些社會危害性較大的單位犯罪，既要處罰單位，又要處罰單位中的直接責任人員。這裡的直接責任人員，包括單位犯罪中的直接負責的主管人員和其他直接責任人員。

　　中國涉及規制銀行業的法律法規較多，例如「反洗錢法」、「金融違法行為處罰辦法」、「人民銀行法」、「商業銀行法」、「外匯管理條例」等。這些涉及規制銀行業的法律法規，如有違反，情節或後果嚴重的，均有可能上升至刑事處罰。

　　銀行高管尤其應注意刑法中的兩類罪名：一類是妨害對公司、企業的管理秩序的罪名，另一類是破壞金融管理秩序的罪名。

　　妨害對公司、企業的管理秩序的罪名，比較常見的有虛報註冊資本罪、虛假出資罪、提供虛假財務報告罪以及商業賄賂類犯罪。其中，應特別注意，在中國申請公司登記使用虛假證明文件或採取其他欺詐手段虛報註冊資本，欺騙公司登記主管部門取得公司登記；或者股東未按法律規定交付貨幣、實物或者未轉移財產權，虛假出資，或者在公司成立後又抽逃出資；以及，向股東和社會公眾提供虛假的或者隱瞞重要事實的財務會計報告，嚴重損害股東或者其他人利益的行為，均可能構成犯罪，如果犯罪人是單位，對單位判處罰金，並且對其直接負責的主管人員和其他直接責任人員，將依照刑法關於自然人犯本罪的規定來處罰。另外，在商業賄賂類犯罪中，個人向公司、

企業人員行賄達一萬元以上，法律將追究個人的刑事責任；單位向公司、企業人員行賄達20萬元以上，法律不但要追究單位的刑事責任，其高管和直接責任人員也將承擔相應的刑事責任；而公司企業人員收受賄賂達5,000元以上，法律將追究受賄人的刑事責任。

破壞金融管理秩序的罪名，常見的罪名有非法吸收公眾存款罪，擅自設立金融機構罪，擅自發行股票、公司、企業債券罪，違法發放貸款罪等等。對銀行高管而言，尤其需要注意的是擅自設立金融機構罪和違法發放貸款罪。在中國設立銀行業金融機構必須獲得中國銀行業監督委員會審查批准，否則對於擅自設立金融機構的個人，將視情節輕重處以最高10年的有期徒刑，以及50萬元以下的罰金；單位觸犯該罪的，根據「雙罰制」的原則，對單位判處前述罰金，對直接負責的主管人員及其他直接責任人判處前述徒刑。此外，銀行或其工作人員違法向他人發放貸款，並造成重大損失的，應承擔刑事責任，而其中向關係人發放信用貸款，或擔保條款的條件優於其他借款人同類貸款條件的，處罰尤為嚴重。

外商中國融資法律實務

2012年7月初版　　　　　　　　　　　　　定價：新臺幣380元
2013年11初版第三刷
有著作權・翻印必究
Printed in Taiwan.

著　　　者	富蘭德林事業群	
總　編　輯	胡　金　倫	
發　行　人	林　載　爵	

出　版　者	聯經出版事業股份有限公司	叢書主編	鄒　恆　月
地　　　址	台北市基隆路一段180號4樓	協力編輯	王　諟　茹
編輯部地址	台北市基隆路一段180號4樓	封面設計	富蘭德林事業群
叢書主編電話	(02)87876242轉223	內文排版	林　燕　慧
台北聯經書房	台北市新生南路三段94號		
電　　　話	(02)23620308		
台中分公司	台中市北區健行路321號1樓		
暨門市電話	(04)22312023、(04)22302425		
郵政劃撥帳戶第0100559-3號			
郵撥電話	(02)23620308		
印　刷　者	世和印製企業有限公司		
總　經　銷	聯合發行股份有限公司		
發　行　所	新北市新店區寶橋路235巷6弄6號2F		
電　　　話	(02)29178022		

行政院新聞局出版事業登記證局版臺業字第0130號

本書如有缺頁，破損，倒裝請寄回台北聯經書房更換。　ISBN　978-957-08-4024-7 (軟皮精裝)
聯經網址 http://www.linkingbooks.com.tw
電子信箱 e-mail:linking@udngroup.com

國家圖書館出版品預行編目資料

外商中國融資法律實務/富蘭德林事業群著 .
初版 . 臺北市 . 聯經 . 2012年7月（民101年）.
448面 . 14.8×21公分
ISBN　978-957-08-4024-7（軟皮精裝）
[2013年11月初版第三刷]

1.投資法規　2.外商銀行　3.融資　4.外匯　5.中國

563.51　　　　　　　　　　101011901